Música em 78 rotações

"Discos a todos os preços" na
São Paulo dos anos 30

CB020036

Camila Koshiba Gonçalves

Música em 78 rotações

"Discos a todos os preços" na São Paulo dos anos 30

Trabalho vencedor no Concurso Sílvio Romero
de Monografias sobre Folclore e Cultura Popular,
ano de 2007, do Instituto do Patrimônio Histórico
e Artístico Nacional, por meio do Centro Nacional
de Folclore e Cultura Popular – IPHAN/CNFCP

alameda

Grafia atualizada segundo o Acordo Ortográfico da Língua Portuguesa de 1990, que entrou em vigor no Brasil em 2009.

Publishers: Joana Monteleone/Haroldo Ceravolo Sereza/Roberto Cosso
Edição: Joana Monteleone
Editor assistente: Vitor Rodrigo Donofrio Arruda
Projeto gráfico e capa: Patrícia Jatobá U. de Oliveira
Diagramação: Vitor Rodrigo Donofrio Arruda
Assistentes de produção: Rogério Cantelli/João Paulo Putini
Revisão: Íris Morais Araújo
Imagem da capa: Reproduzido de *Diário Nacional*. "Os basbaques da vitrola", 12.04.1929.

CIP-BRASIL. CATALOGAÇÃO-NA-FONTE
SINDICATO NACIONAL DOS EDITORES DE LIVROS, RJ

G625m

Gonçalves, Camila Koshiba
MÚSICA EM 78 ROTAÇÕES: DISCOS A TODOS OS PREÇOS NA SÃO PAULO
DOS ANOS 30
Camila Koshiba Gonçalves.
São Paulo: Alameda, 2013.
344p.

Inclui bibliografia
ISBN 978-85-7939-113-2

1. Música popular – Brasil – História. 2. Música – Brasil – História. 3.
Música – São Paulo (SP) – História. I. Título.

11-8214.   CDD: 780.98161
                  CDU: 78(816.1)

                                    031932

ALAMEDA CASA EDITORIAL
Rua Conselheiro Ramalho, 694, Bela Vista
CEP 01325000 – São Paulo, SP
Tel. (11) 3012-2400
www.alamedaeditorial.com.br

Ao meu pai, José Carlos, e à minha mãe, Clara,
com carinho e gratidão.

E aos colecionadores de discos,
que permitiram musicar as linhas deste trabalho.

MÚSICA DE MANIVELA

Sente-se diante da vitrola
E esqueça-se das vicissitudes da vida
Na dura labuta de todos os dias
Não deve ninguém que se preze
Descuidar dos prazeres da alma.

Discos a todos os preços.
(Oswald de Andrade)

Sumário

Prefácio 11

Introdução 17

O disco ~~e a música popular~~ no Brasil 27

Retoques fonográficos 67

Os basbaques da vitrola 115

A poesia falida das modinhas vermelhas 144

A criação de uma tradição fonográfica nacional 160

Rapaziada do Brás 171

Simplicidades caipiras 195

Música dos paulistas 243

Fixação da fala caipira em fonogramas 288

Fonófilos, fonômanos, discômanos 313

Referências 321

Agradecimentos 339

Prefácio

"**M**úsica a gente ouve é com o antebraço: se arrepia é porque é boa."
Era assim que meu avô resumia seu definitivo juízo musical. Ele pertenceu a uma das últimas gerações a curtir, ainda antes das gravações elétricas, as árias de Enrico Caruso tocadas nos gramofones da época. Tinha que ser Caruso porque, afinal, os tenores eram os únicos favorecidos naquelas gravações roufenhas, nas quais os instrumentos de metal se saíam bem, os de madeira eram apenas aceitáveis e os pianos quase inaudíveis.

Destituído de quaisquer sofisticações estéticas, o conselho do meu ancestral ilustra o sentimento das pessoas que viveram talvez a maior revolução nos hábitos humanos de escuta musical, que foi o surgimento da gravação elétrica, em 1924. Estamos de tal forma (mal) acostumados com a tecnologia digital, que somos incapazes de compreender a força e a intensidade que as reproduções sonoras exerceram sobre a sensibilidade auditiva daquelas gerações. Viabilizada pelas pesquisas em telegrafia sem fio para fins militares durante a 1ª Guerra Mundial, a gravação elétrica foi introduzida como reação à crescente concorrência do rádio. Em seus estágios iniciais, o rádio representou uma ameaça à indústria fonográfica, porque oferecia melhor qualidade de reprodução a um custo menor. Mas isto durou pouco tempo. Uma vez introduzidas gravações elétricas, as duas mídias encontraram a combinação perfeita: os discos forneciam música barata e fácil às emissoras, enquanto estas faziam publicidade dos artistas e das empresas fonográficas.

Esta história foi um pouco diferente no Brasil, já que, entre nós, a gravação elétrica surgiu antes da proliferação do rádio comercial, produzindo um interessante interlúdio de tempo no qual o universo do disco predominou soberano: as companhias fonográficas investiram pesado, marcando o cotidiano dos brasileiros com anúncios em jornais, audições públicas de fonógrafos nas ruas ou alterando radicalmente os hábitos familiares daqueles privilegiados possuidores daquelas "máquinas falantes". Primeiro os gramofones – "aquelas caixas de música fanhosas, de onde saía um canto enrouquecido de um tenor que parecia atacado de uma eterna *coriza*", segundo o testemunho de um mal-humorado ouvinte em 1927. Depois, os fonógrafos – ou *victrolas*, já que o nome de seu principal fabricante, a RCA Victor, acabou batizando definitivamente o aparelho.

Amplamente fundamentado em fontes inéditas, este livro realiza uma bela reconstituição desse pequeno interlúdio de tempo, no qual o cotidiano da cidade de São Paulo sofreu o primeiro impacto dessa autêntica revolução nos hábitos de escuta musical. Enfrentando a rarefação das fontes, precariedade dos arquivos sonoros, má conservação dos fonogramas e as dificuldades em lidar com materiais que se apresentaram dispersos, fragmentados ou mal preservados –, Camila Koshiba recupera a atuação das gravadoras de discos 78rpm, desde o começo das gravações elétricas até a consolidação do rádio, desdobrando-se na análise das conexões mais amplas com a sociedade paulista através da difusão radiofônica.

Já por esta simples prospecção o trabalho seria valioso, mas a pesquisadora apurou sua sensibilidade examinando os circuitos de recepção, as formas de escuta que invadiam as sociabilidades cotidianas, recuperando modinhas, *tangos* e canções caipiras que compunham uma esquecida lira paulistana. Inspirando-se em autores recentes, que trataram mais diretamente dos procedimentos e formatos da escuta musical – como Simon Frith, Diego Fischerman, Michael Chanan, e Peter Szendy – Camila realizou um trabalho eminentemente crítico, relevando a existência de um circuito da cultura popular paulistana, supostamente obscurecido pela tonitruante *desconstrução* operada pelos paladinos do modernismo de 1922. Vale mencionar, como sempre, as honrosas exceções. Entre eles Mário de Andrade – o mais arguto e presciente dos intelectuais modernistas e um dos primeiros a perceber a importância de uma discoteca na cultura brasileira.

Antes armazenada apenas pela notação musical ou pela falível memória humana, a tecnologia da gravação foi compulsoriamente levada a captar formas musicais já existentes, baseadas na interpretação e na *performance*, dando-lhes permanência e permitindo sua reprodução ampliada. No caso de São Paulo, as gravadoras se adequaram ao mercado musical paulistano incorporando as sonoridades existentes, ainda arraigadas às condições "tradicionais" de difusão da música – pela via da transmissão oral, do teatro de variedades e das festas populares. Foi um momento único, originalíssimo, no qual é possível vislumbrar as "modinhas caipiras", os chorões do bairro do Brás e os tangos e valsas langorosos transformando-se em discos, definitivamente incorporados pela fonografia e, depois, pela radiofonia.

Colhendo o que há de melhor na etnomusicologia e cruzando-o com uma história cultural que reconstrói circuitos de uma preciosa cultura popular paulista, *Música em 78 rotações* é uma dádiva à memória da cultura paulistana, já que redescobre inúmeros personagens, alguns com nomes conhecidos, outros completamente anônimos – apelidados naquela época de "basbaques da vitrola". Como meu avô, remanescente daquela autêntica revolução auditiva, com seu antebraço, infenso a quaisquer (pré)juízos estéticos e unicamente apegado ao seu gosto pessoal – talvez o mais autêntico refúgio desta que, para todos nós, ainda é a mais sublime das artes.

Elias Thomé Saliba

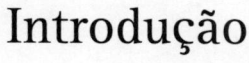

Introdução

Saci! (...) Disco da Casa Edison![1]

Era essa a "introdução", "falada" por uma voz masculina nas primeiras gravações de cilindros e discos realizadas em solo brasileiro. A frase era precedida apenas pelo título da composição e pelo nome do artista ou conjunto musical executante, já que os primeiros discos e cilindros gravados não costumavam ter rótulos com muitas informações a respeito do registro sonoro neles contidos. Mas é evidente que o anúncio também tentava lembrar aos possíveis compradores que o disco poderia ser adquirido na Casa Edison, no centro da capital carioca, ou em seus distribuidores em São Paulo ou Porto Alegre. *Saci* (◀*faixa 01*)[2] pode ser considerada uma das primeiras gravações paulistanas, e foi registrada provavelmente em 1913, pelo Grupo do Canhoto, em um estúdio improvisado em São Paulo pela Casa Edison. Além dele, a Casa realizou, na capital paulista, algumas gravações com Giuseppe Rielli, com Grupo Francisco Lima, com a Banda da Força Policial da cidade, com o Grupo do Ulisses, entre outros. Como se pode ver (e ouvir), embora a primeira casa comercial a gravar e vender discos no Brasil estivesse, desde 1902, sediada no Rio de Janeiro, as demais regiões do país também contavam com

---

1   *Saci*. Polca gravada pelo Grupo do Canhoto, disco Odeon nº 120589, de autoria de João Batista do Nascimento, lançada entre 1913 e 1915.

2   As músicas estão disponíveis para audição no site www.memoriadamusica.com.br.

instrumentistas competentes para registrar suas composições em discos ou cilindros. No entanto, era ali, na capital federal, onde se recrutava a quase totalidade dos artistas, e onde se vendia o maior número de discos.

Como o leitor deve imaginar, ao longo da primeira metade do século XX, houve mudanças na organização da fonografia no país. Os cilindros foram substituídos definitivamente pelos discos; o fonógrafo, pelo gramofone. O número de gravações aumentou, uma fábrica de discos foi instalada no Rio de Janeiro, e artistas da cidade de São Paulo e do Rio Grande do Sul, passaram, timidamente, a fazer parte do repertório das companhias fonográficas. Em seguida, nos anos 1920, a tecnologia mecânica de gravação de discos deu lugar à tecnologia elétrica, e o gramofone foi substituído pela vitrola. A cidade de São Paulo passou a abrigar estúdios de gravação permanentes, e o repertório tornou-se mais variado. Nas décadas seguintes, a história da fonografia brasileira é mais conhecida, não apenas porque mereceu mais estudos, mas também porque criou um modelo de atuação muito semelhante àquele dos anos 1970 e 1980, quando se popularizou o formato do LP, e, em seguida, nos anos 1990, quando se inaugurou o formato do CD, utilizado até hoje.

É evidente que as linhas acima não remetem o leitor a um universo ignorado, já que a música apreendida em um invólucro material – especialmente os LPs e os CDs – é objeto mais do que conhecido, sendo quase universal na experiência auditiva do século XX. A presente pesquisa, originalmente uma dissertação de mestrado defendida em 2006 no Departamento de História da USP, aproveita essa "quase universalidade" do disco para discutir alguns momentos importantes da história da fonografia brasileira, pouco lembrados por historiadores, pesquisadores da música, ou mesmo pelos ouvintes em geral.

No final dos anos 1920, momento em que diversas companhias fonográficas passaram a instalar suas fábricas e estúdios no país, o disco e seu aparelho leitor já haviam passado por inúmeras transformações tecnológicas, elevando a reprodução de sons ao "grau máximo de perfeição"[3] e deixando para trás aquele tempo em que "o fonógrafo nos fazia confundir o violino com a flauta". Para a fonografia, os anos 1920 foram marcados por transformações tecnológicas cruciais, a ponto de ser denominado "Revolução de 1925" pela *Revista Phono-Arte*, a primeira revista brasileira especializada em "assuntos do fonógrafo".[4]

No entanto, para além do registro sonoro propriamente dito, as gravadoras tinham suas estratégias de atuação frente ao ouvinte e ao artista, e diversificavam ainda mais suas atividades quando se responsabilizavam também pelo fabrico e pela distribuição dos discos. As empresas fonográficas possuíam um campo de atuação bastante amplo, que envolvia desde o desenvolvimento da tecnologia para obter um som "puro" e "sem chiados", até a venda dos discos ao ouvinte. Elas elaboravam catálogos periodicamente e distribuíam folhetos com as "últimas novidades" em discos, faziam publicidade nos periódicos, e financiavam a instalação de emissoras radiofônicas, que reservavam uma parte de sua programação para as "horas de discos". Para a confecção do fonograma, elas importavam maquinário e matéria-prima necessários, empregavam certo número de operários, negociavam as concessões e as áreas de comercialização dos discos com suas matrizes na Europa ou nos Estados Unidos, além de registrar patentes junto aos órgãos oficiais competentes. Eram também as gravadoras que selecionavam artistas e com eles definiam seus repertórios.

As companhias fonográficas marcaram presença no dia a dia do habitante das cidades brasileiras da época, através de anúncios em jornais expostos para venda, nas audições coletivas de fonógrafos que eram exibidos nas ruas, ou no aconchego da sala de estar de uma família que possuía uma "máquina falante". As gravadoras e seus discos também tiveram um papel importante no desenvolvimento da história da música

---

3   "Os novos fonógrafos". *Revista Phono-Arte*, nº 11, 15.01.1929, p. 31.

4   "Editorial". *Revista Phono-Arte*, nº 1, 15.08.1928, p. 1-2.

brasileira – movimentando o setor intelectual, criando ídolos e gostos, enriquecendo seus artistas e dirigentes, registrando vozes e instrumentistas –, mas, curiosamente, ainda não receberam a atenção devida por parte dos estudiosos. Nossa pesquisa procura conferir maior relevância à história do disco e das gravadoras, especialmente aquelas que atuaram no Brasil a partir de 1927, período em que as grandes empresas fonográficas estrangeiras encamparam novas tecnologias de gravação e reprodução de discos, passaram a se interessar e investir altas somas de dinheiro no mercado brasileiro, e redefiniram sua maneira de lidar com o rádio, criando um modelo de atuação que seria utilizado ao longo de todo o século XX.

Para esse fim, o trabalho foi dividido em quatro capítulos. "O disco e a música popular no Brasil" foi resultado de uma inquietação que nos acompanhou ao longo de toda a pesquisa: a constatação de que existem pouquíssimos estudos sobre a fonografia, no Brasil ou em outros países. Isso nos levou a rever boa parte da literatura musical brasileira, e também alguns estudos ingleses e norte-americanos, a respeito da chamada "música popular". Neles, encontramos muitas indicações para uma crítica da "discografia popular", mas poucas pistas para uma "história da fonografia" brasileira. Em busca das razões para essa lacuna na literatura musical, e após percebermos a dificuldade em inserir a música – estímulo sonoro – no texto escrito, procuramos estabelecer relações entre o desenvolvimento da fonografia e o percurso dos estudos, acadêmicos ou não, sobre a chamada "música popular" no Brasil. Como objetivo primordial, procuramos criar algumas bases metodológicas para acercarmo-nos da gravação sonora, já que nossa principal dificuldade foi transformar a escuta atenta em texto corrente e organizado.

O resultado dessa reflexão, como o leitor irá perceber, foi a elaboração de um texto preenchido, na medida do possível, com muitas faixas musicais. Algumas das faixas musicais disponibilizadas para audição foram inseridas neste trabalho apenas para que sejam "divulgadas" aos interessados, especialmente aquelas mais raras, que permanecem na mídia original ou em fitas cassetes nos acervos em que foram encontradas; outras são mais ilustrativas, para que o leitor se familiarize com a sonoridade das primeiras décadas do século XX; outras, entretanto, constituem o principal material empírico que permitiu desenvolver algumas hipóteses, centrais para o andamento do trabalho.

Em "Retoques fonográficos", voltamo-nos para a documentação escrita produzida em fins dos anos 1920, na tentativa de mapear as transformações tecnológicas ocorridas naquele momento. A gravação elétrica foi vista com intensa admiração pelos ouvintes da época, que ficaram maravilhados com a fidelidade com que ela reproduzia os sons escutados "ao vivo". Como dissemos, trata-se de um avanço técnico fundamental para os rumos da fonografia, seja nos países-sede das companhias fonográficas ou em países que, como o Brasil, inseriram-se no mapa estratégico das gravadoras em busca de ampliação do mercado consumidor de discos. Para isso, fizemos um contraponto entre a "tradição fonográfica" da era mecânica e da elétrica, cujo marco divisor, no Brasil, é o ano de 1927. A tecnologia elétrica é vista, aqui, como ponto de partida para que as gravadoras criassem uma nova forma de realizar e divulgar o registro sonoro, "nacional" dali em diante, e que teve consequências importantes na experiência auditiva do ouvinte das cidades brasileiras.

"Os basbaques da vitrola" trata especificamente da cidade de São Paulo, especialmente as formas criativas encontradas pelos habitantes paulistanos para fruir a música da vitrola. A intenção foi mostrar como as gravadoras se adequaram ao mercado musical paulistano incorporando as sonoridades existentes, ainda arraigadas às condições tradicionais de difusão da música – via oralidade, teatro de variedades, festas populares. Embora tivessem um "projeto" definido previamente, aos poucos as gravadoras tiveram que se moldar às condições culturais da cidade, à conjuntura política e econômica de um país iletrado, empobrecido, e, talvez por isso mesmo, criativo e inovador. Foi nesse capítulo que analisamos a produção de pequenos selos paulistanos, cujos discos elétricos foram gravados e difundidos em uma região particular da cidade, o bairro do Brás. Procuramos entender a existência desses selos nacionais a partir do descompasso temporal entre a fonografia e a radiofonia, que marca o início dos anos 1930. Entre 1930 e, aproximadamente, 1934, as gravadoras já estavam praticamente consolidadas, mas ainda não utilizavam a radiofonia pra divulgar sua produção de gravações nacionais. Os pequenos selos paulistanos, de certa forma desvinculados da racionalidade e da estrutura organizacional das empresas fonográficas estrangeiras, aproveitaram esse descompasso temporal, permitindo que descendentes de imigrantes, especialmente italianos, criassem condições de produção e difusão da música muito peculiares naquele momento, desvinculadas do rádio, dos jornais de grande circulação, ou das revistas especializadas. É evidente que os pequenos selos tiveram vida efêmera, e que, a partir da metade dos anos 1930, os espaços para a informalidade e semiprofissionalismo foram diminuindo dentro do contexto fonográfico brasileiro. É preciso lembrar, contudo, que esse curto período descompassado é interessante por apresentar um repertório dissonante do conjunto da produção fonográfica considerada "nacional".

"Simplicidades caipiras" nos remete a uma nova percepção da imprensa especializada da época, mais desconfiada e reticente, diante da gravação elétrica. Alguns ouvintes começaram a criticar aquele repertório popular que ecoava em alto volume pelas vitrolas, e viram, na música regional e ruralizada, uma solução para aquilo que consideravam ser dissonâncias estranhas, barulhentas e incompreensíveis. O objetivo foi mostrar que as gravações caipiras tornaram-se marca registrada da musicalidade paulista a partir dos primeiros anos da década de 1930. A importância do tema reside no fato de que a fala acaipirada e alguns gêneros caipiras foram algumas das únicas manifestações, consideradas paulistas, a serem incorporadas pela radiofonia e pela fonografia. Para fornecer um panorama mais amplo ao leitor, apoiamo-nos na tradição fonográfica da era mecânica, que caracterizava o caipira de forma genérica como um homem rústico e não urbanizado, fosse ele paulista, alagoano, mineiro ou mesmo aquele que vivia nas redondezas do Rio de Janeiro. É curioso notar que houve uma grande quantidade de gravações de "caipiras paulistas", embora haja pouquíssimos registros escritos sobre o assunto, seja na imprensa da época ou na bibliografia mais recente. Nem é preciso dizer que esse fato tornou-se um desafio a mais para o desenrolar da pesquisa e nos obrigou a apenas indicar algumas das características do "tipo caipira" e as razões pelas quais ele foi incorporado pelas rádios e gravadoras.

Finalmente, em "Fonófilos, fonômanos, discômanos...", procuramos salientar alguns pontos importantes levantados ao longo da pesquisa. Na impossibilidade de lançar qualquer constatação conclusiva sobre o assunto, preferimos apenas lembrar que todos aqueles que viveram durante o século XX fizeram ou fazem parte daquele grupo de amantes da música mecânica, elétrica ou eletrônica, mesmo que o invólucro material que a contém tenha sido modificado ao longo do tempo. Demarcar as decorrências dessa mudança na experiência auditiva do ouvinte do século XX foi, talvez, o principal objetivo da pesquisa.

O disco ~~e a música popular~~ no Brasil

> (...) cada ciência tem sua estética de linguagem que lhe é própria. Os fatos humanos são, por essência, fenômenos muito delicados (...). Para bem traduzi-los, portanto para bem penetrá-los, uma grande finesse de linguagem, uma cor correta no tom verbal são necessárias. (...) o luthier guia-se antes de tudo, pela sensibilidade do ouvido e dos dedos. (...) Será possível negar que haja, como o tato das mãos, um das palavras? (Marc Bloch)

Um dos aspectos mais interessantes da produção escrita sobre música, seja a chamada música erudita ou a música popular, é a operação que procura tornar sensível aos nossos olhos elementos que, em verdade, só podem ser percebidos pelos nossos ouvidos. Não raro encontramos indicações a respeito da "imaterialidade misteriosa" da música, das suas propriedades místicas e ocultas, ou dos efeitos imprevisíveis que ela pode causar sobre os ouvintes. Tais "propriedades" conferem à música uma quantidade quase ilimitada de sentidos e desafiam qualquer conceito imutável ou definição inflexível que se queira elaborar sobre timbres, gêneros, gostos ou performances musicais. "Escrever sobre música é o mesmo que dançar sobre arquitetura" – assim notava o pianista de jazz Thelonious Monk,[1] oportunamente lembrado pelo crítico musical argentino Diego Fischerman.

---

1   Thelonious Monk foi um dos mais influentes pianistas do jazz. Nascido na Carolina do Norte em 1917, recebeu muitos prêmios e escreveu mais de setenta

Para inserir, digamos, uma canção no texto, o primeiro passo seria transcrever a letra e, para os versados em escrita musical, desenhar no pentagrama as variações melódicas e harmônicas. Em uma palavra, seria preciso converter a música em um estímulo visual. No caso da música instrumental, mesmo não possuindo nenhum tipo de código verbal, o processo seria análogo. Mas, como sabemos, a escrita musical não é a música de fato; é apenas sua representação escrita. A distância existente entre escrita musical e música propriamente dita foi assinalada por diversos estudiosos, especialmente quando se tratava da música desvinculada dos cânones da tradição musical europeia. O tema da síncopa, talvez o mais citado para o caso afro-americano, revela como a notação musical é apenas uma aproximação daquilo que se ouve nos cantos e ritmos populares. Mário de Andrade, por exemplo, insistia: "afirmo que *tal como é realizado* na execução e não como está grafado no populário impresso, o sincopado brasileiro é rico".[2]

A dimensão escrita da música, em versos ou pentagrama, foi uma saída encontrada por boa parte dos estudiosos e interessados pela música brasileira que, ao longo de todo o século XX, não só transcreveram letras e acordes como escreveram e falaram sobre a vida de artistas, classificaram gêneros musicais, selecionaram repertório, guardaram discos, jornais e revistas, criando e preservando acervos. Os anos 1930, particularmente, representam um ponto de inflexão importante nos rumos da música brasileira e nos comentários realizados sobre ela, pois assistem ao processo de implantação dos meios de comunicação de massa no país, especialmente o rádio e o disco. Uma vez reformulados os processos de circulação da música, literatos, jornalistas, políticos, intelectuais, artistas ou ouvintes não poderiam

---

composições consideradas "clássicas" pelos aficionados do gênero. Faleceu em fevereiro de 1982.

2   Andrade, Mário de. *Ensaio sobre a música brasileira*. São Paulo: Martins, s/d., p. 37. Grifos do autor.

deixar de notar, anotar, elogiar, criticar ou mesmo participar dos novos *media*. Em conjunto, seus textos criaram uma importante tradição crítica sobre a música brasileira, cuja diversidade e complexidade
constituem ricas fontes de informação sobre o que denominamos, nos
nossos dias, de "crônica jornalística", "historiografia" ou mesmo "etnomusicologia" da "música brasileira".

Uma parte da produção dessa crítica musical brasileira conta com
um grande volume de textos; são livros e artigos produzidos por autores
como Almirante, Jota Efegê, Sérgio Cabral, Renato Murce.[3] Trata-se de
homens que participaram ativamente da vida musical brasileira nos primeiros decênios do século XX, apaixonados pela nossa música e pelos
artistas – com quem, aliás, mantinham contato pessoal. Essas pessoas se
envolveram no carnaval, produziram e gravaram discos, elaboraram e atuaram em programas radiofônicos. Foram algumas das poucas pessoas que
se preocuparam em guardar e cuidar da produção fonográfica nacional,
cujas gravações foram lançadas no mercado durante a primeira metade do
século XX. Com esse material em mãos, organizado cronologicamente,
escolheram os fatos mais relevantes e redigiram capítulos para uma história da música brasileira. Distanciados do aparelho de Estado e sem verbas
ou financiamentos, esses autores criaram uma memória musical brasileira
calcada em suas experiências de vida, fundadas – mas não restritas – à capital cultural de então, o Rio de Janeiro. Seus textos e acervos constituem
referência fundamental para qualquer estudo sobre música brasileira, mas
também contribuíram para emudecer a musicalidade das demais regiões

---

3   Almirante. *No tempo de Noel Rosa*. Rio de Janeiro: Francisco Alves, 1977; Jota
Efegê. *Figuras e coisas do Carnaval carioca*. Rio de Janeiro: Funarte, 1982 e *idem*.
Figuras e coisas da música popular brasileira. Vols. I e II, Rio de Janeiro: Funarte,
1978; Cabral, Sérgio. *A MPB na era do rádio*. São Paulo: Moderna, 1996; *Idem*.
No tempo de Almirante. Rio de Janeiro: Francisco Alves, 1990; Murce, Renato.
Bastidores do rádio. Fragmentos do rádio de ontem e de hoje. Rio de Janeiro:
Imago, 1976.

do país, relegadas à condição de "música regional"; incluídas, entre elas, as "sonoridades paulistanas".[4]

Almirante (Henrique Foréis Domingues, 1908-1980), por exemplo, foi cantor, compositor, rádio-ator, radialista, pesquisador, e formou um imenso acervo de discos e revistas, jornais, livros, partituras, além de ter escrito o livro *No tempo de Noel Rosa*, em que discorre sobre a vida musical carioca durante os anos 1920 até a morte de Noel, em 1937. A intenção do livro, naquele final dos anos 1960, quando muitos já haviam contado episódios laudatórios ou caluniosos a respeito do "Poetinha da Vila", era a de "se separar o joio do trigo e fixar-se a verdade", pois o autor era testemunha ocular dos fatos narrados, tendo sido amigo de Noel Rosa. Almirante entrevistou pessoas, obteve documentos impressos, manuscritos de Noel, e recheou o livro com fotos, capas de partituras, imagens de jornais e revistas, nomes de cantores e cantoras. As passagens mais importantes da vida de Noel Rosa foram divididas em capítulos, norteados por transcrições de letras de composições dignas de registro sob o ponto de vista do autor.[5] O resultado é, evidentemente, apenas uma versão possível da narrativa biográfica de Noel Rosa,[6] mas foi considerado "fixação da verdade" durante boa parte do século XX.

Para Almirante, e para muitos outros estudiosos, a relação pessoal e privada, que permitia a observação direta dos fatos, garantiria a autenticidade das declarações escritas. Talvez por conta disso, durante muitos anos, a versão jornalística, o tom biográfico e pessoalizado, e a predominância da letra sobre a música e a melodia, foram

---

4   Moraes, José Geraldo Vinci de. *As sonoridades paulistanas. Final do século XIX ao início do século XX*. Rio de Janeiro: Funarte, 1997. As análises sobre os jornalistas e cronistas baseia-se no artigo de *idem*. "História e Música: canção popular e conhecimento histórico". In: *Revista Brasileira de História*, nº 39, v.20, 2000b, p. 207-208.

5   Almirante. *Op. cit.*, p. 13.

6   Ver, a esse respeito, Máximo, João e Didier, Carlos. *Noel Rosa, uma biografia*. Brasília: Ed. UnB, 1990.

incorporados e reproduzidos, ditando assim os rumos de uma parte da crítica musical no país.

Mas não foram apenas eles que escreveram sobre a música e artistas brasileiros. O tema também inquietou intelectuais como Mário de Andrade, Renato Almeida, Luiz Heitor Correa de Azevedo ou Oneyda Alvarenga.[7] Preocupados com a coleta científica do material sonoro de diversas regiões do país, esses musicólogos utilizaram um arcabouço teórico-metodológico para analisar e delimitar o que eles consideravam a produção "nacional" brasileira. Esse forte viés nacionalista colaborou para vincular alguns desses intelectuais ao Estado brasileiro pós-1930, que participaram ativamente dos projetos culturais e educacionais estatais. A seleção meticulosa das manifestações culturais "nacionais", decorrente da perspectiva teórica que adotavam, fez com que tais pesquisadores rejeitassem parcelas significativas da produção musical das cidades brasileiras. Porém, essa postura também os levou aos cantos mais remotos do país, com lápis, caderneta e, algumas vezes, um estúdio de gravação de discos portátil nas mãos, para registrar, *in loco*, aspectos da musicalidade brasileira. Por conta dessa preocupação em mapear musicalmente todo o território nacional, nossas referências aos musicólogos citados, como se verá, serão mais frequentes do que ao conjunto de autores já citados, que produziram textos sobre música brasileira sob a ótica da crônica e do registro jornalístico. Mário de Andrade, em especial, foi pesquisador admirável no seu envolvimento com a música brasileira e, seguramente, aquele que mais produziu textos a respeito dela.

Assim como Almirante, Mário também possuía uma discoteca particular. Ali, preservou algumas gravações "étnicas", muitas delas fruto

---

7   Alvarenga, Oneyda. *Registro sonoro de folclore musical brasileiro*. São Paulo: Dpto. de Cultura, 1948; *idem*. *Música popular brasileira*. São Paulo: Duas Cidades, 1982; Azevedo, Luiz Heitor Correa de. *150 anos de música no Brasil. 1800-1950*. Rio de Janeiro: José Olympio, 1956; *idem*. *Música e músicos do Brasil*. Rio de Janeiro: Casa do Estudante, 1950. As obras de Mário de Andrade e Renato Almeida serão citadas a seguir.

de seu árduo trabalho de pesquisa sobre o folclore brasileiro. A discoteca também foi constituída com discos que lhe haviam sido "dados pra coleção",[8] gravados por grandes companhias fonográficas, especialmente a norte-americana RCA-Victor. Seu amigo Paulo Ribeiro Magalhães, funcionário da gravadora, era o responsável por boa parte dessas doações. Como revelou Flávia Toni, Mário de Andrade redigia suas impressões nas capas dos discos feitas de cartolina lisa, que substituíram as capas originais, tomadas pelas propagandas do fabricante e, portanto, pouco eficientes para notas.[9] Nelas, Mário tinha espaço suficiente para elogiar um fonograma produzido por uma gravadora, afirmando que ali havia encontrado "um disco interessantíssimo, de grande importância folclórica".[10] Outras vezes, o comentário era ferino: o disco era "sublime [...] de estupidez".[11] Outras ainda, muito irônico: "ótimo [disco] pra quando precisar citar porcarias absolutas".[12]

O que incomodava profundamente o pesquisador era aquela

> (...) submúsica, carne para alimento de rádios e discos, elemento de namoro e interesse comercial, com que fábricas, empresas e cantores se sustentam, atucanando a sensualidade fácil de um público em via de transe.

---

8   Resenha de Mário de Andrade às músicas *Vai sair bagagem* e *Mulambo*, por Silvio Caldas, disco Victor, nº 33301. In: Andrade, Mário de. *Série discos. Arquivo Mário de Andrade*. Org. Flavia Camargo Toni, São Paulo, 1986, mimeo.

9   Toni, Flávia C. "Introdução". In: Toni, Flávia C. (org.) *A música popular brasileira na vitrola de Mário de Andrade*. São Paulo: Senac, 2004, p. 16.

10   Resenha de Mário de Andrade às músicas *Candomblé I (Oduré-Eriuã)* e *Candomblé II (Canto de Exu-Canto de Ogum)*, disco Parlophon, 13254. In: Andrade, Mário de. *Op. cit.*, 1986, mimeo.

11   Resenha de Mário de Andrade às declamações *Oração à pátria* (por Fernando Magalhães) e *Meu Brasil* (por Olegário Mariano), disco Parlophon 12853. In: *idem*.

12   Resenha de Mário de Andrade às músicas *Vai sair bagagem* e *Mulambo*, por Silvio Caldas, disco Victor, nº 33301. In: *idem*.

Para Mário, por mais que

> (...) vez por outra, mesmo em submúsica, ocasionalmente ou por conservação de maior pureza inesperada, aparecem coisas lindas ou tecnicamente notáveis, noventa por cento desta produção é chata, plagiária, falsa como as canções americanas de cinema, os tangos argentinos ou fadinhos portugas de importação.[13]

O folclorista Renato Almeida, autor da importante *História da música brasileira*, embora mais discreto e comedido que Mário de Andrade, nesse ponto concordava com o amigo:

> Infelizmente [os compositores populares] vão se desacreditando com a febril industrialização desse gênero através do rádio e do disco. A soma de composições é avassaladora e pouca coisa se salva. É uma repetição interminável, uma vulgaridade enjoada e enervante. É claro que, ao meio dessa ganga, se encontram às vezes pepitas. Não é que essas vão rareando, mas a areia é que está aumentando assustadoramente e torna, por isso mesmo, mais difícil o encontro do ouro.[14]

Com essas afirmações, Mário de Andrade e Renato Almeida colocavam em evidência a rejeição a boa parte da música gravada em discos e veiculada pelo rádio, mas também reconheciam que havia discos comerciais merecedores de atenção. *Babaô Miloquê* (◀*Faixa 02*)[15] foi, talvez, o exemplo comercial mais festejado e comentado por Mário, e também serve como parâmetro para entender alguns dos elementos que fundamentaram as reflexões musicais do intelectual. *Babaô* teria sido

---

13   Andrade, Mário de. "Música popular". In: *Música, doce música*. São Paulo: Martins, 1963, p. 281.

14   Almeida, Renato. *História da música brasileira*, Rio de Janeiro: F. Briguet & Cia., 1942, p. 442.

15   *Babaô Miloquê*. Batuque gravado por Josué de Barros e Orquestra Victor Brasileira, disco Victor nº 33253-A, de autoria de Josué de Barros, lançado em janeiro de 1930.

> Uma das grandes vitórias da discografia nacional. Admirável como
> caráter, tradição, invenção, riqueza de combinação instrumental.[16]

E, mesmo gravado pela empresa Victor, o *Babaô* continha uma

> orquestração interessantíssima que, excluindo os instrumentos de
> sopro, é exatamente, e com menos brutalidade no ruído, a sonori-
> dade de percussão dos Maracatus do Nordeste.[17]

O *Babaô* fora criado por Josué de Barros (1888-1959), violonista,
cantor e compositor baiano, que participava da vida musical carioca
desde 1904, quando apresentou-se com seu irmão no Café Cascata, naquela cidade.[18] A gravação foi considerada "curiosa" pelos editores da
Revista Phono-Arte, a "primeira revista brasileira do fonógrafo". Na resenha do disco, estranharam:

> O batuque é interessante, um misto de ritmos lúgubres, de palavras
> incompreensíveis de "macumba", "candomblés" e outra mandingas
> que tais. Bastante curiosa a peça, que na parte instrumental é leva-
> da a termo com perícia pela excelente Orquestra Victor Brasileira.[19]

A sonoridade peculiar do *Babaô* dificultava a descrição dos jornalistas, que logo escaparam da armadilha, inserindo a "excelente" execução da Orquestra Victor Brasileira como ponto positivo da gravação.
Na época, a Orquestra era dirigida por Pixinguinha (Alfredo da Rocha
Vianna Filho, 1897-1973), que era também o responsável pelo arranjo.[20]

---

16 Resenha de Mário de Andrade à música *Babaô Miloquê*, disco Victor, nº 33253.
    In: Andrade, Mário de. *Op. cit.*, 1986.

17 "Gravação Nacional". *Diário Nacional*, 10.08.1930, p. 3.

18 *Enciclopédia da música brasileira. Popular, erudita, folclórica.* São Paulo: Art
    Editora/Publifolha, 2000, p. 73.

19 Resenha do disco Victor nº 33253. *Revista Phono-Arte*, 15.01.30, nº 35, p. 23.

20 Bessa, Virgínia. *"Um bocadinho de cada coisa": trajetória e obra de Pixinguinha.
    História e Música popular nos anos 20 e 30.* Dissertação de mestrado apresentada
    ao Depto. de História da FFLCH-USP, 2006.

Mário conversou com Pixinguinha algumas vezes, para colher informa-ções sobre a macumba e o candomblé.[21] O intelectual também conside-rou Josué de Barros um "indivíduo folclorizado", que conseguiu "desen-cavar passados que guard[ara] de sua própria vida, ou lhe [haviam dado] por tradição". Para ele, "toda a originalidade do *Babaô Miloquê* esta[va] nisso".[22] Isso revela que, para intelectuais como Mário de Andrade, bons discos eram aqueles que registravam aspectos musicais de um "povo" específico: tratava-se "[d]o povo bom-rústico-ingênuo do folclore, [que] difer[ia] drasticamente de um outro que desponta[va] como antimodelo: as massas urbanas, cuja presença democrático-anárquica no espaço da cidade (nos carnavais, nas greves, no todo-dia das ruas), espalhada pelos gramofones e rádios através do índice do samba em ex-pansão, provoca[va] estranheza e desconforto".[23] Para a revolta dos pes-quisadores, as empresas fonográficas e o rádio absorveram, entre outras coisas, essa "submúsica" – uma sonoridade própria da tradição popular das cidades – produzida pelas "massas urbanas", ampliando decisiva-mente os meios de difusão dessa música considerada "chata", "plagiária" e "enjoada" por esses intelectuais.

Essa música "vulgar" e "enervante", diferentemente do que propun-ham Mário de Andrade e Renato Almeida, foi definida pelas gravado-ras como música popular, como o conteúdo das "gravações nacionais" – discos gravados em estúdios brasileiros. Também pode ser conside-rada como sinônimo daquilo que os documentos escritos da época

---

21   Resenha de Mário de Andrade às músicas *Vem cá!* e *Urubatã*, disco Victor n⁰ 33204. In: Andrade, Mário de. *Op. cit.*, 1986.

22   "Gravação Nacional". *Diário Nacional*, 10.08.1930, p. 3.

23   Wisnik, José Miguel. "Getúlio da Paixão Cearense. (Villa-Lobos e o Estado Novo)". In: Squeff, Enio e Wisnik, José Miguel. *O nacional e o popular na cultura brasileira. Música.* São Paulo: Brasiliense, 1982, p. 131.

denominaram a "nossa música".[24] As empresas fonográficas que atuaram no Brasil entre 1927 e 1942 não produziram gravações de "música erudita" brasileira. Esses discos – que os documentos escritos denominam de "obras-primas" –, eram importados e possuíam selos de companhias fonográficas estrangeiras que, muitas vezes, não possuíam estúdios no Brasil (o caso da Pathé, da Polydor, da Homocord). Assim, toda a produção *nacional* era considerada *popular* pelas gravadoras e pela imprensa especializada, e incluía majoritariamente a música urbana carioca e, em menor quantidade, a música urbana paulistana, gêneros rurais paulistas e nordestinos, afro-brasileiros, gêneros derivados do tango argentino, do fado português, entre outros menos recorrentes.

O pensamento dos musicólogos, no entanto, está longe de ser esquemático. Em um dos artigos de Mário de Andrade sobre música brasileira, o intelectual comentou a respeito da dificuldade em encontrar a origem da palavra "berimbau" e em determinar quais os usos do instrumento em outras épocas e lugares, seja no Brasil ou em Portugal. Recorrente em toda a obra do autor, essa fixação no sentido de criar uma definição rigorosa de termos e conceitos revela um olhar que buscava certa padronização e homogeneização do rico material sobre o qual ele se debruçava. Por outro lado, o artigo é apenas um entre os muitos escritos de Mário de Andrade em que ele evidencia o panorama intensamente diversificado da cultura musical brasileira, diante da qual ele se deslumbra, apaixona, e tenta compreender, procurando catalogá-la na sua totalidade. Tarefa impraticável, mas que ele acreditou exequível dentro de suas possibilidades enquanto pesquisador, desde que fossem absorvidos os conhecimentos já produzidos sobre o tema, e

---

24   Ver *Revista Phono-Arte*. Os primeiros 25 números da revista traziam uma seção intitulada "A nossa música", em que os editores comentavam a respeito das músicas brasileiras lançadas em partituras. A partir do número 25, a seção foi substituída pela seção "Gravação nacional", em que os editores resenhavam os discos nacionais.

que houvesse estudiosos que continuassem com os seus trabalhos.[25] As palavras de Renato Almeida são cristalinas quanto ao assunto:

> nas dimensões do nosso país, na variedade de suas terras e gentes, a tarefa [de coleta e registro de cantigas] terá de ser longa e sistemática, em esforços numerosos e conjugados. De dia para dia ela se torna mais difícil, sobretudo porque as fontes se toldam a cada momento, com as invasões pelo ar da música das cidades, que vai insensivelmente influindo e deformando as expressões populares.[26]

Nesse sentido, ainda que as ondas radiofônicas ou fonográficas contaminassem as fontes "puras" do folclore nacional, certa simpatia dos intelectuais pela fonografia ou pelo rádio era inevitável. Não apenas diante das possibilidades de registro, preservação e difusão que eles ofereciam, mas também porque uma análise científica tornar-se-ia facilitada se tamanha diversidade fosse compactada em gêneros, estilos, escolas musicais, previamente compilados, organizados e difundidos. Talvez o exemplo mais evidente desta postura, além das propostas do rádio educativo,[27] seja a idealização e criação, em 1935, da Discoteca Pública Municipal por Mário de Andrade, então Diretor do

---

25   Andrade, Mário. "Berimbau". In: *op. cit.*, 1963, p. 100-103.

26   Almeida, Renato. *Op. cit.*, p. 60.

27   O debate em torno do rádio educativo ou comercial foi intenso durante os anos 1920, daí a criação de emissoras que levavam no próprio nome o termo "educadora". Um exemplo bastante citado é o da Rádio Educadora Paulista, fundada em 1923 por Roquette-Pinto, com o objetivo de levar "educação" para os cantos mais remotos do país. No entanto, a partir de 1932, com o decreto de Getúlio Vargas permitindo a veiculação de publicidade nas rádios, o modelo de rádio comercial prevaleceu sobre o rádio educativo. Ver, a esse respeito, Matos, Claudia. *Acertei no Milhar. Samba e malandragem no tempo de Getúlio.* Rio de Janeiro: Paz e Terra, 1982; Gurgueira, Fernando. *Integração nacional pelas ondas: o rádio no Estado Novo.* Dissertação de mestrado, Depto. de História da FFLCH-USP, 1995; Haussen, Doris Fagundes. *Rádio e política: tempos de Vargas e Perón.* Tese de doutorado, ECA-USP, 1992; Pedro, Antonio. *Locomotiva no Ar. Rádio na cidade de São Paulo: 1924/1934.* Tese de doutorado, Depto. de História da FFLCH-USP, 1987.

Departamento de Cultura da cidade de São Paulo. Além de funcionar como um acervo fonográfico, a Discoteca, dirigida e organizada por Oneyda Alvarenga desde sua criação até 1968, responsabilizou-se também por gravar músicas, como o tambor de mina e de crioulo de São Luís do Maranhão ou o xangô dos terreiros de Pernambuco,[28] centrando seus objetivos no registro, catalogação e armazenamento de gravações do folclore musical brasileiro.

A ◀faixa 03 é um trecho de *Tambor de crioulo*, gravado no Terreiro Fé em Deus de Maximiliana Silva, em São Luís do Maranhão, em 19 de junho de 1938.[29] A gravação original totalizava pouco mais de dez minutos e obrigou os pesquisadores a utilizar quatro matrizes (dois discos duplos), cada uma com os três minutos-padrão dos discos de 78 rotações. Durante a audição, é difícil evitar a imagem dos pesquisadores em pleno terreiro, com a parafernália fonográfica pronta para o uso, incluindo o microfone habilidosamente disposto entre músicos e cantores, e cadernos de anotação em punho, aguardando o rabisco de desenhos ou de linhas sobre a performance dos representantes do "folclore nacional". A busca de uma boa qualidade da gravação esbarrava na dificuldade de registro fora do estúdio, e os diferentes momentos da performance, com suas pausas, "ritardandos" e "riforzandos", revelam a preocupação com que esses pesquisadores lidaram com a sonoridade do folclore brasileiro, e concretiza, em ondas sonoras, seus "altos" objetivos ante a diversidade musical brasileira.

Ainda sobre a utilização da fonografia para fins científicos, Mário de Andrade escreveu um artigo, publicado no *Diário Nacional* sete anos antes da criação da Discoteca Pública Municipal:

---

28   Discos da Discoteca Pública Municipal da Série Folclore Musical, respectivamente, nº 15-27; nº 28 e nº 1-14.

29   *Tambor de crioulo*. Disco da Discoteca Pública Municipal da Série Folclórica, nº 28.

A nossa música popular é um tesouro prodigioso condenado à morte. A fonografia se impõe como remédio de salvação.

Na sequência, Mário elogiava a iniciativa do governo italiano em criar uma Discoteca do Estado, verdadeiro "museu de discos", que tinha como "função principal registrar todas as canções populares regionais e tradicionais italianas". O autor considerava "impossível num país como o nosso a gente esperar qualquer providência governamental nesse sentido", e desabafou:

> Roquette Pinto, na exploração que fez pela Rondônia, registrou vários cantos indígenas em disco. Mas, pelo que contam, a desatenção com que olhamos para nossas coisas fez com que o trabalho dele fosse quase inteiramente perdido. Os discos, guardados no Museu Nacional, não o foram com o cuidado merecido. (...) muitos se quebraram e outros (...) estão já gastos e imprestáveis (...).

Por fim, Mário acabou apelando para a iniciativa do "povo e das sociedades locais" para que fizessem "alguma coisa para salvar esse tesouro" que era a "nossa música."[30]

Seguindo os mesmos passos do amigo, Renato Almeida acrescentava a necessidade de se realizar filmagens das danças brasileiras, para além do registro sonoro da "música que se canta" no Brasil:

> muitas cantigas e danças brasileiras estão perdidas e de várias outras só restam documentos, que permitirão apenas imagens mais ou menos deformadas.
> Por isso mesmo é tempo de coletar e registrar em discos e em filmes, com seguro critério científico, a música que se canta e a coreografia com que se dança no Brasil, a fim de fazer, ao menos de agora para diante, o que não recebemos do passado.[31]

---

30   "O fonógrafo". *Diário Nacional*, 24.02.1928, p. 2.

31   Almeida, Renato. *Op. cit.*, p. 60.

No entendimento desses intelectuais, a fonografia tinha um potencial científico extraordinário que esbarrava no aspecto comercial que empresas, dirigentes e artistas conferiam a boa parte da música gravada. Mário de Andrade, em texto pouco divulgado, expunha sua intenção de elaborar um esquema para um estudo que, a princípio, visava aproximar a fonografia e o folclore nacionais. Com a clareza de pesquisador sério e dedicado, principiou com a estrutura do texto:

> I – Valor do disco para auxiliar do folclore musical.
> II – Conceito puramente comercial da discografia popular universal e particularmente da sul-americana.
> III – Razão da situação pejorativa da América do Sul.
> (...)
> IV – Qual o valor científico dos discos populares sul-americanos?

Enquanto procurava refletir sobre o item IV-a ("ocasiões em que a ciência coincide com o comércio"), no entanto, a análise descambou numa crítica frenética – e muito bem fundamentada, de acordo com seus princípios – à discografia comercial brasileira. O pesquisador entendia que na nossa fonografia comercial "O caráter vocal [nos discos era] sempre uma deformação" e que o acompanhamento instrumental liquidava com a "validade científica dos discos populares", citando um "exemplo típico":

> (...) o bandolim em *No Terreiro do Alibibi*. Pra quem quer que esteja um bocado enfronhado dos costumes musicais da feitiçaria afro--brasileira esse bandolim é um verdadeiro insulto.

A solução para aquele estado de coisas, ao fim do manuscrito, viria monossilábica, em tom combativo: "Conclusão: Discoteca Pública Municipal." Após poucas páginas de reflexão, Mário talvez tenha percebido que a relação entre o *disco popular* e a *música popular – folclórica* e não popularesca – tornar-se-ia cada vez mais enfraquecida e, quem sabe, tenha descartado o complemento "e a música" do título "O disco e~~ a música popular~~ no Brasil" por esse motivo, já que "disco popular" não era sinônimo de folclore nacional.[32] Mesmo assim, o intelectual ouviu muitas músicas pela vitrola – "vitrolou" intensamente, no dizer de Flávia Toni – até o final dos anos 1930, quando, deprimido, desistiu dos discos e da Discoteca Pública Municipal.[33]

As constatações de Mário de Andrade e Renato Almeida mostram que houve, por parte desses musicólogos, uma preocupação em pensar a respeito das mudanças trazidas pelos novos *media*, que, entre outras coisas, os levaram a valorizar o folclore brasileiro. De outra parte, muito mais afeita e simpática à fonografia e ao rádio, a crítica musical jornalística valorizou intensamente a música urbana das primeiras décadas do século XX, que serviu, afinal, como principal "alimento para rádios e discos". Não se pode negar, no entanto, que existe uma relação entre essa produção "rural e folclórica" e a "urbana e comercial", embora essa caracterização seja rígida demais para servir como ponto de partida de qualquer análise meticulosa sobre o assunto. Os cantos de terreiros gravados pela Discoteca Pública, por exemplo, representativos da musicalidade das religiões afro-brasileiras, estão presentes, ainda que de maneira distanciada, no que se convencionou denominar de gêneros urbanos do lundu, do samba e, de maneira menos evidente, no maxixe ou tangos brasileiros. Trata-se de uma relação tênue, é certo, e dificilmente o exigente ouvido de Mário de Andrade abriria mão da sonoridade toda especial do *Babaô Miloquê* em nome de "porcarias absolutas" como *Mulambo*,[34] interpretado por Silvio Caldas (◀*Faixa 04*). A gravação de *Mulambo* foi feita com uma formação de orquestra tradicionalmente

---

32   Andrade, Mário de. *Série Manuscritos*. Caixa 41, "O disco popular no Brasil".

33   Toni, Flávia C. "Eu victrolo, tu victrolas, ele victrola". In: *A música popular brasileira na vitrola de Mário de Andrade*. São Paulo: Senac, 2004, respectivamente p. 25-50 e p. 51-71.

34   *Mulambo*. Samba, gravado pelo Silvio Caldas, disco Victor 33301-B, de autoria de Teobaldo Marques da Gama, lançado em agosto de 1930.

utilizada em "gravações nacionais", com ritmos e timbres corriqueiros que, do ponto de vista do intelectual, careciam de originalidade.

Sempre enfáticas, polêmicas, desencontradas e combativas, as opiniões dos musicólogos ou dos jornalistas demonstram que suas apreciações, conjugadas, conseguem mapear parte relevante da produção musical brasileira. Nesse sentido, representam um ponto de partida fecundo para análises a respeito da cultura musical brasileira da primeira metade do século XX. Para além da gravação em si, portanto, a possibilidade do registro sonoro também movimentou o setor intelectual brasileiro e fermentou a criação de uma extensa crítica jornalística, criando ídolos e gostos, e registrando – no dizer de Mário de Andrade – "coisas lindas e tecnicamente notáveis".

Essa breve análise esboçada nas linhas acima, que classifica em duas correntes principais a produção escrita sobre a música brasileira, é tributária de uma renovação bibliográfica que começou a se desenvolver há pouco menos de trinta anos. Trata-se de trabalhos acadêmicos que incorporaram a música como objeto de pesquisa e passaram a considerá-la uma fonte relevante para iluminar certos aspectos da cultura brasileira, normalmente esquecidos ou pouco lembrados pelos estudos "tradicionais". Esses pesquisadores têm se preocupado em repensar o que já foi escrito sobre o tema, tomando a crítica musical brasileira desenvolvida pelos cronistas ou as pesquisas dos intelectuais como ponto de partida para novas investigações. Essa produção vem acumulando um importante repertório de crítica às duas abordagens acima mencionadas.[35] Alguns destes trabalhos se preocuparam, por exemplo, em repensar as transformações do samba carioca ou a nacionalização da cultura popular; outros, as relações entre os artistas populares, o rádio

---

35   Para uma caracterização destes estudos e outros exemplos desta produção mais recente ver Moraes, José Geraldo Vinci de. *Metrópole em sinfonia. História, cultura e música popular na São Paulo dos anos 30*. São Paulo: Estação Liberdade, 2000a, p. 27-38 e *idem*, 2000b, p. 206, 208-209.

e o poder público, ou o "modernismo musical". Há, ainda, estudiosos que procuraram investigar a musicalidade quase esquecida da cidade de São Paulo, mais distante do poder público, longe dos morros cariocas e da capital cultural de então. Trata-se de uma produção significativa, que vem diversificando os temas abordados, aprimorando metodologias, e que tem tratado seu objeto de pesquisa de maneiras variadas.

No início dos anos 1980, o historiador Antonio Pedro procurou inserir a canção popular em seu texto através da transcrição das letras, circunscrevendo suas análises aos conteúdos dos versos. A linguista Cláudia Matos analisou o discurso das canções de Wilson Batista e Geraldo Pereira, procurando estabelecer uma unidade lógica da "ideologia da malandragem", durante o período em que Getúlio Vargas dominava a cena política nacional. José Miguel Wisnik e Arnaldo Daraya Contier, embora com objetivos diferentes, preocuparam-se com a música "erudita" brasileira dos anos 1920. Analisaram partituras produzidas por Villa-Lobos, Carlos Gomes, e fundamentaram as bases de uma sólida crítica ao pensamento dos "modernistas musicais", especialmente o de Mário de Andrade. Data da mesma época o estudo de Luiz Tatit, que vem insistindo desde então na ideia de que a música – cantada e popular – não é apenas texto, mas "palavra-cantada", fala fixada na forma de canção. Enquanto tal, só pode ser compreendida através do binômio melodia-letra. O esquema adotado pelo linguista para transpor, simultaneamente, melodia e letra para o texto escrito é uma solução criativa derivada do pentagrama e das notas musicais, que consegue informar, mesmo aos leigos em escrita musical, o colorido de graves, agudos e as durações das notas da canção.[36]

---

36 Sobre o samba carioca ver Pedro, Antonio. *Samba da Legitimidade*. Dissertação de mestrado, Depto. de História da FFLCH-USP, 1982. Sobre a nacionalização da música popular, ver Matos, Claudia. *Op. cit.* Sobre os artistas populares, o Estado e o rádio ver Pedro, Antonio. *Op. cit.*, 1987. Sobre o modernismo musical ver Wisnik, José Miguel. *Op. cit.* 1982; idem. *O coro dos contrários. A música em torno da semana de 22.* São Paulo:

Por conta do empenho desses estudiosos, desde os anos 1990 não houve mais razão para "defender" ou discutir a relevância da música popular como objeto de estudo científico, embora ainda hoje ela seja encarada com pouco *glamour* nos meios acadêmicos. A partir daí, apoiando--se nestas pesquisas preliminares dos anos 1980, surgiram estudos que, além da leitura, acrescentaram a escuta da música no processo de análise desse objeto de pesquisa, tornando os estudos musicológicos e a gravação "original" ou "de época" obrigatórios para o pesquisador. Além de Luiz Tatit e José Miguel Wisnik, historiadores como José Geraldo Vinci de Moraes ou Marcos Napolitano, antropólogos como Hermano Vianna, ou ainda musicólogos como Carlos Sandroni –, todos reformularam ou reforçaram, a seu modo, as maneiras de analisar a música popular.

José Geraldo Vinci de Morais, ao escolher a cidade de São Paulo como objeto de análise, mapeou o circuito musical paulistano a partir das entrelinhas da documentação escrita (memórias, jornais, revistas), ou em depoimentos de personalidades do Carnaval ou das rodas de choro paulistanas. Além disso, publicou um importante artigo em que fornece um panorama preliminar da produção bibliográfica sobre música popular no país, criticando as abordagens "tradicionais" e indicando novos caminhos para a pesquisa histórica sobre a música e a canção populares. Marcos Napolitano, trilhando o mesmo caminho, enfocou a canção brasileira dos anos 1960 como veículo ideológico e produto comercial, utilizando-se amplamente da produção fonográfica do período como fonte documental. Recentemente, editou um livro destinado aos iniciantes na pesquisa, cujo objetivo é aproximar a música da

---

Duas Cidades, 1983; Contier, Arnaldo Daraya. *Brasil novo, música, nação e modernidade: os anos 20 e 30*. Tese de Livre-docência Depto. de História da FFLCH-USP, 2 vols., 1988. Sobre música na cidade de São Paulo ver Ikeda, Alberto Tsuyoshi. *Música na cidade em tempo de transformação: São Paulo, 1900-1930*. Dissertação de mestrado, ECA-USP, 1988. Sobre a abordagem semiótica da canção popular ver Tatit, Luiz. *Por uma semiótica da canção popular*. Dissertação de mestrado, Depto. de Linguística da FFLCH-USP, 1982.

disciplina histórica. Hermano Vianna evidenciou que a "música nacional" – carioca, para o autor – foi criada durante os anos 1920, e construiu um quadro explicativo para o processo de "nacionalização do samba" a partir do encontro de músicos populares, como Pixinguinha e Donga, com intelectuais, como Gilberto Freyre, Sérgio Buarque de Holanda e Prudente de Moraes Neto. O livro de Carlos Sandroni, *Feitiço decente*, é um convite, mesmo aos leigos, ao estudo musicológico da canção popular carioca do início do século. Na edição, as passagens mais áridas e técnicas aparecem em destaque, e o autor tem a preocupação de tornar o livro acessível a um público mais amplo: "O leitor que não conhece um pouco da chamada 'teoria musical' clássica provavelmente enfrentará alguma dificuldade nessa leitura. Tal leitor fica aqui formalmente autorizado a pular o trecho [inicial do livro] sem remorsos. Embora os argumentos 'técnicos' representem uma parte significativa do que tenho a dizer, acredito que eles não são indispensáveis para o aproveitamento do restante do livro".[37]

Outros estudiosos também têm procurado estabelecer uma ponte entre os estudos técnicos musicológicos e o público em geral, incluindo especialistas de outras disciplinas. O sociólogo inglês Simon Frith principiou sua carreira de escritor como crítico musical de rock e, ao entrar

---

37   Sandroni, Carlos. *Feitiço decente. Transformações do samba no Rio de Janeiro (1917-1933)*. Rio de Janeiro: Zahar/Ed. UFRJ, 2001, p. 14-15. Tatit, Luiz. *O século da canção*. Cotia: Ateliê, 2004; idem. *Musicando a semiótica*. São Paulo: Annablume/Fapesp, 1997; idem. *Semiótica da canção. Melodia e letra*. São Paulo: Escuta, 1999; idem. "Abordagem do texto". In: Fiorin, José Luiz (org.). *Introdução à linguística*. São Paulo: Contexto, 2002; Wisnik, J. M. "Cajuína transcendental". In: Bosi, Alfredo (org.). *Leitura de poesia*. São Paulo: Ática, 1996; idem. *O som e o sentido. Uma outra história das músicas*. São Paulo: Companhia das Letras, 2001; Moraes, José Geraldo Vinci de. *Op. cit.*, 1997; idem, *Op. cit.*, 2000a; idem, *Op. cit.*, 2000b; Napolitano, Marcos. *Seguindo a canção: engajamento político e indústria cultural na MPB, 1959-1969*. São Paulo: Annablume/Fapesp, 2001; idem. *História e música*. Belo Horizonte, Autêntica, 2002; Vianna, Hermano. *O Mistério do samba*. Rio de Janeiro: Zahar/Ed. UFRJ, 1999.

para a Universidade de Oxford, em 1964, afirmou que seus colegas do curso de sociologia "ainda ignoravam a música em suas apreciações a respeito dos *mass media*" ao passo que os fãs de rock ainda deixavam as questões políticas de lado, mesmo naqueles movimentados anos 1960. Em seu estudo *Sound effects: youth, leisure and the politics of rock'n'roll*, publicado em 1981, Frith questionava-se a respeito da interação entre suas duas práticas e, meditando a respeito do seu ofício, afirmou: "Minhas duas carreiras eram quase incompatíveis: a crítica de rock não era considerada adequada para um currículo acadêmico e sociologia era um termo ofensivo aos críticos do rock". No entanto, Frith insistiu: "não perdi as convicções que ligavam meus dois mundos: rock é uma prática cultural crucial e a análise sociológica é necessária para dar-lhe sentido".[38] Mais recentemente, Richard Middleton, professor de música da Universidade de Newcastle, dedicou todo o seu livro *Studying popular music* para discutir os sentidos do que se costuma denominar "música popular", percorrendo a crítica adorniana, e estabelecendo critérios mais seguros para uma análise musicológica da música popular.[39]

Esse é um fenômeno relativamente novo nos estudos de musicologia, que passaram a prestar mais atenção à música popular, conferindo à pesquisa musicológica um sentido histórico ou antropológico. Talvez o resultado mais interessante da tentativa de contribuir – no dizer de Carlos Sandroni – para "atenuar a rigidez das fronteiras metodológicas",[40] seja a recém-publicada *História social de la música popular en Chile, 1890-1950*, escrita a duas mãos por um historiador e um

---

38   Frith, Simon. *Sound Effects: youth, leisure and the politics of rock'n'roll.* Nova York: Pantheon Books, 1981, p. 3-4.

39   Middleton, Richard. *Studying popular music.* Filadélfia: Philadelphia University Press, 1990, especialmente o capítulo 2, " 'It's all over now'. Popular music and mass culture – Adorno's theory", p. 35-63 e 3 " 'Over the raimbow'? Technology, politics and popular music in an era beyond mass culture", p. 65-99.

40   Sandroni, Carlos. *Op. cit.,* p. 17.

musicólogo, e acompanhada de um CD com 26 gravações da época. Nesse estudo de fôlego, os autores reconhecem que a música popular vinha sendo desprezada por musicólogos e historiadores e propõem um estudo amplo da cultura musical chilena, destacando-a como parte da experiência histórica do século XX, mas procurando estabelecer balizas precisas daquilo que denominam, musicologicamente, de música popular, que circulava no Chile durante o período abordado.[41]

Diego Fischerman, crítico musical argentino, aponta com ponderação as dificuldades para uma abordagem interdisciplinar da música: "Nos estudos sobre música, em particular aqueles que trabalham sobre o folclore e as tradições populares, têm predominado, nas últimas décadas, as abordagens *êmicas* (internas a cada cultura ou, pelo menos, tendentes a isso). Deste ponto de vista, mal pode falar-se, por exemplo, de valor intrínseco e somente pode ser descrito o funcionamento de um objeto cultural dentro da particular cultura em que funciona. O relativismo cultural é, em todo caso, muito útil para estudar as culturas, mas muito pouco produtivo para aproximar-nos da arte". Dessa forma, Fischerman estabelece um ponto de partida interessante para repensar o estudo da música popular, criticando, com lucidez, tanto o aparato teórico da musicologia, quanto o histórico ou antropológico, para a sua compreensão. Fundamentando suas análises na ideia de complexidade da música, a simplicidade e hibridismo característicos da música *de tradição popular* – para utilizar o termo empregado por ele – não devem ser desprezados pelo estudo musicológico, nem motivo para a celebração da mescla cultural latino ou afro-americana, o que tem sido recorrente em parte dos estudos musicológicos latino-americanos.[42] Ao enfatizar o aspecto do valor atribuído à música ao circular na sociedade, ele

---

41   González, Juan Pablo & Rolle, Claudio. *História social de la música popular en Chile, 1890-1950*. Santiago: Ed. Universidad Católica de Chile, 2003.

42   Tal pensamento musicológico baseia-se nas análises de Canclini, Néstor Garcia. *Consumidores e cidadãos. Conflitos multiculturais da globalização*. Rio de

incorpora os novos *media* à sua análise sem recair em preconceitos ou pré-julgamentos, pois a "música de tradição popular" do século XX só é definida enquanto popular por conta da ação dos meios de comunicação de massa. No entanto, este valor que a sociedade atribui à música não é resultado da análise de Fischerman, mas um elemento a mais para se compreender a música produzida por essa sociedade: "o atrativo das músicas que aqui se tratam, não é uma consequência de seu poder explicativo das sociedades, mas o contrário. Interessam as sociedades na medida em que elas nos permitem saber mais acerca da música". Ao solucionar o problema partindo da própria música de tradição popular, enfatizando os aspectos valorativos e de complexidade da música, o autor cria pontos de intersecção entre a musicologia e as demais ciências humanas, abrindo caminhos para uma discussão fecunda e também uma interação importante entre as diferentes disciplinas.[43]

Como vemos, esses estudos mais recentes procuram encarar a música popular como comunicação sonora – daí a escuta atenta do pesquisador ser condição imprescindível para a análise dos processos de produção, difusão ou circulação da música. Contudo, esse cuidado com a escuta do objeto sonoro não é apenas produto de reformulações teórico-metodológicas nas ciências humanas. Ela é também fruto do desenvolvimento dos próprios meios de comunicação de massa.

No caso brasileiro, durante os anos 1960 e 1970, a indústria fonográfica lançou mão de um novo formato (o LP) em substituição aos discos de 78 rotações, que, aliado à atuação do Estado brasileiro no sentido de desenvolver uma "integração nacional via mercado"[44] proporcionou

---

Janeiro, UFRJ, 2001 e *idem. Culturas híbridas. Estratégias para entrar e sair da modernidade*, São Paulo: Edusp, 2003.

43   Fischerman, Diego. *Efecto Beethoven. Complejidad y valor em la música de tradición popular.* Buenos Aires, Paidós Diagonales, 2004, p. 18-19.

44   Ver Ortiz, Renato. *A moderna tradição brasileira.* São Paulo: Brasiliense, 1994, p. 149-180.

enormes ganhos à indústria. Esse crescimento coincidiu com um momento de intensa efervescência cultural, com a eclosão da Bossa Nova, do Tropicalismo, da Jovem Guarda. Cada um desses movimentos, a seu modo, realizou uma releitura do passado musical brasileiro, incorporando antigas e criando novas sonoridades, que ecoavam nos nossos ouvidos, mesmo dos mais desatentos, por serem repetidamente veiculadas através dos discos, das rádios ou da TV. Vale lembrar que os primeiros estudos acadêmicos sobre música brasileira foram feitos por pesquisadores que passaram sua juventude escutando (ou rejeitando) João Gilberto, Nara Leão, Caetano Veloso ou Roberto Carlos.

Uma nova mudança no formato veio consolidar-se no Brasil no início dos anos 1990, quando o *Compact Disc* se popularizou no país. Muitos trocaram seu aparelho leitor de LP por um "toca-CD" e outros converteram sua discoteca de LPs em CDs.[45] O *Compact Disc* trouxe uma outra lógica na produção dos discos, na medida em que estabeleceu um novo patamar na relação entre a gravadora e a mídia gravada. Até os anos 1990, a principal característica das companhias fonográficas foi a fusão entre o processo de gravação e reprodução de 78rpm ou LPs: a mesma empresa era responsável pela gravação do disco, pela comercialização do aparelho leitor e ao consumidor não era permitido gravar músicas, somente reproduzi-las. O aparelho leitor dos 78rpm ou dos LPs era "um instrumento para reprodução, e uma máquina diferente era necessária para a gravação, sendo que esta última não era comercializada para uso doméstico".[46] Contudo, no final do século XX, algumas empresas especializaram-se na gravação de CDs e uma outra empresa ficou responsável pela fabricação e desenvolvimento do aparelho leitor,

---

45   É interessante notar, aliás, que o termo "aparelho leitor" nos remete à tecnologia digital, de leitura ótica de CDs e, mais recentemente, de DVDs. A agulha não lia os LPs ou os 78rpms – *percorria* seus sulcos, *re-produzindo* o som.

46   Chanan, Michael. *Repeated takes. A short history of recording and its effects on music.* Londres, Verso, 1995, p. 28-29.

tornando-se, muitas vezes, concorrentes. As empresas que fabricavam os aparelhos leitores deixaram de ter a obrigação de manter o *know-how* da gravação de sons em sigilo, permitindo que o consumidor realizasse gravações com seu próprio aparelho. Como sabemos, esta possibilidade é, hoje em dia, a base da atividade de "pirataria". É, também, uma das únicas formas de acesso de muitos consumidores à música gravada, via comércio de CDs piratas. Foi ela também quem acelerou a proliferação de inúmeras gravadoras independentes e colocou em xeque, através da "música virtual", a necessidade de um suporte material para a circulação da música, minando as bases sobre as quais a indústria fonográfica se fundou durante todo o século XX. A mídia digital também permitiu – e isso nos interessa em particular – o uso doméstico da gravação de músicas em formato digital e a reprodução e gravação das músicas numa quantidade ilimitada de vezes.[47]

Esses comentários pontuais sobre a indústria fonográfica brasileira são relevantes porque mostram o quanto o estudo da música no país está vinculado à história da gravação de discos. A ampliação do acesso e a popularização das mídias digitais, entre outras coisas, possibilitam a digitalização de acervos fonográficos, que vinham antes sendo constituídos pelo esforço e empenho de homens como Nirez, Humberto Franceschi e José Ramos Tinhorão. O acervo destes dois últimos, aliás, foram vendidos ao Instituto Moreira Salles (IMS), passaram pelo processo de digitalização e limpeza de ruídos, e encontram-se disponíveis para consulta e audição no *site* do próprio Instituto. Para o pesquisador, a penosa tarefa de coletar materiais nos acervos públicos ou privados em diversos pontos do país tornou-se menos árida, já que é possível reproduzir músicas com maior rapidez e "fidelidade" ao "original", levando "para casa" centenas de músicas em uma única mídia digital. A qualidade de escuta atenta, repetitiva e cuidadosa do pesquisador tem

---

47   Ver, a esse respeito, Dias, Márcia Tosta. *Os donos da voz*. São Paulo: Boitempo, 2000, p. 51-78, 175-178.

íntima ligação com as facilidades que a mídia digital lhe proporcionou. Nem é preciso dizer que isso reformulou as maneiras de se fazer pesquisa sobre música. Além disso, como ocorreu no caso do IMS, softwares de edição digital permitem a limpeza dos chiados ou de problemas derivados do desgaste do material; permitem também um maior refinamento na reprodução das vozes e instrumentos que haviam sido gravados originalmente em condições relativamente precárias. Vale a pena assinalar, apenas como comentário, que a tecnologia digital que nos permite atualmente a compactação de imensos acervos fonográficos em um "clique", seja no computador ou no "*play*" do aparelho leitor de CDs, é produto do processo de gravação elétrica, sua precursora, criada no início do século XX, tema do próximo capítulo.

Mesmo com as facilidades criadas pela tecnologia digital, certos acervos, especialmente os públicos, permanecem mal-organizados, seja por conta do pouco interesse na catalogação dos discos, seja devido aos parcos recursos obtidos para digitalizar e disponibilizar seu acervo ao público. Qualquer pesquisador que tenha entrado em algum acervo fonográfico seguramente deparou-se com fonogramas despedaçados, impossibilidade de pesquisa em catálogos ou mesmo inexistência deles, aparelhos leitores quebrados ou em mau funcionamento, entre outras dificuldades.

Se as coleções públicas oferecem problemas ao pesquisador, é preciso ainda acautelar-se diante da fidelidade da mídia digital, disponibilizada pelos acervos privados, para fins de pesquisa. Cada "fase" do desenvolvimento da gravação sonora tem características próprias e atributos intrínsecos. Do ponto de vista dos que ouviram gravações elétricas, a fase mecânica (1902-1927) oferecia sons "chatos", "metálicos" e "duros". O ouvinte de *Compact Discs*, por outro lado, pode incomodar-se com o inevitável ruído emitido pelo atrito da agulha nos sulcos do disco, mesmo nos LPs, em que a reprodução eletrônica minimiza o chiado. Há quem diga, entretanto, que o contato físico da agulha com o disco é o que permite a reprodução de "música de verdade".

Para além dos gêneros e preferências pessoais, essas constatações demonstram diferentes padrões de escuta e revelam uma cisão entre o modelo inaugurado pelo CD (mídia digital) e a reprodução mecânica (fases mecânica e elétrica – 78rpm, ou eletrônica – LP). Transportando a reflexão para a nossa documentação, o que o CD carrega é apenas o conteúdo da gravação dos discos de 78 rotações, mas escapa-lhe a forma peculiar de reprodução sonora da vitrola elétrica. É evidente que para o pesquisador em geral, e sobretudo para o pesquisador brasileiro, é praticamente impossível escutar a "gravação original" no "aparelho leitor original", dada a precariedade dos acervos, a má conservação da documentação, e a virtual impossibilidade de uso de aparelhos antigos, que se tornaram peças para exibição em museus. A gravação de "segunda mão" preservada em CD, mesmo que de alta fidelidade, subtrai essa importante diferença entre os sons reproduzidos mecânica, elétrica ou eletronicamente, reduzindo-os ao som compartimentado de forma digital.

Esse detalhe tem implicações metodológicas importantes e nos ajuda a compreender melhor alguns registros escritos de época. O tema será tratado no próximo capítulo, mas vale a pena adiantar que uma das razões do descaso de Mário de Andrade diante da gravação mecânica era exatamente essa diferença, nada sutil, entre a gravação mecânica e a elétrica. Em 1928, o intelectual soube "reconhecer que o registro mecânico [era] insuficiente para colher, ao mesmo tempo, letra e melodia. Reconhece[u] também que [era] praticamente impossível grafar as nuanças de interpretação dos cantadores". Mas ele tanto se entusiasmou com a diferença qualitativa do registro elétrico, que idealizou um mapeamento musical completo do folclore brasileiro através da citada Discoteca Pública Municipal e de um estúdio portátil, requerido ao governo brasileiro em 1936.[48]

---

48   Toni, Flávia C. "Eu victrolo, tu victrolas, ele victrola". In: *op. cit.,* p. 31.

Mário de Andrade foi um ouvinte cuidadoso, e suas apreciações acaloradas eram sempre precedidas por uma reflexão cautelosa. Seus poucos textos sobre a fonografia, longe de indicarem descaso, mostram que ele ainda amadurecia suas ideias quanto ao uso do disco e da gravação, ao mesmo tempo em que procurava combater o uso comercial da novidade. Infelizmente, as questões que inquietavam o intelectual permaneceram adormecidas por quase todo o século XX. Com o fim das atividades dessa "geração" de intelectuais – como Mário de Andrade e Renato Almeida –, que produziu intensamente durante a primeira metade do século XX, a crítica musical brasileira manteve a tendência inicial do tratamento pessoalizado do artista ou da música ou, sob uma outra perspectiva de análise, reforçou certo desdém diante da simplicidade da música de tradição popular.[49] A atuação das gravadoras, sob essas perspectivas, não tinha muita relevância para o trabalho destes pesquisadores. No entanto, seria injusto afirmar que os autores desses estudos, divulgados durante a segunda metade do século XX, não perceberam essa lacuna na literatura musical brasileira. Enquanto escreviam seus textos, eles enfrentaram sérias dificuldades para organizar a discografia de muitos artistas, e não deixaram de sinalizar a necessidade de realização estudos mais sistemáticos sobre a atuação das gravadoras de discos no país. Um deles foi o jornalista e musicólogo cearense Edigar de Alencar, que se deparou com o problema quando tentou organizar a discografia de seu biografado, José Barbosa da Silva, o Sinhô.[50] Embora sua preocupação não tenha aparecido com o encanto de um "primeiro capítulo", a constatação já indicava que um catálogo organizado, que servisse de apoio aos autores, era item fundamental

---

49   Moraes, José Geraldo Vinci de. *Op. cit.*, 2000b, p. 208.

50   Sinhô nasceu no Rio de Janeiro em 1888 e foi um compositor muito requisitado para animar festas e bailes cariocas com seu piano de ritmo inconfundível. Sinhô viu muitas de suas composições gravadas em discos e recebeu o título de "Rei do Samba" em 1927. Morreu de tuberculose em 1930. Cf. Alencar, Edigar de. *Nosso Sinhô do samba.* Rio de Janeiro: Civilização Brasileira, 1968, p. 1-22, 113-133.

e urgente na bibliografia sobre a música brasileira. Nem mesmo as gravadoras do início do século foram poupadas, e Alencar as responsabilizou
como as maiores vilãs do episódio. Foi assim que o autor comentou suas
dificuldades, em uma tímida nota de pé de página, escrita em 1968:

> Infelizmente, uma das maiores dificuldades do pesquisador de
> hoje é penetrar no mundo confuso das gravações que eram lança-
> das ao mercado. Estas só muito raramente traziam a data, e as in-
> dicações constantes nem sempre são certas ou legíveis. Precários
> eram também os prospectos e catálogos. Ao que parece, nunca
> houve por parte das gravadoras o propósito alto de colaborar na
> fixação de pormenores essenciais ao levantamento da história mu-
> sical do Brasil.

A nota foi extraída do último anexo da biografia, no qual o autor
lista a discografia do "Rei do Samba" em duas partes: a primeira era uma
compilação elaborada por Ary Vasconcelos, e a segunda, uma relação
suplementar realizada pelo próprio Edigar de Alencar, "com grande
esforço através de notícias, registros e informes (...) sujeita além das
falhas, a equívocos e lapsos".[51]

Segundo Alencar, o descaso das gravadoras em "colaborar na fixação de pormenores essenciais ao levantamento da história musical do
Brasil" obriga o pesquisador a buscar dados em "notícias, registros e
informes", absolutamente dispersos e imprecisos nos acervos públicos
e privados do país. Talvez por conta disso, os dois únicos estudos que
tomam a gravadora como eixo de análise tenham sido escritos por um
colecionador de discos e cilindros, o fotógrafo Humberto Franceschi.[52]

---

51   *Idem, ibidem*, p. 172, nota 1.

52   Franceschi, Humberto M. *A Casa Edison e seu tempo*. Rio de Janeiro: Sarapuí,
2002; *idem. Registro sonoro por meios mecânicos no Brasil*. Rio de Janeiro:
Estúdio HMF, 1984. Para uma resenha crítica do livro *A Casa Edison...* ver
Gonçalves, Camila Koshiba. *Revista de História*, São Paulo, USP, nº 149, jan-
jun/2004, p. 255-262.

No ano da edição da biografia de Sinhô (1968), os colecionadores Gracio Barbalho, Nirez, Jairo Severiano e Alcino Santos ainda não haviam lançado pela Funarte o catálogo de discos em 78rpm que foram produzidos no Brasil entre os anos de 1902 e 1964. O catálogo, dividido em cinco volumes com cerca de quinhentas páginas cada, foi elaborado com base nos acervos de discos dos próprios autores e de outros colecionadores brasileiros, nas informações fornecidas pelas companhias fonográficas e alguns (poucos) registros da imprensa da época. A *Discografia*, publicada em 1982, não está, obviamente, desprovida de "equívocos e lapsos", como assinalam seus próprios autores: "Não temos a pretensão de apresentar um livro sem falhas, o que seria uma utopia, considerando-se a quantidade de dados anotados e as dificuldades da pesquisa (advindas, principalmente da *falta de perspectiva histórica da nossa indústria do disco*)".[53] Mas a preocupação em elaborar uma *Discografia* indica, ao menos, uma tendência inicial em direção à sistematização da produção das gravadoras de 78rpm no período. A partir desta discografia tornou-se possível organizar, ainda que precariamente, o "mundo confuso das gravações" e extrair um quadro preliminar da história do disco no país.

Para além da *Discografia* e dos estudos de Franceschi, a pequena produção escrita sobre o registro sonoro circunscreve suas análises à época do LP, remetendo-se ao disco de 78 rotações apenas quando mencionam o desenvolvimento tecnológico do processo de gravação. Em 1995, o cineasta inglês Michael Chanan principiava seu importante (e pioneiro) estudo panorâmico sobre a história da gravação na Europa e nos Estados Unidos, constatando a disparidade entre o volume da produção de livros sobre as mídias em geral (cinema, televisão, rádio) e a gravação de discos, revelando-nos que a ausência de bibliografia

53   Santos, Alcino; Barbalho, Gracio; Severiano, Jairo; Azevedo, M. A. (Nirez). *Discografia brasileira 78 rpm. 1902-1964* (5 vols.) Rio de Janeiro: Funarte, 1982, vol. I, p. 1.

sobre o tema não é um fenômeno circunscrito às pesquisas brasileiras. Ele próprio considera "estranha" esta lacuna: "Este livro preenche uma estranha lacuna, a despeito da massa de textos sobre cinema, televisão e outros *media* e da posição central ocupada pela música gravada na experiência cultural do século XX, há uma séria escassez de escritos sobre a indústria fonográfica".[54] Nos dez anos que se passaram desde a publicação do trabalho de M. Chanan, infelizmente pouquíssimos trabalhos têm se esforçado para vasculhar a história da gravação e das gravadoras, e os efeitos do registro sonoro sobre a percepção musical do ouvinte e sobre o próprio artista e sua música.

Os pesquisadores ingleses e, principalmente, os norte-americanos, talvez teriam menos dificuldades que os brasileiros com a catalogação e audição dos discos, dada a qualidade de suas bibliotecas e a própria trajetória de suas empresas fonográficas. Alguns números da revista *Popular Music*, por exemplo, apresentam artigos sobre as indústrias fonográficas de alguns países como Inglaterra, Zimbábue, Finlândia;[55] o livro dirigido por Simon Frith *Music at the margins*, mapeia a produção fonográfica de países "marginais", como Jamaica, Grécia, Israel, Nigéria, Índia ou Polônia.[56] Contudo, como são artigos curtos, não há preocupação em abranger o fenômeno da mercantilização da música como um todo, pois a "indústria da cultura" não é vista como elemento a ser

54   Chanan, Michael. *Op. cit.*, p. IX.

55   Sobre a indústria fonográfica inglesa, ver Frith, Simon. "The making of the British record industry, 1920-64" In: Curran, J., Smith, A. & Wingate, P. (eds.). *Impacts and influences.*, Londres, 1987, p. 278-290; *idem*. "Music industry research: where now? Where next? Notes from Britain." In: *Popular Music*, vol. 19, nº 3, p. 387-393. Sobre o Zimbábue, ver Scannel, Paddy. "Music, radio and the record business in Zimbabwa today" In: *idem*, vol. 20, nº 1, p. 13-27. Sobre a Finlândia, ver Gronow, Pekka. "The Record industry in Filand. 1945-1960." In: *idem*, vol. 14, nº 1, p. 33-53.

56   Frith, Simon; Robinson, Deanna C.; Buck, Elizabeth & Cutbert, Marlene (orgs.). *Music at the margins. Popular music and Global Cultural Diversity.* Califórnia, Sage Prublications, 1991.

problematizado. A comercialização da música é encarada como ponto de partida para suas análises e apenas se reconhece – e não se questiona – que esse fenômeno traz consequências para a circulação e consumo da música, especialmente a da chamada "música popular". Além disso, os artigos acima citados e os estudos sobre as empresas fonográficas norte--americanas, europeias, e mesmo brasileiras, tendem a tratar apenas dos momentos iniciais do fonógrafo ou das passagens em que as empresas estão movimentando altas cifras de dinheiro, especialmente no período em que o rock (ou a Bossa Nova, no caso brasileiro) começa a ser comercialmente produzido e consumido em larga escala. Daí resulta o fato da produção bibliográfica sobre a indústria fonográfica estar circunscrita à época da criação e desenvolvimento do rock, e aos autores que, de início, preocuparam-se com o fenômeno comercial do rock'n'roll.[57]

A lacuna brasileira não seria tão estranha quanto a inglesa ou norte--americana se percebermos a farta documentação legal, sonora, de imprensa e de transações comerciais referentes às empresas fonográficas citadas às dezenas por Michael Chanan – num estudo que se pretende *apenas* um panorama do desenvolvimento da indústria fonográfica mundial. Em nosso caso, a dificuldade de acesso aos acervos das gravadoras, aos discos e à documentação legal, pelo menos até o fim dos anos 1990 – já que nos últimos três anos este acesso vem sendo relativamente ampliado –, por si só já seria uma boa explicação para a ausência de pesquisas sobre as gravações e as gravadoras, por mais que o pensamento musical brasileiro, seguidas vezes, tenha aberto brechas para tal questionamento. No entanto, o silêncio dos pesquisadores quanto ao tema tem,

---

57   Além das obras citadas de Simon Frith, ver, do mesmo autor "The industrialization of popular music". In: Lull, James (org.). *Popular music and communication*. Cambridge: Sage, 1992, p. 49-74, ou os estudos de Laing, Dave. *The sound of our time*. Nova York, 1970. Esse último trabalho foi uma tentativa pioneira de analisar o rock através do aparato teórico-conceitual marxista; e a *Encyclopedia of rock and roll*, vols. 1 a 3, Londres, 1976, uma importante obra de referência organizada em conjunto com Phil Hardy.

seguramente, uma ligação com a atuação – no dizer de Patrice Flichy – "discreta" das gravadoras. Não havia (e não há) quem buscasse, em uma loja, um disco (ou um CD) pelo nome da gravadora, mas todos reconheciam as vozes, timbres e, principalmente, os nomes de seus cantores favoritos. Segundo Flichy, as empresas compreendiam que "a atividade musical tinha um forte componente nacional", e praticamente a "totalidade das vendas de discos de variedades se realiza [até hoje] com cantores locais". A atuação das gravadoras era realizada "nos bastidores", já que elas não divulgavam sua "marca" para o consumidor, e produziam discos com artistas e gêneros "nacionais".[58] Uma das hipóteses deste trabalho, no entanto, é a ideia de que, no Brasil, no curto período entre 1927 e 1932, esta "discrição" foi colocada de lado, e as estratégias das empresas fonográficas tornaram-se evidentes aos olhos e ouvidos do habitante das maiores cidades brasileiras da época. O período é, também, privilegiado para o pesquisador distanciado cronologicamente, já que constitui, talvez, o único momento da história dos discos 78rpm em que se encontram discos e dados, ainda que dispersos, pelos periódicos que circulavam na época.

Por maiores que sejam as dificuldades heurísticas, alguns autores vinculados à academia já haviam pontuado, há algum tempo, a importância das formas "modernas" de produção e circulação da música nos anos 1930. José Miguel Wisnik, por exemplo, afirma que "as manifestações populares recalcadas emergem com força para a vida pública, povoando o espaço do mercado em vias de industrializar-se", encontrando "seu canal de escoamento social no *mercado* de música nascente". E ainda: "A linha oblíqua [que leva a música popular em direção ao gramofone e ao rádio] marca, por sua vez, a ramificação mercadológica de massa que deu inesperada margem de penetração alternativa à música popular,

---

58   Flichy, Patrice. *Las multinacionales del audiovisual.* Barcelona: Editorial Gustavo Gili, 1982, p. 198.

correndo por fora do sistema de difusão da *arte*".[59] Já José Geraldo Vinci de Moraes afirma que "as relações de produção, difusão e circulação da música/canção popular urbana, na sua forma contemporânea, gestada entre os fins do século XIX e início do XX, surgem marcadas por alguns elementos inovadores (...). [como] algumas formas de entretenimento urbano pago (como circos, bares, cafés, teatros etc.) ou não (festas públicas, festas privadas, encontros informais etc.)". E acrescenta: "Se, a princípio a geração e criação dessas canções não era destinada ao mercado, gradativamente elas incorporam-se a ele; (...) e, finalmente, a canção é obrigada a dialogar de diversas maneiras, positiva e negativamente, com os meios de comunicação eletroeletrônicos".[60]

Como vemos, o desenvolvimento dos "meios de comunicação eletroeletrônicos" criaram uma "ramificação mercadológica" da cultura, na qual a música popular urbana e alguns gêneros rurais vão penetrar com grande intensidade. Existem estudos que se preocuparam com a radiofonia, especialmente a utilização política do rádio pelo Estado brasileiro, mas o aprofundamento das pesquisas esbarra na ausência de documentos produzidos pelas próprias emissoras de rádio, com programas normalmente veiculados ao vivo e sem preocupação de registro. Uma lacuna que, provavelmente, jamais será preenchida. O caso da fonografia é um pouco diferente já que, como dissemos, existem acervos de discos, um catálogo que fornece um panorama geral da história da gravação no Brasil e novas abordagens teóricas nas ciências humanas que levam o olhar do pesquisador em direção à chamada "música popular". Esses fatores permitem que o conteúdo do disco seja valorizado e ouvido atentamente e, diferentemente do que imaginavam Almirante ou Edigar de Alencar, ou das propostas de Mário de Andrade ou Renato Almeida, não seja visto como mero divulgador da "música nacional",

59   Wisnik, José Miguel. *Op. cit.*, 1982, p. 159-161. Grifos do autor.
60   Moraes, José Geraldo Vinci de. *Op. cit.*, 2000b, p. 212-213.

seja ela a "boa música" folclórica ou a sonoridade própria de alguns gêneros urbanos transformada em música brasileira.

A música gravada deve ser percebida como produto de uma empresa, com estrutura organizativa, estratégias de implantação e de atuação,
cujo objetivo é protagonizar o processo de produção *eletroeletrônico* e
difusão *via mercado* da música em uma sociedade. Como evidenciou
Simon Frith, refletir sobre o assunto é obrigatório para qualquer pesquisador da música do século XX: "A industrialização da música não pode
ser compreendida como algo que acontece *para* a música, mas como
algo que descreve um processo no qual a música em si mesma é feita –
um processo, que funde (e confunde) argumentos técnicos, musicais
e financeiros. A música popular do século XX significa a *gravação* da
música popular; não a gravação de algo (uma canção? um cantor? uma
performance?) que existe independentemente da indústria da música,
mas uma forma de comunicação que determina o que as canções, os
cantores e as performances são e podem ser".[61]

Essas constatações nos remetem ao espinhoso tema da indústria cultural, cujas abordagens teóricas mais conhecidas – de Walter Benjamin
e especialmente as de Theodor Adorno –, ao mesmo tempo em que trazem reflexões imprescindíveis como ponto de partida, podem enrijecer
análises específicas a respeito dos "produtos culturais".[62] É difícil, hoje
em dia, admitir que a indústria cultural implicou em uma "regressão
auditiva das massas" ou na "degradação da forma musical". Preferimos
optar por um caminho mais simples, desviando de armadilhas teóricas,
concentrando esforços no tratamento dado à documentação, através da

---

61   Frith, Simon. *Op. cit.*, 1982, p. 50. Grifos do autor.

62   Adorno, Theodor W. "O fetichismo na música e a regressão da audição",
      Coleção *Os Pensadores*, vol. XLVIII, São Paulo. Abril Cultural, 1975,
      p. 173-199; Benjamin, Walter. "Obra de arte na época de suas técnicas
      de reprodução", Coleção *Os Pensadores*, vol. XLVIII, São Paulo: Abril
      Cultural, 1975, p. 11-34.

qual pode-se ouvir vozes dissonantes e acordes pouco usuais, permi-
tindo-nos perceber que houve infinitos "usos criativos e inventivos da
cultura das pessoas comuns, forçadas a representar seu cotidiano por
meio da linguagem chula e do lirismo anárquico", mesmo que, para isso,
tenham tido que "moldar-se" aos três minutos-padrão dos 78rpm e às
exigências das gravadoras.[63] Esta talvez seja a principal contribuição que
a história da cultura tenha a dar ao estudo da indústria cultural.

O exercício para encarar a música sob esta perspectiva não é fácil.
Trata-se de um tema embaraçoso, já que jornais, revistas, gravadoras,
emissoras de rádio, cinema, teatro e publicidade não operavam de forma isolada. Resta ao historiador escolher, separar, fragmentar seu objeto de pesquisa; diminuir seu recorte cronológico, segmentar as diversas
manifestações culturais e analisar alguns aspectos destas manifestações. Além disso, não se pode esquecer que os "produtos culturais" são
produtos "especiais". Na sua essência, o disco não difere de qualquer
outro produto, digamos, "concreto", quanto à sua materialidade, mas
quanto ao seu conteúdo: o som apreendido nos seus sulcos, "invisível e
impalpável".[64] Uma excêntrica comparação com o sabonete, aliás, é recorrente nos meios fonográficos: "Nossa indústria não funciona assim,
porque você está mexendo com sensibilidade e não com sabonete" ou
"A diferença entre o marketing do disco e de outro produto qualquer
é que o sabonete não dá entrevista".[65] Obviamente, os dirigentes das
empresas fonográficas que disseram essas frases não levaram em consideração que a escolha por determinado produto "concreto" é também

---

63   Saliba, Elias T. "Prefácio". In: Moraes, José Geraldo Vinci de. *Metrópole em
     sinfonia. História, cultura e música popular na São Paulo dos anos 30*. São Paulo:
     Estação Liberdade, 2000a, p. 14.

64   Wisnik, José Miguel. *Op. cit.*, 2001, p. 20.

65   Respectivamente Marcos Maynard, presidente da Polygram do Brasil e Léo
     Monteiro de Barros, diretor de marketing da BMG, em 1996. In: Dias, Márcia
     Tosta. *Op. cit.*, p. 87-88.

fruto da sensibilidade do consumidor, que preferiu, por exemplo, uma cor ou forma específicas em detrimento de outras qualidades. O que diferencia a música do "concreto" não é a ênfase na sensibilidade, mas a sua aparente "imaterialidade". Na sua própria constituição, a música já contém certa ambiguidade: "entre os objetos físicos, o som é o que mais se presta à constituição de metafísicas", pois "são emissões pulsantes (...) interpretadas segundo pulsos corporais, somáticos e psíquicos". Essa característica permite que a música entre em contato direto com a sensibilidade e a subjetividade humanas, pois "não refere nem nomeia coisas visíveis, como a linguagem verbal faz, mas aposta com uma força toda sua para o não verbalizável (...) e toca pontos de ligação efetivos do mental e do corporal, do intelectual e do afetivo".[66]

No caso da "música em conserva",[67] preservada nos sulcos do disco, a vitrola – "misteriosa caixa falante" – substituiu a performance musical – única – pela possibilidade de escuta atenta, repetitiva e confortável de um fonograma "como se estivéssemos diante da própria orquestra ou cantor". Pelo menos, era assim que se sentiam os mais impressionados. Os registros escritos de época não se cansavam em repetir os maravilhosos benefícios que o fonógrafo lhes trouxera. E, por mais que a gravação em 78 rotações tenha padronizado o tempo da gravação-reprodução, até o surgimento de novas tecnologias nos anos 1940 e 1950, os três minutos da reprodução de um disco correspondem aproximadamente ao tempo real da gravação. A audição de um fonograma tornou-se, desta forma, um convite à fruição da temporalidade e da duração da música no espaço cômodo de uma sala de estar. É evidente que a criatividade da população mais pobre, impossibilitada de comprar um artigo de luxo como esse, tornou o aparelhinho item fundamental de bares e

---

66   Wisnik, José Miguel. *Op. cit.*, 2001, p. 28-29.

67   "Música em conserva" foi um termo muito utilizado pela *Revista Phono-Arte* para se referir aos discos. Ver, por exemplo, *Revista Phono-Arte*. "As sensações musicais e o fonógrafo", nº 19, 15.05.1929, p. 1-2.

confeitarias e, como em uma caricatura do *Diário Nacional*, das ruas da cidade também.[68] "Usos criativos e inventivos" do aparelho leitor de discos que produziram formas também criativas e inventivas para a fruição da música de fonógrafo.

Compreender e descrever este deleite, com a delicadeza e *finesse* necessárias, é tarefa mais do que árdua para o historiador. Em todo caso, será que a História possui o *tato* necessário para escrever a respeito da sensibilidade auditiva do paulistano da década de 1930? Há, em verdade, uma série de trabalhos importantes a respeito dos efeitos das novas tecnologias sobre o artista. Mas talvez ainda sejam poucos os estudiosos que se ocuparam com a música do século XX e suas novas tecnologias, e que buscaram observar seus efeitos sobre os ouvintes, mesmo sem saber, com precisão, quem eles foram. Termos como "percepção" e "sensibilidade" têm sido utilizados nos estudos mais recentes, indicando um movimento importante – e necessário – em direção a um enfoque da música popular como diálogo sonoro com o ouvinte, que se estabelece primordialmente através do estímulo à sua sensibilidade.

Não se trata de realizar uma "história do ouvido" ou da escuta, nem de identificar o que se ouvia na cidade de São Paulo durante os anos 1930. No caso da época e período abordados, em que há pequena quantidade de dados escritos, pouquíssimas biografias, e ausência de estudos verticalizados sobre temas específicos, a tentativa de aproximar as novas tecnologias e a sensibilidade auditiva do ouvinte não foi uma escolha teórica. Foi, na realidade, um caminho possível, indicado pela documentação consultada. Talvez a principal tarefa do historiador que se debruça sobre a música popular nas primeiras décadas do século XX, seja acautelar-se diante da imensa teia de relações estabelecidas entre os diferentes meios de comunicação de massa, selecionar um recorte, para em seguida costurá-lo novamente, criando uma narrativa que desvende

---

68   "Os basbaques da vitrola". *Diário Nacional*, 12.04.1929, p. 1, reproduzida na capa deste trabalho.

as transformações ou permanências que foram geradas na percepção auditiva dos habitantes das maiores cidades do país.

O que se pretende aqui é apenas desvendar algumas facetas dessa percepção, especificamente dos fonogramas nacionais produzidos por empresas racionalmente organizadas, em uma cidade cuja musicalidade foi praticamente esquecida ao longo do século XX. Apesar disso, talvez seja interessante deixar registrada a inquietação dos parágrafos acima, e tentar furtar ao *luthier* de Marc Bloch o *tato* de suas mãos e ouvidos, muito embora sejamos, ainda, imaturos violonistas.

Retoques fonográficos

Em todos os bons discos existe uma certa quantidade de ilusão.[1]

A alguns passos do *"studio"*, em prateleiras de vidro, lâmpadas incandescentes aquecem a cera do disco, ainda clara e maleável. Estamos no ateliê do engenheiro, que, solitário, coloca o disco cuidadosamente no silencioso prato giratório e acende a lâmpada vermelha para iniciar a gravação. Ele não a vê, mas a orquestra aguarda, imóvel, pelo seu sinal: respiração suspensa, batuta levantada. Panos envolvem o estúdio, aquecendo o ambiente. Eis porque os músicos encontram-se "à fresca", sem paletós. Colocado à frente da orquestra, o microfone "grava os menores ruídos: arrastar de uma cadeira, choque de uma mesa, virar brusco de uma página de partitura". Por isso mesmo, os movimentos são meticulosos. Apenas os sons dos instrumentos devem percorrer o fio e impulsionar a agulha no ateliê do engenheiro. Ali, ela "abaixa-se sobre o disco que gira e, sob o ditado do conjunto musical executante, inscreve na cera aquecida um arabesco muito fino, cujos espirais delicados captam o brilho dos timbres, dos ritmos e das harmonias".

Após o microfone absorver os sons, silêncio absoluto. Os músicos aguardam a lâmpada vermelha se apagar. Em seguida, "sem que os músicos tenham tempo de repousarem seus instrumentos, a música que acabaram de tocar estoura dentro da sala. É o engenheiro longínquo

---

1   "O disco perfeito". *Revista Phono-Arte*, nº 15, 15.05.1929, p. 1.

que transmite por alto-falante o resultado de sua gravação." Revisa-se. A lâmpada vermelha ilumina-se novamente. Recomeça-se. Eis o registro da "execução definitiva".

Assim descreveram os editores da *Revista Phono-Arte* o processo de gravação elétrica de discos. Curiosos, os jornalistas Cruz Cordeiro e Sergio Alencar Vasconcellos ainda acompanharam a trajetória do disco de cera até a fábrica. Ali assistiram ao "banho eletrolítico" em cobre da matriz positiva recém-chegada do estúdio. Observaram esta fina lâmina de cobre ser retirada, "reproduz[indo] exatamente – em negativo – todos os relevos e todas as reentrâncias da prova positiva". Nesse momento, "a cera complet[ara] sua missão". Mas a prova negativa seria ainda embebida em níquel – alertavam os editores –, garantindo a perpetuação dos arabescos e das reentrâncias originalmente fixados em cera no estúdio. "Obteve-se assim, um brilhante sol de ouro. Uma nova contra-moldagem de níquel dele tirará uma lua de prata", em positivo. "Para se obter uma *matriz* negativa, é preciso uma última moldagem, também em níquel". Niquelada, a matriz negativa estava pronta para ser prensada e reproduzida, marcando a goma laca dos discos pretos que chegavam até seus leitores.[2]

Não é raro encontrar referências como essa nas páginas dos jornais ou revistas no fim da década de 1920. O recém-inaugurado processo elétrico de gravação de sons foi tema de inúmeros outros artigos que descreviam o trabalho nos estúdios, além de diversas entrevistas com artistas famosos revelando os "segredos" das suas boas gravações, longos textos explicativos sobre a melhor maneira de ajuste da velocidade das rotações do toca-discos, a correta posição da agulha, o melhor material para o diafragma, e toda sorte de outros detalhes essenciais para uma boa reprodução de sons. Além de aliviar a curiosidade dos leitores, as notícias serviam para fornecer informações técnicas aos "amantes do fonógrafo",

---

2   Baseado no relato dos editores da *Revista Phono-Arte*, que visitaram o estúdio da gravadora Odeon, no Rio de Janeiro. "Como se grava um disco pelo novo processo elétrico". *Revista Phono-Arte*, nº 25, 15.08.1929, p. 6-9.

já que, naqueles fins dos anos 1920, eles ainda procuravam lapidar o som dos discos fazendo ajustes e melhoramentos em suas "máquinas falantes". Nos "Dez mandamentos do fonófilo", por exemplo, foram publicadas breves recomendações ao ouvinte: "1°. Usar cada agulha somente uma vez"; "7°. Deixar o prato giratório tomar impulso por si mesmo"; "10°. Mandar lubrificar o motor todos os três meses". Mas também havia cansativos conselhos que procuravam otimizar o procedimento para a escuta dos discos: "2°. Usar as agulhas de tipo 'extra-forte' somente nos discos de dança, para os quais, entretanto, as referidas agulhas não são de todo indispensáveis"; "8°. Abaixar o diafragma sobre a parte lisa exterior do disco e, em seguida, empurrá-lo docemente até atingir o primeiro sulco do disco em movimento"[3] Tantas informações refletem provavelmente a diversidade da qualidade, dos materiais e dos diferentes processos de fabricação dos discos de cada uma das empresas fonográficas que disponibilizavam "música em conserva" para os ouvintes.

Mesmo assim, se havia aqueles que seguiam à risca as instruções da "primeira revista brasileira do fonógrafo", nem todos os ouvintes de música estavam familiarizados por completo com as vitrolas modernas. Um curioso episódio, também registrado pela *Phono-Arte*, revela o quanto a matéria era nova, mesmo para os habitantes das maiores cidades brasileiras. O incidente, ocorrido no Rio de Janeiro, envolvia uma compradora que demonstrara particular interesse em "um [aparelho] de reprodução elétrica e de elevado preço", ricamente adornado. A elegante senhora arrematou a compra com a seguinte indagação: "Este aparelho funciona eletricamente, (…) mas na casa para a qual vou me mudar (…) a Light anda demorada; poderei então fazê-lo funcionar a gás?".[4] O vendedor, que logo desmaiara, provavelmente não pôde explicar-lhe que as novas vitrolas eram aparelhos ainda mecânicos, movidos a corda, e que o

---

3   "Os dez mandamentos do fonófilo". *Phono-Arte,* n° 1, 15.08.1929, p. 17.

4   "Artes culinárias …". *Phono-Arte,* n° 14, 28.02.1929, p. 6.

termo "elétrico" referia-se ao processo de gravação e ao pequeno diafragma próximo à agulha reprodutora, que enviava impulsos elétricos para a caixa acústica da vitrola, responsável por amplificar o som. Por mais que houvesse artigos minuciosos que procurassem esclarecer aspectos técnicos da gravação elétrica aos leitores, a publicidade das casas de discos e das gravadoras era mais eficaz e, quem sabe, menos informativa. Frases como "Fonógrafos de amplificação elétrica" e "Discos gravados pelo novo processo elétrico", eram escritas em letras garrafais, sempre colocadas ao lado da foto de um artista famoso ou de um móvel impecavelmente asseado, talvez induzindo ao erro o leitor desatento.

Ao pé da "maior maravilha musical", o fio do abajur confundiu muitos ouvintes desavisados, que imaginaram necessitar de energia elétrica para reproduzir discos gravados eletricamente. "A Maior Maravilha Musical". Anúncio Victor. Revista Phono-Arte, nº 13, 15.02.1929.

Na opinião dos editores da revista, essas observações sobre discos, aparelhos leitores ou sobre o processo de gravação, eram de extrema importância, pois julgavam que a fonografia havia passado por "um grande incremento" naquele final dos anos 1920, com avanços técnicos notáveis, e deveria receber mais atenção da imprensa brasileira. Segundo eles, a revista surgira para "preencher uma lacuna" do nosso mercado editorial e tinha como objetivo "ser simplesmente e sem pretensões, um intermediário entre o amador e o editor de discos". Para além do caráter informativo da publicação, a intenção era facilitar a escolha da compra das chapas elétricas, pois apenas através dos catálogos e suplementos fornecidos pelas gravadoras, a aquisição dos discos normalmente acabava "em decepção".[5]

Para cumprir essa função, os redatores dividiram a revista em três partes principais, sendo que duas delas mantiveram-se sem grandes alterações durante os quase três anos de circulação. A primeira trazia notícias sobre a fonografia, incluindo as minuciosas observações técnicas sobre discos e aparelhos leitores citadas acima. Uma outra trazia notícias sobre as gravadoras e artistas, além de "curiosidades fonográficas" em geral. A seção mais longa e importante da revista era aquela que trazia a crítica aos novos discos, enviados aos redatores pelos próprios representantes das "marcas fonográficas", fossem elas nacionais (como os discos Victor, Columbia, Odeon, Brunswick ou Parlophon) ou estrangeiras (caso da Pathé, Homocord ou Polydor). No entanto, nos primeiros anos de circulação da revista, foi preciso dividir esta última seção em duas partes, já que a pequena produção fonográfica nacional estava circunscrita, ainda, aos discos de uma única gravadora, a Odeon.

Esta última subseção foi a que mais se transformou ao longo dos cinquenta números da revista:

> Considerando que as grandes fábricas de discos voltam *agora* suas vistas para a música do nosso país, resolvemos dedicar uma das nossas seções à crítica das diversas composições nacionais.

---

5   Editorial. *Phono-Arte*, nº 1, 15.08.1928, p. 1-2.

A seção, intitulada "A nossa música", procurava "selecionar e valorizar a música de nossos autores (...), analisando e criticando quinzenalmente as diversas composições que [lhes eram] enviadas pelas casas editoras" de partituras. As casas Vieira Machado, Sotero, Carlos Gomes, Carlos Wehrs, Bevilacqua ou Arthur Napoleão imprimiam partituras escritas pelos compositores brasileiros, e eram, até então, as principais responsáveis pela divulgação da "nossa música". O intuito da revista ao resenhar estas partituras era auxiliar e incentivar a introdução da música brasileira impressa no "fonógrafo moderno".[6]

Com o tempo, contudo, "A nossa música" foi perdendo espaço na revista, deixando de existir a partir do 25º número (15.08.1929), e a seção de crítica aos novos discos passou a ser incrementada com análises das gravações nacionais de música brasileira. Em abril de 1929, por exemplo, quando a partitura da canção *Chiquita*, de autoria do "ídolo paulista" Raul Roulien, foi analisada pelos redatores da revista em "A nossa música", a Odeon já havia lançado o disco 10356, gravado pelo próprio Roulien, contendo *Chiquita* e *Mamãe viu!*. Da mesma forma, a partitura de *Lua Nova* foi apreciada pelos redatores após Francisco Alves ter cantado "a belíssima canção (...) de forma excelente em um disco Odeon".[7] O relato de um vendedor de uma casa que comercializava partituras, em 1928, talvez ajude a explicar o descompasso entre a crítica da revista e lançamento de discos e partituras: "Nossas freguesas, sempre que nos procuram para adquirir [as partituras d]as músicas que preferem, já trazem o repertório conhecido através do rádio ou pelos discos".[8]

---

6   "A nossa música". *Phono-Arte*, nº 1, 15.08.1928, p. 31. Grifos nossos. O trecho citado foi publicado em todas as seções "A nossa música", desde o número 1, de 15.08.1928 até o 24, de 30.07.1929.

7   Resenhas publicadas, respectivamente em *Phono-Arte*. "A nossa música", nº 18, 30.04.1929, p. 36 e anúncio da Odeon na página seguinte, e "A nossa música", nº 19, 15.05.1929, p. 33.

8   "O tango, pelo que nos dizem várias casas de música do centro, é a paixão do paulista". *Diário Nacional*, 05.10.1928, p. 8.

A partir de 1929, a seção de análise de partituras da "nossa música" foi perdendo a importância porque houve um aumento no volume e na qualidade da produção fonográfica nacional. A música brasileira teria, finalmente, se inserido no "fonógrafo moderno". Afinal, "nada menos que cinco fábricas já possu[íam] 'studios' montados em nossa cidade [o Rio de Janeiro] e em S. Paulo", o que tornava o período "uma fase na indústria fonográfica de alta significação para a música nacional, seja ela popular ou artística".[9] De fato, nos anos de 1927 e 1928, havia apenas um grande selo operando no Brasil, que produziu pouco mais de seiscentas matrizes no período. Em apenas um ano (1929), com a chegada de quatro novos selos estrangeiros, a produção de matrizes quase triplicou.[10]

Diante desse quadro, não foi por mero acaso que a nova tecnologia elétrica foi matéria para tantos comentários. Logo nos primeiros anos em vigor no país, multiplicaram-se as comparações com a tecnologia mecânica que a precedeu – que registrava os sons na cera da matriz apenas com os impulsos físicos, emitidos pelas ondas sonoras. Normalmente apressadas, essas comparações resultavam invariavelmente em espanto e admiração diante da "novidade elétrica".

> Não podemos deixar de reconhecer que a estreia do invento de Edison foi a pior possível. Todos nós nos lembramos do antigo gramofone; verdadeiras caixas de música fanhosas, de onde saía um canto enrouquecido de tenor atacado de uma eterna *coriza*. (...) Depois de alguns anos, porém, e principalmente nestes dois últimos anos, os progressos das gravações dos discos e das respectivas máquinas falantes têm sido (...) rápidos e (...) maravilhosos.[11]

---

9   "Discos nacionais", *Revista Phono Arte*, nº 32, 30.11.1929, p. 1.

10 Levantamento realizado em Santos, Alcino; Barbalho, Gracio; Severiano, Jairo; Azevedo, M. A. (Nirez). *Discografia brasileira 78 rpm. 1902-1964* (5 vols.) Rio de Janeiro: Funarte, 1982, vol. II.

11 "O significativo do fonógrafo moderno". *Revista Phono Arte*, nº 13, 15.01.1929, p. 12. Grifo do autor.

No trecho, o articulista refere-se ao antigo gramofone, mas se confunde quanto ao nome de seu inventor. Na verdade, Thomas Edison criou o fonógrafo, aparelho que lia os sulcos de um cilindro de cera. O formato do disco, cujo aparelho leitor era o gramofone, foi invenção do alemão Emile Berliner.

O fonógrafo de Thomas Edison era uma máquina simples e totalmente mecânica, própria para gravar e reproduzir textos, facilitando a rotina em escritórios. Os cilindros tinham um som relativamente baixo e a corneta deveria estar muito próxima do cilindro para que a voz fosse registrada com precisão. Não podendo ser reproduzidos em larga escala, todos os cilindros comercializados eram originais ou transcrições de originais.

Na imagem, a agulha reprodutora arranha os sulcos do cilindro na posição vertical. Reprodução do Catálogo da Casa Edison para 1902, p. 15. In: Franceschi, Humberto M. A *Casa Edison e seu tempo*. Rio de Janeiro, Sarapuí, 2002, CD-rom "Documentos".

No Brasil, a comercialização de cilindros conviveu por algum tempo com os discos, sendo substituídos por volta de 1910, quando a maior parte das gravações nacionais passou a ser comercializada em discos duplos de 27 cm.[12] José Ramos Tinhorão arrisca afirmar que fonógrafos e cilindros foram pouco difundidos no país e eram olhados "mais como curiosidade" por quem passava diante das lojas nas regiões centrais das maiores cidades brasileiras.[13]

Na Europa e nos Estados Unidos, os discos foram lançados ao mercado alguns anos após os cilindros de Thomas Edison, e os substituíram em pouco menos de vinte anos, logo após o fim da I Guerra Mundial. A gravação do disco de Emile Berliner era prerrogativa das empresas fonográficas e ao consumidor só era permitido reproduzir as músicas.

Nas imagens, os sulcos dos discos eram arranhados na posição horizontal e a agulha do aparelho reprodutor deveria tocar simultaneamente os dois lados do sulco para obtenção de uma reprodução perfeita.

À esquerda, reprodução do catálogo do Museu da Imagem e do Som de São Paulo. *Odisseia do Som*. São Paulo, 1987, p. 56. À direita, reprodução do Catálogo da Casa Edison para 1902, p. 15. In: Franceschi, Humberto M. *A Casa Edison e seu tempo*. Rio de Janeiro, Sarapuí, 2002, CD-ROM "Documentos".

---

12   "Catálogo da Casa Edison para 1913". In: Franceschi, Humberto M. *A casa de Edison e seu tempo*. Rio de Janeiro, Sarapuí, 2002, CD-rom nº 1.

13   Tinhorão, José Ramos. *Música popular: do gramofone ao rádio e TV*. São Paulo: Ática, 1982, p. 23.

O que os depoimentos da época indicam é que os "fanhosos gramofones" (ou, em menor grau, os cilindros), por certo desagradavam a todos os ouvintes que, experientes, haviam tido a sensação de escutar uma gravação elétrica. Mesmo assim, por mais que a gravação mecânica tenha sido aparentemente desprezada e até mesmo ignorada pela imprensa das primeiras décadas do século XX, o Brasil foi o primeiro país sul-americano a contar com um estúdio de gravação de músicas "locais" e, onze anos depois, foi também o pioneiro a possuir uma fábrica de discos. Assim, ao contrário da impressão causada pela agitação em torno da gravação elétrica, já era possível escutar a produção musical brasileira de fins do século XIX e início do XX em cilindros e discos mecânicos desde 1902.

Esse momento inicial da gravação de sons no Brasil remete-nos à trajetória do "pioneiro" Frederico Figner, considerado o introdutor do fonógrafo no país. Desde o final do século XIX, o austríaco naturalizado norte-americano percorreu diversos estados do país exibindo a invenção de Thomas Edison. Obtendo sucesso, Figner estabeleceu-se no Rio de Janeiro em 1902, onde fundou a Casa Edison, passando a recrutar músicos, cantores e compositores, até se tornar um importante distribuidor de cilindros e discos para toda a América do Sul.[14] A Casa Edison pode ser considerada a primeira empresa comercial a se interessar pelo ramo da gravação sonora no continente sul-americano e esteve em atividade entre os anos de 1902 a 1932. No Brasil, Frederico Figner representou os selos Zon-0-Phone (1902-1904), Odeon (1904-1927), Phoenix (1913-1918) e Parlophon (1928-1932), que eram afixados nos discos ou cilindros gravados e comercializados pela Casa.[15] Durante pouco mais de

---

14   Franceschi, Humberto M. *Op. cit.*, 2002, p. 15-53.

15   Levantamento realizado em *Discografia brasileira 78 rpm*, vol. I, e nas informações que Humberto Franceschi fornece ao longo do livro *A Casa Edison...*. Ver, especialmente, os capítulos 1, 2, 7, 11, 21 e 25.

trinta anos, Figner estabeleceu no país, com sede no Rio de Janeiro, "a primeira e maior rede nacional de comércio a varejo de discos, aparelhos sonoros e novidades industriais" e protagonizou o processo de instalação da fábrica de discos da gravadora Odeon em 1913, constituindo-se em uma figura de grande importância para a história da música brasileira, especialmente na fase da gravação mecânica (1902-1927).

A presença relativamente precoce da Odeon no país está intimamente vinculada à atuação de Frederico Figner. Enquanto o selo esteve ligado à International Talking Machine Company (entre 1904-1908), seu maior acionista, Frederich M. Prescott, transferiu para Figner todos os custos do processo de gravação (pagamento de artistas, trabalho no estúdio e obtenção de matrizes), arcando apenas com as despesas da reprodução dos discos, que era feita em uma fábrica na Alemanha. Antes de fechar negócio com a International Talking Machine, Figner financiara com seus próprios recursos a obtenção das patentes do disco duplo para o Brasil, que lhe permitiu produzir discos com músicas dos dois lados e vendê-los por um preço mais elevado, sem aumentar os custos da produção. O austríaco também se responsabilizou por todos os demais trâmites legais para a comercialização e importação de discos e aparelhos leitores no mercado brasileiro. Em 1908, o selo Odeon passou às mãos de Carl Lindströn, proprietário de uma importante fábrica que produzia material para confecção de discos, sediada na Alemanha. Foi Lindströn quem entrou em acordo com Figner para promover a instalação da fábrica Odeon no Brasil. Novamente, Figner foi responsabilizado pelos custos da operação, embora seja difícil acreditar que ele sozinho pudesse arcar com um investimento de tamanha envergadura. De qualquer forma, os contratos previam que a empresa de Lindströn reembolsaria Figner através de amortização da dívida em discos brasileiros, que seriam produzidos pela fábrica quando iniciasse suas atividades no país.[16]

Empreendedor, Fred Figner colocou o Brasil no estratégico mapa das companhias fonográficas, e mesmo concordando com contratos aparentemente pouco vantajosos, afirmava: "E quanto se gravava, quanto se vendia", suscitando o interesse das "gigantes" – e concorrentes – norte-americanas Columbia Phonograph e Victor Record pelo mercado brasileiro em expansão, ainda no período da gravação mecânica.[17]

Durante as primeiras décadas do século XX, Fred Figner esteve à frente da produção da maior parte das matrizes de discos produzidas no país, embora existam dados dispersos e imprecisos sobre outros selos que coexistiram com os da Casa Edison. Trata-se dos acima citados Columbia Phonograph e Victor Record, além de outros cinco, que incluíam selos nacionais e estrangeiros: Gran Record Brasil, Gaúcho, Popular/Jurity, Faulhaber/Favorite Record e Imperador. O quadro abaixo mostra as empresas fonográficas que atuaram no Brasil desde a fase mecânica até 1943:

---

16   *Idem, ibidem*, p. 87-90; 195-203.

17   Manuscrito autobiográfico de Frederico Figner. In: *idem, ibidem*, p. 31.

Gravadoras que atuaram no Brasil (1902-1943)					
	Gravação mecânica			Gravação elétrica	
	1902-1908	1908-1920	Anos 1920	1927-1932	1932-1943
Selos Estrangeiros		Columbia Phonograph		Columbia	Columbia-CBS
		Victor Record		Victor	RCA-Victor
				Odeon	EMI-Odeon
	International Zon-0-phone	Odeon, Discos Phoenix	Odeon	Parlophon	
	Odeon				
				Brunswick	
		Gran Record Brasil			
		Faulhaber/ Favorite			
			Popular/ Jurity		
Selos Nacionais		Disco Gaúcho			
			Imperador	Imperador	
				Arte-fone	
				Brazilphone	
				Ouvidor	

O quadro acima mostra que, entre 1902 e 1908, apenas o Zon-0-phone e o Odeon atuaram no país, com Figner à frente da produção dos dois selos; entre 1908 e o início dos anos 1920, houve sete selos operando no país; durante a década de 1920, apenas o Odeon, e os pequenos selos Popular/Jurity e Imperador atuaram, já que todos os outros selos da era mecânica haviam deixado de produzir matrizes nesta época. Entre 1927 e 1932, no início da fase da gravação elétrica, quatro selos estrangeiros e três nacionais implantaram suas fábricas e estúdios no Brasil; a partir de 1932, restaram no mercado brasileiro apenas três selos estrangeiros: Columbia, Victor e Odeon. A faixa cinza escuro mostra o percurso de Fred Figner ao longo dos anos em que gravou matrizes brasileiras.[18]

Se, durante trinta anos, Figner foi a figura central da fonografia brasileira, em 1932 ele deixou de ser "líder do mercado de gravação e distribuidor exclusivo dos discos Odeon para todo o Brasil" para tornar-se "simples distribuidor" de discos, apenas no Rio de Janeiro e em Niterói. A Odeon havia se unido à Transoceanic Trading Company em 1924, empresa fundada logo após a I Guerra Mundial, que tinha como objetivo estabelecer filiais em países nas Américas. Em fins de 1925, quando a tecnologia elétrica foi inaugurada na Europa e nos Estados Unidos, houve uma nova fusão entre a Transoceanic e a Columbia de Londres. Em 1931, o negócio tornou-se ainda maior: além da Transoceanic, encabeçada por Carl Lindströn, que incluía doze selos, a Columbia de Londres encampou a Nipponophone do Japão e a Pathé, originando, neste ano, a EMI-Odeon. Integradas, as empresas foram retirando a autonomia de Fred Figner frente ao selo Odeon, preparando o mercado fonográfico brasileiro para a introdução da tecnologia elétrica. Entre 1926 e 1932 a Transoceanic começou a intervir na seleção de artistas e repertório, responsabilizando Figner pelo pagamento integral dos artistas e compositores; comprou o acervo da Casa Edison, que passou a ser "comercializado em função de seus interesses"; e, finalmente, em 1932, Figner entregou à Transoceanic o estúdio de gravação da Casa Edison, localizado na cúpula do Teatro Phoenix, no Rio de Janeiro.[19]

Na realidade, o que estava em jogo para a Odeon – e para as demais companhias fonográficas nos Estados Unidos ou na Europa – eram imensas parcelas do ainda pouco explorado mercado latino-americano,

---

18   Levantamento realizado na *Discografia,* vols. I e II.

19   Franceschi, Humberto M. *Op. cit.,* .02, p. 235-241. Chanan, Michael. *A short history of recording and its effects on music.* Londres, Verso, 1995., p. 57; Dias, Marcia T. *Os donos da voz.* São Paulo: Boitempo, 2000, p. 35-36.

num contexto de crise econômica e bruscas quedas nas vendas em seus países-sede, e a séria concorrência do rádio. A penetração dessas empresas no Brasil é uma tentativa de escapar dessa crise, e a gravação elétrica, uma resposta decisiva aos amplificadores radiofônicos, que utilizavam a tecnologia elétrica desde o início dos anos 1920 e reproduziam sons com qualidade muito superior aos fonógrafos e gramofones mecânicos.

No Brasil, o selo Odeon inaugurou a fase da gravação elétrica em 1927 após dissolver suas conexões com Fred Figner. A gravadora não encontrou dificuldades para eliminar Figner do mercado, já que o "pioneiro da fonografia brasileira" não tinha condição financeira nem estrutura administrativa para negociar patentes, contratos e concessões com a maior empresa fonográfica europeia. Organizada e disposta a aumentar lucros, logo ao assumir seu posto, a gravadora ampliou o *cast* de artistas e diversificou o repertório, mas manteve muito da produção do período da gravação mecânica. O compositor Eduardo Souto, por exemplo, diretor artístico da Casa Edison de Fred Figner, foi mantido no mesmo cargo pela Transoceanic. Assim, seja a permanência do repertório ou a mudança na organização interna da Odeon, as modificações foram praticamente imperceptíveis para o ouvinte. Para o "amante do fonógrafo" ficou apenas uma lembrança remota do tempo das antigas gravações mecânicas. Afinal, viviam uma nova era da história da gravação de discos. Sabiam que "nos últimos anos os progressos realizados [haviam] sido enormes" porque a nova tecnologia conferira às gravações nacionais um avanço "extraordinário".[20]

As constatações dos ouvintes não eram sem propósito, já que eles se baseavam na experiência da audição de discos elétricos para tirar conclusões. A comparação que eles faziam entre os discos elétricos e os "antigos" cilindros de Edison tinha, invariavelmente, o mesmo resultado:

---

20   "O fonógrafo". *Diário Nacional*, 30.07.1927, p. 2.

(...) o som produzido [pelos cilindros] era muito anasalado e imper-
feito, o que não impediu que um membro da Academia de Ciências
acusasse o representante de Edison, que exibia o aparelho, de estar
mistificando a assembleia com uma simples sessão de ventriloquia...

Porém, logo "depois veio o disco com as inscrições em espiral" e

(...) o fonógrafo entrou na fase de progresso definitivo; de "brinque-
do científico" que foi nos últimos anos do século XIX, tornou-se um
instrumento de música dos mais perfeitos.[21]

Para além da mudança de formato (cilindro ou disco) e de qualidade do registro, talvez o aspecto mais relevante do "progresso definitivo" gerado pela gravação elétrica tenha sido ampliar o lugar da escuta
de música, ao permitir que o amador de música comum, possuidor de
algum dinheiro, incorporasse a máquina falante ao mobiliário doméstico. Entre os avanços mais extraordinários desse "instrumento perfeito",
certamente está a possibilidade de trazer para dentro da sala de estar, à
meia-luz do abajur, a admirável "música em conserva". Quanto ao assunto, sempre lúcido e atento, Mário de Andrade assinalava que, tanto quanto os instrumentos musicais, o fonógrafo também possuía um
lugar que lhe era próprio, ao qual dizia respeito. "Um piano ao ar livre
perde (...) sua função. (...) Um órgão dentro duma casa de família é
berrante e aberrante". E o fonógrafo, para ele, era "essencialmente um
instrumento do lar", um convite ao "prazer musical" doméstico. Poderia
ser também um "objeto de estudo", especialmente aos alunos de história
da música ou prática musical, ou aos interessados, como ele, em outros
tipos de pesquisas sobre a "música universal".[22]

---

21   "O fonógrafo". *Diário Nacional*, 30.07.1927, p. 2.

22   Andrade, Mário de. "Cinema Sincronizado e Fonografia". In: Toni, Flávia
(org.) *A música popular brasileira na vitrola de Mário de Andrade*. São Paulo:
Senac, 2004, p. 272-273.

Mas enquanto os discos ainda não eram gravados com perfeição, os toca-discos eram muito caros e a prática de ouvir música em casa ainda não se difundira por completo, as pessoas criavam outros usos para os aparelhos. Prova disso eram as curiosas orientações do jornalista Yewrah ao leitor da *Revista Phono-Arte* interessado em adquirir uma vitrola. Segundo ele, se tivesse que escolher um modelo,

> (...) não prestaria atenção para o lugar dos discos. Estou comprando um fonógrafo e não uma estante para discos.

E, mais adiante:

> Ouça uma série de máquinas para ter uma ideia do que significam todos esses detalhes. Não resolva "às carreiras". Volte [à loja] no dia seguinte, se estiver ainda em dúvida, para confirmar sua escolha.[23]

Eram incontáveis as diferentes marcas das "máquinas" falantes existentes à venda: Victrolas Ortofônicas (Victor), Panatropes (Brunswick), Viva-Tonais (Columbia), Tonalics (Sonora), Olotonais (Pathé), Superphonies (Voxophon), Ortofonolas (Parlophon), entre outras. Incontáveis eram também os modelos de cada uma delas, exibidos nas casas de música e nas lojas de discos. Alguns desses modelos eram requintados e funcionavam como escrivaninhas ou bibliotecas. Havia até mesmo um aparelho exótico, que reproduzia "a antiga arte egípcia, com seu colorido muito característico".[24] A gravadora Brunswick, por exemplo, lançou simultaneamente quatro modelos diferentes de Panatropes em janeiro de 1929. O modelo mais luxuoso e de preço mais elevado era o "Paris", que tinha tratamento especial na câmara acústica interna. Esse cuidado ao desenvolver e apresentar a câmara acústica ao consumidor não era sem propósito, já que era ela quem diferenciava as vitrolas dos "antigos gramo-

---

23 "Como comprar um fonógrafo". *Revista Phono-Arte*, nº 13, 15.02.1929, p. 5.

24 "A primeira exposição brasileira de rádio e fonógrafo". *Revista Phono-Arte*, nº 20, 30.05.1929, p. 34-35.

fones". Era por conta dela que não se ouvia mais uma reprodução "ana-salada" e "imperfeita" e que competentes tenores não soavam mais com voz "rouca" e "eterna *coriza*". A *Phono-Arte* chegou a afirmar que "quanto maior é a máquina, melhor é o som por ela reproduzido".[25]

Apenas alguns modelos de vitrolas eram móveis luxuosos, mas todos possuíam uma caixa acústica acoplada internamente, responsável por transformar o som reproduzido em algo "admirável".
Reproduzido de MIS. *Odisseia do som*. São Paulo, Secretaria de Cultura do Estado, 1987, p. 86.

O cuidado das empresas em criar diferentes tipos de aparelhos também levava em consideração o fato de que uma troca brusca de discos e reprodutores exigiria certo investimento por parte do ouvinte, e poderia ter repercussões negativas na já complicada contabilidade das companhias fonográficas. Era preciso primeiro convencer o consumidor a adquirir um aparelho de qualidade superior aos gramofones mecânicos, que encerrasse o traço característico de "última novidade" do mercado.

---

25   "Como comprar um fonógrafo". *Revista Phono-Arte*, nº 13, 15.02.1929, p. 3-5.

Enquanto isso não ocorria, as gravadoras buscaram uma compatibilidade mínima entre os dois sistemas, de maneira que o novo aparelho elétrico pudesse reproduzir discos mecânicos e que máquinas mecânicas também reproduzissem discos elétricos.[26] Para isso, entretanto, havia alguns empecilhos, como as antigas agulhas de fibra ou de bambu, as agulhas permanentes de safira ou diamante, que "não pod[iam] ser aplicadas, em absoluto, nos modernos discos elétricos".[27] Por algum tempo, os gramofones mecânicos ainda possibilitavam adaptações para o novo sistema. O diafragma *Sun*, por exemplo, segundo a *Revista Phono-Arte*,

> (...) é o aparelho adaptável a qualquer máquina, antiga ou moderna, e serve para melhorar o som de qualquer fonógrafo em que ele seja colocado. O diafragma em questão (...) dá à reprodução grande volume sonoro e perfeita fineza na reprodução de todas as notas.[28]

Em médio prazo, contudo, os equipamentos da fase mecânica tendiam a cair em desuso. Já afirmava a própria *Phono-Arte* que "o moderno tipo de máquina falante nada mais é do que uma necessidade exigida pelo novo processo de gravar que lhe antecipou".[29] A diferença de qualidade sonora entre os discos mecânica e eletricamente gravados era tão grande que poucos meses após a Columbia lançar seus primeiros discos elétricos nacionais, a Óptica Ingleza passou a comercializar seu estoque

---

26 "The idea (...) was (...) to electrify the recording and playback process in such a way that the new system could still play discs that had been recorded accoustically and acoustic machines still play eletcrical recordings." Chanan, Michael. *Op. cit.*, p. 56.

27 "O uso e abuso das agulhas de fonógrafo". *Revista Phono-Arte*, nº 15, 15.05.1929, p. 14.

28 *Revista Phono-Arte*, nº 3, 15.07.1928, p. 23.

29 "A propósito dos discos de grandes conjuntos orquestrais". *Revista Phono-Arte*, nº 13, 15.02.1929, p. 6.

de discos importados da fase mecânica da Columbia com 50% de descon-to.[30] Algo semelhante, mas de maior envergadura, ocorreu com a Victor e a Columbia/EUA nos Estados Unidos, que estabeleceram um acordo comercial para vender todo o seu estoque de discos mecânicos por um pre-ço reduzido antes de lançarem as gravações elétricas no mercado.[31] Além disso, para realçar as qualidades do disco elétrico, as vitrolas eram conside-radas imprescindíveis para qualquer residência, e eram apresentadas como "maravilhosos instrumentos para o lar", com design moderno, muito mais condizente com os recentes progressos tecnológicos da fonografia.[32]

O predomínio do aspecto estético ou utilitário dos móveis sobre a qualidade da reprodução sonora perdurou até pelo menos 1929-1930, quan-do, aos poucos, a escuta privada foi se tornando hábito e o consumidor foi exigindo maior praticidade e qualidade sonora. Aos poucos, os anúncios e artigos dos periódicos perderam o caráter informativo, a qualidade das gravações e dos aparelhos leitores nivelou-se, e a publicidade passou a abusar de cenas de dança, sucessos carnavalescos ou de meio-de-ano, e de fotos dos ídolos do momento para vender discos. Até atingir essa etapa, contudo, a gravação elétrica proporcionou ao ouvinte novas experiências auditivas, que lhe causaram, muitas vezes, surpresas encantadoras.

Na tentativa de descrever essa nova experiência, os jornalistas da *Revista Phono-Arte* procuraram definir sensações quando se lembravam dos seus momentos diante da vitrola. Para eles, o resultado da combina-ção do "moderno microfone" elétrico com as "maravilhosas vitrolas" foi uma transformação completa na maneira de ouvir e desfrutar a música:

> A enorme sensibilidade da gravação elétrica (...) permitiu se obter uma coisa de interesse vital e até então impossível: a acústica. É a acústica do ambiente que nos fornece ao ouvido o verdadeiro

---

30   *Revista Phono-Arte*, nº 17, 15.04.1929, contracapa. A Óptica Inglesa foi a representante dos discos Columbia importados para o Brasil até 1928.

31   Chanan, Michael. *Op. cit.*, p. 57.

32   Anúncio Paul J. Christoph. *Diário Nacional*, 17.11.1929, p. 14.

timbre e o verdadeiro valor das notas musicais. A acústica do ambiente das gravações elétricas é reproduzida por uma espécie de
ressonância ou mais propriamente de *eco*, que nos dá no fonógrafo
moderno, a impressão exata da música como se a tivéssemos escutando no próprio teatro ou sala de concerto. O efeito é admirável![33]

Era-lhes difícil definir a nova sensação. Explicações técnicas mis-
turavam-se com a admiração dos jornalistas e os efeitos da gravação
elétrica desafiavam sua imaginação. As frases impressas, ao que parece,
impediam-nos de extravasar seu espanto. Mesmo assim, arriscaram tra-
duzir suas sensações em adjetivos precisos e exclamações, esperando a
aprovação silenciosa do leitor que já escutara um disco elétrico. E, aos
que desconheciam a novidade, procuraram provocar certa curiosidade
e fascinação, aproximando sua percepção das palavras lançadas ao papel.

Se as palavras traduzem mal a sensação dos jornalistas, talvez seja
interessante, nesse momento, que o leitor escute as faixas *Guará* e
Rapaziada do Brás. A ◀*faixa 05 (Guará)*[34] foi gravada originalmente em
1916, nos estúdios da Casa Edison, no Rio de Janeiro. Trata-se de uma
gravação mecânica de excelente qualidade – uma polca gravada pelo
trompetista e compositor Bonfiglio de Oliveira (1894-1940). A ◀*faixa
06 (Rapaziada do Brás)*,[35] é uma valsa composta em 1917 por Alberto
Marino (1902-1967), músico paulistano, gravada em 1953 por Jacob do
Bandolim (1918-1969), com solo de acordeão e bandolim.

33 "A propósito dos grandes conjuntos orquestrais". *Diário Nacional*, nº 13,
    15.02.1929, p. 6. Grifos do autor.

34 *Guará*. Polca gravada pelo Choro Carioca, disco Phoenix nº 70653, de autoria
    de Alfredo da Rocha Viana (Pixinguinha), lançada entre 1913-1918.

35 *Rapaziada do Brás*. Valsa gravada pelo Jacob do Bandolim, disco Victor 801214-
    B, de autoria de Alberto Marino, lançada em 1953.

A publicidade das casas que comercializavam vitrolas utilizou-se amplamente das cenas do-
mésticas e aconchegantes para demonstrar as "maravilhas" da gravação elétrica.

Reproduzido de *Diário Nacional*. 27.12.1928, p. 10.

O efeito que a música gravada e reproduzida eletricamente causava era "admirável" porque da vitrola ecoava um som envolvente que,
embora invisível, preenchia o ambiente com ondas sonoras. Toda a
materialidade do som revelava-se no momento de seu contato com
as paredes, com os móveis e com o próprio ouvinte. Com o processo
de gravação elétrica, o som se fazia material e denso; fazia-se presente.
Como muitos outros, um anúncio da Casa Paul J. Christoph serviu-se
de um despojado desenho de vitrola, com a porta da câmara acústica

aberta, para inculcar na leitora que as ondas sonoras encostavam-lhe nos braços descobertos. Outras vezes, era uma nuvem que simulava os sons, revelando os prazeres da música mecanizada: a dança, o lazer e o descanso. A nuvem, que se liberta da vitrola com a agilidade do casal que dança ou como um "moderno" jato de fumaça, é propositalmente visível e evidente. Tentava explicitar que as ondas sonoras eram densas e que, ao encontrar outros corpos, *ressoavam*. E que o *eco* produzido ocupava todo o espaço de qualquer ambiente, substituindo o lugar do silêncio pelo movimento sonoro.

A publicidade procurava mostrar que a vitrola portátil era um elemento fundamental para tornar sublimes as horas de lazer ou de descanso. Reproduzido de *Diário Nacional*. 12.01.1930, p. 9.

Apenas três meses após a inauguração da gravação elétrica no Brasil, em setembro de 1927, o *Diário Nacional* deu especial atenção à nova tecnologia no artigo "O Fonógrafo", na seção "Ciência e Invenção", confirmando o "rápido" e "maravilhoso progresso" ao qual a *Phono-Arte* já havia se referido. A transcrição abaixo dá algumas pistas sobre como eram feitas as gravações nos antigos estúdios da gravação mecânica. O jornal entendia que

> Nos últimos anos os progressos realizados têm sido enormes. (...) Mas decididamente, o que mais contribuiu para que o fonógrafo chegasse a ser o que é foi a evolução por que passou o processo de gravação dos discos. A princípio o cantor ficava a cerca de um metro do receptor e os sons precipitavam-se de qualquer modo pela trompa abaixo, deformando-se. Quando se tratava de gravar uma orquestra, a dificuldade era maior, devido às distâncias desiguais que separavam os diferentes instrumentos do receptor.

Os estúdios na fase da gravação mecânica eram pequenos e os artistas deveriam executar sua performance voltados para o cone, que era fixado diante deles com um tripé móvel.

Reproduzido de Welch & Burt. *From tinfoil to stereo. The acoustic years of the recording industry. 1877-1929.* Flórida: Florida University Press, 1999, imagem 24.

O contraste com o que se vivia naquela "nova época" era evidente, embora ainda faltassem conhecimentos técnicos e termos precisos para descrever a inovação:

> Atualmente, nada disso acontece: em um "studio" conveniente-mente disposto, uma orquestra ou um coro tocam ou cantam nor-malmente sendo os sons apanhados por um microfone, ligado por um fio ao laboratório da usina, situada muitas vezes a léguas de dis-tância. No laboratório, depois de ampliadas por meio de lâmpadas análogas às usadas nos aparelhos de rádio, a corrente "microfônica", transformada em corrente "enérgica", imprime as suas próprias mo-dulações elétricas a um eletro-ímã sobre a ação do qual move-se o estilete registrador.[36]

"Receptor", "precipitação de sons trompa abaixo", "corrente micro-fônica" ou "enérgica" foram termos raramente utilizados na época para descrever a gravação de discos. Tratava-se de uma novidade, é evidente, e a padronização de termos levou certo tempo para se estabelecer. Mas é provável que o *Diário* tenha feito confusão ao definir a distância entre o som emitido pelos artistas e o aparelho encarregado de registrá-lo. A "usina" – a fábrica – estava seguramente distante do estúdio, mas não era ali o lugar da "ampliação" da "corrente microfônica". O jornal obliterou o ateliê do engenheiro e superestimou a capacidade do fio, que transpor-taria, para "léguas de distância", as ondas sonoras que seriam então am-plificadas em um laboratório. De qualquer maneira, com a nova forma de captação de sons, o estúdio tornou-se o espaço do artista e do diretor artístico por excelência, reservando a sala de controle, "onde se move o estilete registrador", para o engenheiro de som.

---

36   "O fonógrafo". *Diário Nacional*, 30.07.1927, p. 2.

Os estúdios da fase elétrica eram mais espaçosos e envolvidos por panos que aqueciam o ambiente. O microfone (ao centro, indicado com uma seta pelo jornalista da revista) e os diferentes instrumentistas deveriam estar dispostos habilidosamente para se obter um "disco perfeito".

Reproduzido de *Revista Phono-Arte*, "Como se grava um disco pelo novo processo elétrico", nº 25, 15.08.1929, p. 6

O engenheiro, aliás, era apenas um membro do numeroso *staff* especializado das gravadoras. Para instalar suas fábricas e estúdios no Brasil e iniciar a produção de "gravações nacionais", as companhias fonográficas enviaram "um grupo de inteligentes síndicos" e pessoal especializado. Afinal, para elas, o empreendimento era vital e exigia cuidado e planejamento:

> Vultosos capitais, bem como gente competente foram imediatamente destacados para os nossos maiores centros, tendo sido os trabalhos de instalação e estudo iniciados na capital de S. Paulo, em maio do ano passado. Um ano e meio gastou, portanto, a Victor em organização, para enfim se apresentar ao nosso público.[37]

---

37   "Discos Victor Brasileiros". *Diário Nacional,* nº 32, 30.11.1929, p. 25.

É interessante notar que no grupo da "gente competente" da Victor somente havia funcionários com experiência anterior na companhia. O gerente-geral era o Barão Lothar von Ziegesar; o técnico e artista W. G. Ridge era seu assistente direto e o principal responsável pela implantação da fábrica no Brasil; os engenheiros John Penninger e Leslie Evans eram os "técnicos gravadores de evidente competência"; John Farlow, o superintendente da fábrica. A instalação da fábrica e estúdio da Columbia, em 1929, foi protagonizada pelos Byington, que exerciam atividades comerciais e industriais no Brasil; John Lilienthal foi seu diretor geral e Wallace Downey, o supervisor artístico. Mesmo na época da gravação mecânica, Hagen e Pancoast foram técnicos de gravação da Zon-0-Phone, que realizaram as primeiras gravações para Fred Figner ainda no início do século; o alemão Gerog Cohn foi o diretor técnico da fábrica da Odeon, no Rio de Janeiro.[38]

É evidente que estas figuras-chave das grandes companhias fonográficas aproximaram-se dos artistas brasileiros, que estavam familiarizados com o ambiente musical local e conheciam os artistas que viriam compor o *cast* da gravadora. Assim, o instrumentista e compositor Rogério Guimarães foi secretário de W. G. Ridge[39] e diretor artístico da Victor;[40] Gaó (pseudônimo do compositor paulista Odmar Amaral Gurgel) foi o diretor artístico da Columbia;[41] o maestro Eduardo Souto teve o mesmo cargo na Odeon.[42] Embora fossem supervisionados pela "gente compe-

---

38 Sobre a Victor, ver "O almoço da Casa Victor". *Diário Nacional.*, 22.10.1929, p. 12; *idem.* "A nova fábrica de discos de São Paulo", 21.10.1928, p. 8; "Discos Victor Brasileiros". *Revista Phono-Arte*, nº 32, 30.11.1929, p. 25-26. Sobre a Columbia, "A Columbia no Brasil". *Revista Phono-Arte*, nº 14, 28.02.1929, p. 3-5. Sobre a Casa Edison, Franceschi, Humberto M. *Op. cit.*, 2002, p. 87, 193 e 275.

39 "Discos Victor Brasileiros". *Revista Phono-Arte*, nº 32, 30.11.1929, p. 25.

40 *Enciclopédia da Música Brasileira*, p. 359.

41 *Discografia brasileira 78 rpm*, vol. II, p. 293.

42 Carta de Eduardo Souto a Fred Figner, datada de 15 de outubro de 1932, transcrita por Humberto Franceschi. In: Franceschi, Humberto M. *Op. cit.*, 2002, p. 239.

tente" da gravadora, os diretores artísticos cumpriam a importante função de mediar a relação entre a empresa fonográfica, que dava os primeiros passos para sua implantação no Brasil, e o mercado musical local.

Do ponto de vista das companhias fonográficas estrangeiras, havia muitos sons, ritmos, artistas e um mercado para serem desvendados e explorados no Brasil. Nesse contexto, o extremo cuidado na montagem das fábricas e estúdios demonstra que havia uma concepção prévia e – por que não? –, pré-determinada no processo de registro de sons.

É preciso examinar com mais atenção se a recriação da música pelas empresas fonográficas era algo plausível e consciente. Por sua parte, a *Revista Phono-Arte* procurava categoricamente negar que houvesse tal possibilidade. Rigorosos e quase intransigentes, os redatores afirmaram em um de seus editoriais:

> (...) todo trabalho "à mão" implica uma parte arbitrária, uma nota pessoal. (...) O mecanismo industrial permite realizar neste sentido progressos admiráveis, impedindo que a personalidade de um executante se introduza, que qualquer forma, entre o criador e o público.

Ainda insatisfeitos, entendiam que era preciso atingir uma outra etapa do desenvolvimento da fonografia, cujo objetivo seria

> (...) acabar definitivamente com a passagem do período beethoviano e romântico, para uma época originalmente fordiana: substituir os executantes humanos, que sempre possuem a tendência de interpretar ou acrescentar qualquer coisa de si mesmo, por executantes mecânicos.[43]

É muito provável que os editores não tenham refletido a respeito das consequências que o emprego exclusivo da máquina traria ao universo musical no qual estavam imersos. Muito menos consideraram a impossibilidade de realização da proposta, já que acreditavam que, em um momento não muito distante, os intérpretes desapareceriam e

---

43   "A industrialização da música". *Revista Phono-Arte*, nº 13, 15.02.1929, p. 2.

abririam lugar para meros "executantes mecânicos", permitindo que a arte musical se realizasse plenamente. Para os jornalistas, somente esses executantes mecânicos poderiam revelar a obra de um autor da maneira exata como ele gostaria que fosse ouvida. Por conta disso, mesmo recheado de pretensiosos termos técnicos, é possível afirmar que o comentário da revista reflete, em verdade, a opinião generalizada dos ouvintes, espantados com os avanços tecnológicos, contemplando com admiração os últimos acontecimentos fonográficos. Sob essa perspectiva, a vitrola tornar-se-ia de fato um "veículo" que registraria "fielmente, respeitosamente a criação artística. Por isto ela não rouba[ria] a música de suas faculdades expressivas".[44]

Não é difícil imaginar que seria complicado manter uma posição como essa ao longo dos cinquenta números da revista. Em um editorial menos austero, os redatores decidiram comparar os recentes avanços da gravação de discos com aquilo que lhes era familiar. O concerto era o elemento que unia os amantes da música e da fonografia, e tornou-se a referência fundamental para definir o que era uma boa gravação. O personagem central do artigo era o "abismo místico" de Wagner, considerado pelos jornalistas como "uma concepção ancestral do fonógrafo". Para Wagner, a orquestra deveria estar disposta entre o público e o palco, mas abaixo deles, de maneira que todos a escutassem, mas não a vissem.

> As harmonias saídas do famoso "abismo místico" (...) são, pois, destinadas a prolongar e a sublinhar um gesto, uma palavra do herói da peça, e transportar imediatamente o espectador ao domínio dos sonhos do drama wagneriano (...). Wagner sonha, e a intensidade da expressão de seu sonho, força o espectador a sonhar. (...) Realmente, nestas condições, a música de Wagner é mais sentida e mais emocionante, de que em simples concertos sinfônicos.

Ao remeter o leitor às sensações criadas pela audição da música do "grande gênio", o editorial da revista fazia um convite à fruição da

---

44   "O significativo do fonógrafo moderno". *Revista Phono-Arte*, nº 13, 15.02.1929, p. 12.

gravação, já que associava o devaneio do drama e a *mise en scène* wag-
nerianos à música eletricamente reproduzida. Tanto quanto o abismo
místico, a gravação criava um sonho, uma ilusão, pois afirmava cons-
tantemente a materialidade do som sem revelar sua origem. O disco
continha, portanto, um gesto invisível que, por sua fidelidade – "admirável!" –, permitia oferecer ao ouvinte a "impressão exata da música",
contaminando-o com uma "magia sonora", dando a impressão de que
se escutava a música "no próprio teatro".[45]

Por encerrar a condição de "fidelidade" ao "original", o disco eletricamente gravado passou a ter uma dupla função, dependendo do
público que o comprava. Entre os ouvintes do fonógrafo, havia os que
frequentavam os concertos, empenhavam-se por manter a música na
memória e procuravam os discos para "experimentar o prazer de escutá-
-la novamente". Uma outra categoria dos aficionados eram aqueles que
utilizavam o fonógrafo para "travar conhecimento com as obras musicais por eles ignoradas". Estes últimos buscavam "uma nova experiência
e se esforça[va]m em achar novas sensações" com a escuta da gravação.

Para o primeiro grupo, a música de Wagner no teatro era "mais
sentida e mais emocionante" porque escondia a performance dos instrumentistas sob a plateia, no abismo místico. Wagner contava, no entanto, com um forte apelo visual durante o drama, a *mise en scène*, que
levou a *Phono-Arte* a comparar Wagner com o cineasta de *Metrópolis*,
Fritz Lang. Tanto quanto Lang, Wagner não queria "distrair o espectador [com a música], a fim de conservar a sua atenção presa à cena".
No entanto, o espectador do drama wagneriano não enchia os teatros
apenas para olhar e ouvir, mas especialmente para se surpreender. As
músicas executadas nos concertos estavam cheias de surpresas e cho-
ques, criados, por exemplo, quando um compasso perfeito era substituído bruscamente por uma cadência interrompida, ou quando a uma

---

45   "De Richard Wagner a Fritz Lang". *Revista Phono-Arte*, nº 12, 30.01.1929, p. 1.

sequência de acordes maiores seguia-se uma dissonância inesperada. O deleite diante de um drama inédito ou a reprovação da performance de um intérprete de uma peça conhecida, eram efeitos que suscitavam longos comentários após o concerto e agradavam o amante da "boa música". Era, afinal, o que o movia em direção aos teatros.[46]

Tamanha era a "fidelidade" da gravação, que os ouvintes esqueciam-se que as gravações eram feitas em estúdios, completamente despojados do *glamour* dos concertos. Assim, "fiel ao original", a boa qualidade da gravação elétrica criou um movimento inverso àquele do frequentador dos teatros: ela transportava a sala de concerto para a sala de estar, a ponto de criar um grupo de ouvintes que conhecia os dramas e as óperas, mas não ia aos concertos. Mas não se tratava de um simples deslocamento espacial, sobretudo se lembrarmos da possibilidade de repetição das músicas, tantas vezes quanto desejassem os ouvintes mais insistentes. A gravação elétrica também não significou apenas uma mudança exclusiva para o artista no estúdio, que, diante do microfone elétrico, pôde cantar ou tocar "normalmente", mais relaxado e natural. Com a possibilidade de repetição da audição, tão conhecidas tornaram-se as peças, que a performance perdeu a capacidade de surpreender. A atuação – "ao vivo", de agora em diante – ganhou outro sentido e conotação. Ela deixou de ser o pré-requisito para se ouvir música e transformou-se no objetivo final dos amantes do fonógrafo: a materialização do gesto do artista, invisível no disco. Com a generalização da escuta doméstica ao longo de todo o século XX, a "fidelidade" ao "original" tornou-se responsabilidade do artista durante a performance, e não do disco ao registrar a performance.

Contudo, naquele momento em que boa parte dos ouvintes ainda tinha a atuação do artista como referência primordial, a imagem dos instrumentistas e atores num teatro, ou de um coro em uma catedral, era

---

46 Harnoncourt, Nikolaus. *O discurso dos sons. Caminhos para uma nova compreensão musical.* Rio de Janeiro: Zahar, 1998, p. 32.

evocada sempre que se escutava um disco. Por isso, o "disco perfeito" deveria possuir a qualidade da atuação concreta dos músicos e remeter o ouvinte ao gesto dos artistas durante a performance:[47]

> Existem certas gravações de orquestra ou de harmonias, que dão ao auditor a impressão de se achar entre os executantes, ou pelo menos, tão perto deles quanto o chefe da orquestra. O ideal de um bom disco desta categoria, deve ser o de dar ao auditor de se achar a uma certa distância dos músicos. Sem isto, é inteiramente impossível obter o verdadeiro valor da música, uma vez que o conjunto dos instrumentos não pode ser apreciado se não a certa distância.

Paradoxalmente, o disco ideal também deveria criar "ilusões acústicas" para ser perfeito:

> Uma (...) experiência interessante de ilusão (...) é o caso de um disco de coro gravado em uma catedral. Aí, um excesso de ressonância no enregistramento dá perfeitamente [ao ouvinte do registro], a ilusão que a música se reflete pela nave de um vasto recinto.

Talvez sem intenção, os editores da *Phono-Arte* confundiam-se com a ilusão ou fidelidade que a música gravada eletricamente possuía. Ouvir a orquestra como se estivessem a certa distância dos músicos, remetia os jornalistas ao espaço do teatro e à imagem do desempenho do artista. Um excesso de ressonância na gravação do coral os levaria à catedral, diante do coro, mesmo que, no estúdio, o número de cantores fosse reduzido. Num ou noutro caso, a gravação elétrica criava uma ilusão acústica para reproduzir a realidade, a materialidade, a performance do artista. Mas, mais uma vez, era o trabalho no estúdio o responsável pela elaboração do "disco perfeito". A correta disposição dos músicos, do microfone e a habilidade do técnico de som eram fundamentais para "se obter o enregistramento ideal". No entanto, as empresas fonográficas tratavam de diluir a imagem do estúdio na imaginação do ouvinte, de

---

47   As citações a seguir foram extraídas de "O disco perfeito". *Revista Phono-Arte*, nº 15, 15.05.1929, p. 1-2.

maneira que, ao escutar um disco, ele possuísse o cantor ou os instrumentistas em mente. Os editores da *Revista Phono-Arte*, continuamente preocupados com os pormenores da gravação elétrica, faziam as vezes da gravadora, e recordavam seus leitores:

> Aqui se verifica uma grave questão de arte e de enregistramento: a habilidade na disposição dos microfones. É um problema difícil de ser resolvido, e que necessita, muitas vezes, a engenhosidade dos músicos e cientistas, ao mesmo tempo, a fim de se obter o enregistramento ideal.

A interferência de "músicos e cientistas" no processo de gravação permitiu aos discos "reproduzir o som (...) com a mais perfeita exatidão, após os rápidos progressos" da gravação elétrica, pois

> Para as gravações feitas por meio dos velhos processos "mecânicos", que precederam o enregistramento elétrico atual, esta exatidão era raramente realizada. Pode-se notar, por exemplo, que o som do violino tornava-se quase igual ao de uma flauta; o piano dava a impressão que as suas cordas encontravam-se envolvidas de algodão. Nos primeiros enregistramentos elétricos, o som do violão parecia, muitas vezes, metálico e "duro"; o do piano, sem planos, "chato".

No processo mecânico de gravação e mesmo nos primeiros registros elétricos, tentava-se captar exatamente aquilo que se ouvia no momento da execução. Porém, a precariedade da tecnologia impedia que os músicos, o engenheiro, ou os ouvintes, escutassem o resultado da gravação e o aproximassem da execução "real", tenha ela ocorrido no concerto ou no estúdio. Na "infância" da gravação elétrica, enquanto os "cientistas" aprendiam os recursos e artifícios da nova tecnologia, o registro ainda saía fanhoso, "metálico", "chato". Em apenas dois ou três anos, contudo, a possibilidade de captar a acústica do ambiente permitiu a associação imediata da gravação com a execução "original". Perspicazes, as companhias fonográficas utilizaram essa característica para esconder as mediações existentes entre o artista e o ouvinte, enfraquecendo a imagem do estúdio, do engenheiro, e da fábrica em sua imaginação. O disco e o aparelho leitor, obviamente visíveis e concretos para o ouvinte, foram considerados meros "veículos" de reprodução de músicas. Assim, as gravadoras e, principalmente, os técnicos de som, perceberam que poderiam oferecer ao ouvinte a "ilusão da realidade"[48] em discos. "E quanto se gravava, quanto se vendia".

A gravação elétrica conseguiu captar a acústica do ambiente – uma catedral, um teatro, um estúdio – permitindo o registro de um piano ou violão com a densidade e flexibilidade requeridas pelos editores da *Phono-Arte*. A acústica dava-lhes a "ilusão da realidade" nos discos, sem perceberem que se tratava da representação de uma performance, à qual eles chamavam de "original". Os editores reconheciam a interferência de "artistas e cientistas" no processo de gravação, mas escapava-lhes a possibilidade de que a recriação da música no estúdio fosse uma atitude consciente de músicos e do engenheiro de som. Esta consciência foi, seguramente, um dos motivos para a existência de um *staff* e de técnicos experientes em solo brasileiro quando do período de implantação das fábricas e estúdios das três maiores companhias fonográficas mundiais, durante os anos 1930, no Rio de Janeiro e em São Paulo.

Ainda que procurassem compreender o momento em que viviam, os redatores da *Phono-Arte* não se libertavam do emaranhado de ideias triviais e do sentimento de admiração e surpresa que a audição de discos lhes causava. Se as posições da revista revelavam em grande parte o lugar-comum das opiniões da época, algo muito diferente ocorrera com as considerações de Mário de Andrade. Mesmo tendo escrito poucos artigos sobre o fonógrafo, seu ponto de partida era determinado com rigor e exatidão:[49]

---

48   Chanan, Michael. *Op. cit.*, p. 69.

49   As referências aos artigos de Mário de Andrade foram extraídas de Andrade, Mário. "Cinema sincronizado e fonografia". In: Toni, Flávia (org.) *Op. cit.*, p. 272-273. Grifos nossos.

> O grande valor do fonógrafo e de sua vasta parentela contemporâ-
> nea é ser um instrumento com caráter próprio. (...) a maioria con-
> sidera como um reprodutor de sons alheios. Isso não é verdade. O
> fonógrafo realiza sonoridades especiais.

Ouvinte atento, Mário de Andrade considerava o fonógrafo como um instrumento musical, com técnica e timbres próprios. Do ponto de vista musicológico, o fonógrafo tinha características peculiares e era, portanto, passível de especialização: "Música pra fonógrafo, como existem músicas pra pianola". Sob essa perspectiva, havia formas específicas de produção e reprodução da gravação, da mesma forma que existiam músicas escritas "diretamente ou antes especialmente pra fonógrafo", arranjos que se adequavam melhor a ele, instrumentos melhor aproveitados em uma gravação. Esses "sons alheios", no entanto, eram transformados em uma sonoridade toda especial, toda própria do aparelhinho falante, que mais nada tinha a ver com os instrumentos originalmente gravados. Por conta dessas características, Mário considerava o fonógrafo como "um instrumento como qualquer outro", por soar de um jeito próprio, mas não perdia de vista a situação mais ampla na qual esse "instrumento de lar" estava inserido. Nesse contexto doméstico, sua

> (...) função específica (...) é transportar pra dentro da casa *toda re-
> presentação* (*e não reprodução*) da música universal. (...) É certo que
> os processos modernos aumentaram formidavelmente o poder so-
> noro da fonografia mas nem por isso ela perdeu as suas exigências
> essenciais de ambiências.

Para o intelectual, não havia a menor dúvida de que a gravação e a reprodução *representavam* a música registrada no estúdio, desviando-nos do falso contraponto entre realidade e ilusão, tão evidentes nos editoriais da *Revista Phono-Arte*. Mário de Andrade, negando que o fonógrafo era um mero veículo ou meio, singularizou suas características mais elementares, como timbres, técnicas e repertório, e avançou a análise até o espaço físico que ele poderia ocupar, e a percepção do ouvinte diante da maquininha. Com notável talento e concisão, Mário elucidou uma das razões para a existência daquela magia sonora admirável emanada da caixa acústica. Segundo ele, o fonógrafo tinha essa atribuição toda especial de "provoca[r] em nós a revivescência d[o] ambiente" específico de cada um dos instrumentos musicais, "por associação de imagens". Não lhe escapou a densidade da gravação elétrica, nem o lar como espaço primordial do fonógrafo, nem o "gesto invisível" presente no disco. Nem mesmo as consequências do aumento do "poder sonoro" da vitrola Mário deixou de lado, e, por conta disso, ele já podia entrever o uso coletivo que a vitrola possuiria ao longo dos anos 1930.

A esse respeito, reproduzimos na ◀*faixa 07*, a *prova recusada* e não comercializada pela Victor do *Babaô Miloquê*, existente na discoteca particular de Mário de Andrade, seguramente obtida pelo intelectual através de Paulo Ribeiro Magalhães. A gravação possuía um só lado e o título da música e do autor estavam escritos a lápis na matriz. Sobre essa prova, recusada pela gravadora, Mário afirmou em um artigo no *Diário Nacional*:

> A primeira registração da melodia [do *Babaô*] era banal, não escapava da sonoridade normal das orquestras maxixeiras do Rio. Foi recusada por isso.

A *prova aceita* e comercializada pela Victor (◀*Faixa 02*), ao contrário, era resultado da atuação de Josué de Barros, o compositor e intérprete do *Babaô*, que quando

> (...) se viu na contingência de fazer coisa "nova" (...) se confin[ou] (felizmente) em desencavar passados que guardou de sua própria vida, ou lhe deram por tradição. Toda originalidade do "Babaô Miloquê" está nisso.[50]

Alguns elementos da prova recusada podem ser encontrados na prova aceita. Em ambas as gravações há um momento em que Josué

---

50   "Gravação Nacional". *Diário Nacional*. 10.08.1930, p. 3.

Barros não canta, mas *fala* com a dicção toda especial dos negros; na prova recusada ele até mesmo solicita:

> como está bom!
> Toca outra vez
> Ripite, que o branco tá gostando de cuitá preto cantá.

Aparentemente, a instrumentação utilizada na gravação recusada se manteve na prova aceita e certa semelhança com a melodia faz lembrar que a prova recusada precedeu a gravação aceita. A harmonização da prova recusada, no entanto, contém características da música urbana e sua divisão estrutural indica que o pretenso "batuque africano" fora moldado e inserido em uma forma – urbana – pré-definida, não escapando "da sonoridade normal das orquestras maxixeiras do Rio".[51]

A *gravação aceita*, reproduzida na íntegra na faixa 02, começa com um desenho melódico, inexistente na prova recusada. Essa *introdução* (◀*Faixa 08*) é interrompida, e perde importância para o *batuque* (◀*Faixa 09*), que prepara para a entrada das *flautas* (◀*Faixa 10*). Na sequência, a orquestração e o batuque *encontram-se* (◀*Faixa 11*), para depois *dialogarem* (◀*Faixa 12*), abrindo caminho para o *retorno* à introdução e ao batuque (◀*faixa 13*) e, em seguida, para a *intervenção falada do cantor* (◀*Faixa 14*).

A relação entre a orquestração e o batuque, e dos instrumentos de sopro entre si (◀*Faixas 8, 9 e 10*), dá um sentido linear e constante ao desenvolvimento das frases musicais. Em contraposição, quando orquestração e batuque se encontram (◀*Faixa 11*), a polifonia alcançada confere uma dimensão espacial ao trecho, com certo cuidado na gravação da percussão, que não deveria sobressair diante da orquestração. Na sequência, quando os instrumentos de sopro realizam variações da melodia (◀*Faixa 12*), a orquestra e o batuque intensificam a polifonia observada nas faixas anteriores (◀*Faixas 8 a 11*). A partir daí, o diálogo entre a orquestra e o

---

51   Resenha de Mário de Andrade à música *Babaô Miloquê*. Para maiores informações, ver notas 15 e 16, capítulo "O disco e a música popular no Brasil".

batuque (◀*Faixa 12*) revela certa independência entre eles. Tal independência está presente desde o início da gravação, mas torna-se muito mais intensa nesse momento. Aqui ouvimos a principal diferença entre a gravação recusada e a aceita. Na primeira, ouve-se um arranjo mais carregado, onde os instrumentos de sopro seguem o mesmo ritmo, e perfazem uma mesma linha melódica, ainda que realizem vozes diferentes. Na prova aceita, os instrumentos de sopro possuem funções rítmicas específicas e "divertem-se" ao criar diferentes linhas melódicas, dando mais agilidade e leveza ao arranjo. Essa independência, na prova aceita, só será quebrada quando a orquestração volta a ter mais importância do que a percussão, repetindo a melodia inicial (◀*Faixa 13*), preparando o ouvinte para a entrada do cantor. A intervenção falada de Josué de Barros (◀*Faixa 14*) resolve o problema musical entre a melodia e o batuque ("Pra mim tudo tá bom!"), incorporando na cantoria a melodia dos instrumentos de sopro, sempre acompanhado por algum instrumento de percussão.

Para Mário de Andrade,

> A lição está clara. Exigir do produtor de músicas folclorizado que não se deixe levar pelo fácil que dá menos trabalho. Guiar os passos dele pra evitar nos discos (que não são documentação rigidamente etnográfica) a monotonia que é por exemplo a censura possível a discos também esplêndidos como *Vamo apanhá limão* (Odeon), ao *Senhor do Bonfim* (Victor) ou o recente *Escoieno Noiva* (Columbia) da série regional de Cornélio Pires.

Tal monotonia Mário encontrava na melodia entoada pelo cantor na prova recusada. O intelectual entendia que

> A intromissão da voz tem que ser dosada pra evitar o excesso de repetição estrófica. Os acompanhamentos têm de variar mais na sua polifonia, já que não é possível na sua harmonização, que os tornaria extrapopulares. E variar também na instrumentação. E que isso é possível dentro do caráter nacional, provam muito bem os discos que citei anteriormente.[52]

---

52   *Idem, ibidem.*

A discoteca particular de Mário de Andrade ainda contava com uma terceira prova, *miúda*, do *Babaô*, igualmente recusada pela Victor, com autor e título manuscritos a lápis na cera do disco (◀*Faixa 15*). Ao ouvir a prova aceita e a prova miúda recusada, talvez Mário não tivesse percebido a imensa responsabilidade do "engenheiro de som", que permanecia no "ateliê" ao lado do estúdio, para o êxito da gravação.

Solicita-se, neste momento, um esforço auditivo do leitor, para escutar atentamente a faixa 15. A comparação entre a prova miúda recusada e a prova aceita e comercializada (◀*Faixa 02*), demonstra a intromissão do engenheiro de som na gravação. Na prova aceita, os instrumentos de percussão soam mais baixo, permitindo ao ouvinte distinguir melhor as linhas melódicas dos instrumentos de sopro, e identificar a independência entre elas, fundamental para a aprovação da gravação pela Victor. Além disso, o timbre do batuque foi alterado, soando mais "fechado" e grave na prova aceita, provavelmente levando Mário de Andrade e perceber menor "brutalidade no ruído" da gravação, em relação ao maracatu pernambucano que ele escutara nas ruas ou terreiros daquele estado.

Uma vez aprovado o arranjo, a questão que se colocava era a forma que o registro sonoro iria tomar. Teria sido a prova aceita uma nova gravação, em que o técnico de som ou o diretor artístico preferiram colocar os instrumentistas de percussão em lugar mais afastado do microfone, dentro do estúdio? No ateliê, o técnico de som teria preferido utilizar uma cera mais fria (ou mais quente) para ser sulcada pela cabeça de corte (agulha de gravação)? Embora a bibliografia técnica sobre o processo elétrico de registro de sons seja exígua em nossas bibliotecas, e não traga muitas informações a respeito das etapas da gravação, ao que tudo indica era praticamente impossível modificar os sulcos gravados na cera, o que garantiria que a prova aceita fora uma regravação, sem alteração no arranjo da prova miúda recusada. Há, no entanto, um interessante artigo na *Revista Phono-Arte*, intitulado "Retoques Fonográficos", em que o autor, um engenheiro chamado Max Eisler, fala sobre *retoques* possíveis na cera sulcada, após a gravação. Ele inicia com certa ironia:

> Em artigo que acabo de ler em um dos diários alemães mais conhecidos, vi provas interesantíssimas da fantasia com que os profanos podem interpretar os processos técnicos.
>
> O autor conta – muito seriamente – que já se pode fazer à vontade, sobressair na reprodução fonográfica, certos sons, ou ao contrário, eliminá-los, quer dizer, a fazer escutar somente o que se deseja numa reprodução fonográfica.

Tratava-se de uma gravação de *Rigoletto*, em que o duque era cantado pelo "ilustre e inesquecível Caruso", mas que "em consequência de um defeito de gravação, as vozes dos parceiros do grande tenor (...) encontravam-se de tal forma abafadas, tão confusas, com tons tão baixos (...), que os editores do disco decidiram cessar a fabricação do referido disco e arrumaram as matrizes nos arquivos". A intenção dos editores era realizar uma nova gravação com Caruso e seus parceiros, mas o tenor morreria pouco tempo depois. Conta o engenheiro, transcrevendo trecho do periódico alemão, que

> [Os editores do disco] Decidiram então a gravar uma reprodução do primeiro disco, empregando para isto os novos meios técnicos utilizados pelos filmes sonoros; as vozes dos três parceiros de Caruso foram primeiramente abafadas, depois, pouco a pouco, completamente eliminadas e, finalmente, na gravação final não ficou senão a maravilhosa voz de Caruso.
>
> Este disco solo foi então reproduzido, ao mesmo tempo em que os três artistas do Scala de Milão cantavam as outras partes do quarteto, e o conjunto foi novamente gravado.
>
> O novo enregistramento assim realizado é notável; as vozes são reproduzidas como se os quatro parceiros tivessem cantado conjuntamente o famoso quarteto.

O engenheiro colaborador da *Phono-Arte* foi enfático em seu comentário quanto ao assunto, e muito seguro na sua opinião de especialista:

Eis aqui o que se pode chamar de fantasia!

Afirmava Max Eisler que era "qualquer coisa de inédito e sensacional" o fato de "suprimir três vozes e não deixar senão a quarta como solo". Isso, para ele, era assunto de um "engenhoso chefe de publicidade", que procurava identificar a voz de Caruso e suprimir as demais. Porém, ele mesmo sabia de algumas possibilidades de manipulação da cera sulcada:

> Que a última parte de tão complexa operação seja realizável, não devemos duvidar. Acrescentar é fácil. Conhecemos mesmo discos de canto que foram assim completados de um acompanhamento de orquestra, ou inversamente, gravações de orquestra às quais juntaram mais tarde o canto.

Eisler sabia, inclusive, a respeito da

> (...) propriedade acústica bem conhecida segundo a qual se pode, pela escolha de membranas e condutos acústicos bem apropriados, reforçar no enregistramento ou na reprodução, certos sons simples ou compostos.

O problema, para ele, era que aquele periódico alemão se referia a

> (...) um verdadeiro retoque fonográfico, comparável ao retoque fotográfico e que, como este último, embeleza e torna mais artística a imagem, melhorando a qualidade da audição.[53]

As palavras "fácil" e "bem conhecida" levam-nos a pensar que realizar modificações na cera sulcada era um processo experimentado e até usual entre os engenheiros de som das gravadoras, reforçando a ideia de que o trabalho no estúdio era apenas o primeiro passo para a confecção do registro sonoro, que ainda passaria pela aprovação do diretor artístico e dos próprios músicos no estúdio, do técnico e, talvez, por algumas figuras mais "importantes" do *staff* gravadora. A audição das provas aceita e

---

53   "Retoques fonográficos". *Revista Phono-Arte*, nº 41, 15.04.1930.

recusadas de *Babaô Miloquê*, complementada pela leitura de "Retoques fonográficos", demonstra que, no processo de gravação de discos, não havia espaço para o acaso ou amadorismo. Por mais que as condições de profissionalização do músico fossem muito precárias naquela época, elas faziam parte de uma racionalidade mais ampla, que envolvia não apenas a lucratividade da empresa responsável pela gravação, mas também os encarregados pelo registro e divulgação de uma sonoridade específica, nada aleatória. Gravava-se a "nossa música" e transformava-se a "nossa música" em uma sonoridade própria daquele "instrumento do lar", não economizando ceras para atingir, nas provas finais, esse objetivo.

A gravação elétrica não foi, portanto, unicamente uma mudança na técnica de registro sonoro. Trata-se de um amplo movimento tecnológico, corporativo e de transformação no padrão auditivo dos ouvintes. Do ponto de vista desses últimos, no entanto, não havia necessidade de conhecer, compreender ou mesmo preocupar-se com essas mudanças. Afinal, elas permitiram transformar o espaço íntimo de sua casa numa verdadeira sala – de reprodução – de concertos. Não demoraria muito, contudo, para que esses "amantes de concertos" se manifestassem contra certas "sonoridades" da "nossa música", que tão bem se encaixavam nos elétricos três minutos dos 78rpm. A *Revista Phono-Arte* começou suas críticas a partir do uso que se fazia do aparelho reprodutor:

> Aceitamos a moderna máquina falante, como um justo legado da adiantada época em que vivemos. (...) Trata-se de uma das maiores conquistas para o bem-estar, que a habilidade do homem tem conseguido até hoje (...). [Mas,] refiro-me, naturalmente, aos bons aparelhos. (...) Ninguém deve condenar o fonógrafo porque ele é muitas vezes, mal tratado por outras pessoas (...). Se um "chauffeur" guia seu automóvel com a descarga aberta, numa rua de residências, a altas horas da madrugada, a quem devemos culpar, o automóvel ou o "chauffeur"?
>
> O mesmo podemos dizer em relação ao fonógrafo.[54]

---

54   "De Richard Wagner a Fritz Lang". *Revista Phono-Arte*, nº 12, 30.01.1929, p. 1.

Os "bons aparelhos" reprodutores permitiam ao ouvinte ter em mãos "os maiores cantores", "as maiores orquestras", "os maiores pianistas", sentado em seu cômodo sofá, podendo ouvi-los quantas vezes quisesse.[55] Este era o ambiente de escuta da música em conserva para aqueles que sabiam extrair o melhor da moderna máquina falante, pois, de acordo com a revista, havia um outro tipo de público fonográfico,

> constituído, em geral, por pessoas de pouca ou nenhuma cultura, mesmo a mais elementar, [que] desejam apenas fonógrafos que "gritem", que toquem "alto". A noção musical dessa classe de apreciadores, é, certamente, da mais rudimentar. Os leitores da "PHONO-ARTE" (...) são de uma escola mais adiantada.[56]

Mas o fonógrafo cumpriu sua função, divulgando a boa música para esse público "mais rudimentar":

> O invento de Edison fez (...) a divulgação da boa música, na massa pública, ao ponto de ficarmos estupefatos de vermos em *centros verdadeiramente populares* o sucesso da música clássica, quando não passados dez anos elas eram completamente ignoradas.[57]

É difícil calcular a quantidade de discos estrangeiros de música erudita que chegava ao Brasil nas primeiras décadas do século XX, mesmo que, de acordo com a revista, fosse desejável a entrada de tais gravações nas casas dos ouvintes de "escolas mais adiantadas" ou em centros "verdadeiramente populares". Mas havia também pontos de aglomeração forçada, como bares, cafés, confeitarias, salas de espera de cinemas, ou mesmo nas calçadas diante das lojas de discos, em que as vitrolas eram expostas e ouvidas pelos transeuntes, ora com curiosidade, ora com admiração. O repertório era dos mais variados, incluindo as "gravações

---

55   Editorial. *Revista Phono-Arte*, nº 1, 15.08.1928, p. 1-2.

56   "Compreendamos o fonógrafo moderno". *Revista Phono-Arte*, nº 12, 30.01.1929, p. 11.

57   "Futuro da música e música do futuro". *Revista Phono-Arte*, nº 18, 30.04.1929, p. 1-2. Grifos nossos.

nacionais" de "música popular". Os dados existentes sobre estas gravações, aliás, revelam certa estabilidade na produção dos registros de música brasileira e apontam um crescimento relativamente estável entre
1902-1940.[58] Tal crescimento indica que não eram somente os "maiores
pianistas", os "maiores cantores" e as "maiores orquestras" de "música
erudita" que eram reproduzidos pelas vitrolas.

Assim – sem nos preocuparmos com os desdobramentos que os termos como "boa música" ou "escola avançada" podem suscitar –, existiram
pontos de escuta coletiva da "boa música" entre os ouvintes de "noção
musical mais rudimentar". Da mesma forma, não é possível supor, igualmente, que havia pontos de escuta privados de "gravações nacionais" de
"música popular" entre os ouvintes "de uma escola mais adiantada"?

Até o advento da indústria fonográfica e da radiofonia, as formas de
difusão da música popular eram ainda muito restritas e estavam circunscritas a determinados grupos sociais:[59] "muitas vezes (...) [o] artista popular enfrentava, a seu modo, modelos e gostos impostos pela cultura
local e regional, encarados geralmente como intransponíveis pela comunidade e para quem convivia com eles".[60] As primeiras gravações nacionais, que começaram a ser feitas já nos primeiros anos do século XX,
e a consolidação do rádio, a partir do início dos anos 1930, reformularam
a "escuta privada" daqueles em condições de possuir esses aparelhos em
casa. A esse respeito, Elias Thomé Saliba, analisando o caso da radiofonia, transcreve uma interessante carta de um ouvinte radiofônico:

> Psicologicamente falando, o ouvinte do rádio é um tipo interessante.
> Se faz parte da alta sociedade, recebe em casa o grã-fino, mantém o

---

58   Levantamento realizado na *Discografia brasileira 78 rpm*, vols. I e II.

59   Eco, Umberto. *Apocalípticos e integrados*. São Paulo: Perspectiva, 2001, p. 59-60.

60   Moraes, José Geraldo V. de. "Rádio e música popular nos anos 30". *Revista de
     História*, nº 140, jan.-jul./1999, p. 77.

receptor na ópera, conversa acerca de Verdi. Mas, quando as visitas se retiram... "No tabuleiro da baiana tem...".[61]

Na sequência, o autor esclarece: "Ninguém admitia publicamente gostar do samba ritmado, herdado do 'maxixe desavergonhado', das piadas de caipiras ou das anedotas obscenas, mas dificilmente resistia à sedução de tamborilar com os dedos, chacoalhar os pés ou ouvir e difundir, ao pé de ouvido, a 'última piada'". Desse modo, para além do rádio, a gravação nacional também pode (e deve) ser considerada um dos episódios do amplo processo de "aceitação daquela música ritmada e daquele humorismo impertinente" por parte de algumas camadas da sociedade que, até então, escutavam com receio e desdém os sambas, as modinhas ou as anedotas populares.

A escuta da gravação nacional fazia parte de uma "cultura tácita, silenciosa (...) hipócrita".[62] E, como não poderia deixar de ser, a escuta da "boa música artística" vinha sempre acompanhada por um comentário de satisfação e contentamento: o abismo de Wagner levava o ouvinte ao sonho e ao devaneio; as orquestras gravadas pelo novo processo elétrico tornavam "maravilhosas" as obras de Beethoven.[63] Talvez aquela hipocrisia de certas camadas da sociedade brasileira fazia silenciar os "efeitos admiráveis" da gravação elétrica sobre a anedota jocosa ou sobre a música ritmada, sincopada, popular. É somente nas resenhas dos discos que se manifesta certo entusiasmo renitente, tímido ainda, dos analistas da *Revista Phono-Arte* diante das "gravações nacionais" de "música popular". Esses comentários, aliás, passam a ocupar cada vez mais espaço nos

---

61   "O que pensam os radioouvintes – escreva a sua opinião". *Revista Carioca*, nº 4, 11.10.1935 *apud* Saliba, Elias Thomé. *Raízes do Riso. A representação humorística na história brasileira: da Belle Époque aos primeiros tempos do rádio*. São Paulo: Companhia das Letras, 2002, p. 286-287.

62   Saliba, Elias Thomé. *Op. cit.*, 2002, p. 286-287.

63   "A propósito dos grandes conjuntos orquestrais". *Revista Phono-Arte*, nº 13, 15.02.1929, p. 6.

números de fins de 1929 e durante todo o ano de 1930, e demonstram a força que a gravação nacional foi adquirindo a partir do final da década de 1920. O número 45 da revista, por exemplo, dedica mais da metade de suas páginas à seção "Discos Brasileiros – Gravação Nacional".[64]

Em uma revista especializada nos "assuntos do fonógrafo", dificilmente seria possível encontrar informações explícitas a respeito da escuta da "nossa música". A publicação dirigia-se aos consumidores de discos e aparelhos leitores, considerados amantes da "boa música" artística". Uma análise profunda da escuta doméstica da gravação nacional exigiria um esforço que está além dos objetivos da presente pesquisa. Nos jornais de grande circulação, no entanto, preocupados com o dia a dia na cidade, é possível entrever como a música reproduzida pela vitrola difundiu-se por meios surpreendentes e criativos, invadindo as ruas paulistanas, fascinando os transeuntes e criando-lhes o hábito da escuta da música mecânica – tornando-a necessária, e mesmo imprescindível dali em diante.

---

64   "Discos Brasileiros – Gravação Nacional". *Revista Phono-Arte,* nº 45, 30.07.1930, p. 23 e seguintes.

Os basbaques da vitrola

Em S. Paulo existe uma verdadeira fascinação pela música de vitrola.[1]

Nos últimos anos da década de 1920, as ruas de São Paulo ofereciam um espetáculo curioso que tumultuava o já agitado centro da cidade. Uma multidão aglomerava-se diante das vitrines sonoras das lojas para escutar a melodia das vitrolas ou dos rádios, pretensiosamente divulgada e difundida pelos comerciantes de discos ou máquinas falantes. O fato tornava-se ainda mais ruidoso quando os passantes também se detinham, atraídos pelos curiosos que haviam chegado anteriormente.[2] Para o cronista C., que observava tudo à distância, as pessoas mais pareciam

> Formigas negras sobre um torrão de açúcar, lá se amontoam os homens em torno da vitrina sonora, onde o sucedâneo das sereias e dos "troubadours" exerce o seu poder de mágica fascinação.[3]

A curiosidade indiscreta e o fascínio dos ouvintes mostram que o público paulistano ainda se admirava com a música reproduzida eletricamente. Na mesma crônica, C. sugeriu que, naquele ano de 1928, o seu contato com a vitrine tinha mudado sensivelmente, não fazia muito tempo:

---

1   "Os basbaques da vitrola". *Diário Nacional*, 12.04.1929, p. 1.

2   *Idem.*

3   "Rádio". *Diário Nacional*, 21.07.1928, p. 6.

> Até bem pouco tempo a gente parava na frente da vitrina apenas para olhar. Hoje para também para ouvir.

Desde o início do século "até bem pouco tempo", "a maioria da população só escutava [os gramofones mecânicos] em ocasiões especiais, tratando-os como verdadeiras atrações de reuniões noturnas. (...) Jacob Penteado descreve algumas destas cenas (...) [e] dizia: 'a turma ouvia embasbacada, contrita (...)', talvez reverenciando mais o aparelho que propriamente a música escutada".[4] O "grafofone", um fonógrafo idêntico ao de Edison assim batizado pela Columbia Phonograph, fora adquirido pelo padrasto de Jacob através de uma rifa e "foi uma sensação" quando chegou em sua casa. A descrição minuciosa do memorialista sobre o aparelho talvez demonstre que se tratava, na verdade, de uma intensa curiosidade para os olhos de quem ouvia:

> o grafofone era uma máquina de dar corda, que fazia girar um cilindro metálico, envolto em uma espécie de carretel, onde estavam gravadas as palavras e a música. Tinha uma haste com uma agulha que ao girar o cilindro transmitia as vibrações da peça. Havia, ainda, (...) uma boca de trombone, ampliadora do som.

Talvez mais significativa ainda seja a reação dos membros da família Penteado ao ouvir o aparelhinho:

> — Não é possível! Esse mundo está perdido! Meu Deus, que mais irão inventar agora?

Por mais simpática ou curiosa que fosse a aparência do grafofone ou dos discos, que tinham "ao centro, impressa, a bandeira nacional em cores", o som do aparelho talvez não fosse dos mais agradáveis. Quem

---

4   Moraes, José Geraldo Vinci de. *Sonoridades paulistanas*. Rio de Janeiro, Funarte. 1997, p. 170.

sabe até fosse um tanto irritante, já que o comentário sugeria um tom meio aborrecido no ar.[5]

Avançando uma década e meia no tempo, naquele ano de 1928, as pessoas que escutavam as vitrolas expostas nas vitrines permaneciam igualmente embasbacadas, mas, desta vez, com as notas musicais que ecoavam do aparelho. A coincidência de termos, aliás, é notável:

> O visitante que pela primeira vez pisa o asfalto das nossas ruas sofre a impressão de que em cada porta acaba de se dar um crime impressionante, um crime de meia página dos periódicos tal a aglomeração que aí vê. Mas nada disso acontece, realmente. Simplesmente se trata de uma casa de vitrolas *onde se reproduz, nota por nota, a música popular cantada* por uma atriz de nomeada ou *executada* por uma orquestra importante. O público que passa é atraído pelos "basbaques" da vitrola.[6]

O termo "vitrola", na época, já havia adquirido a conotação genérica – e imprecisa – de "aparelho leitor de discos elétricos". Tornou-se recorrente na imprensa escrita, que às vezes ainda lhe adicionava um "c" ao final da primeira sílaba, indicando sua ligação original com a empresa Victor. Havia até mesmo certa preocupação da Casa Paul J. Christoph, representante da Victor no Brasil, com a generalização do termo:

> (...) não confunda [nossas Vitrolas] com fonógrafos ou outros aparelhos falantes, porque vitrola é só a da marca Victor.[7]

Com exceção dos aparelhos portáteis, mais baratos e com menor potência sonora, a aparência da vitrola era semelhante ao mobiliário doméstico. Dificilmente um aparelho de aspecto tão usual poderia se tornar "um torrão de açúcar" disputado por "negras formigas". E, mesmo

---

5   Penteado, Jacob. *Belenzinho, 1910*. São Paulo: Carrenho Editorial, 2003, p. 92-93.

6   "Os basbaques da vitrola". *Diário Nacional*, 12.04.1929, p. 1. Grifos nossos.

7   "A discomania em São Paulo". *Diário Nacional*, 04.08.1928, p. 5.

assim, muitas dessas "formigas" permaneciam algum tempo diante daquela máquina falante.

> [A algazarra diante das vitrines] repete-se diariamente. (...) Basta apenas que duas coisas se realizem. Que não chova e que haja música. Estabelecidos estes fatores, os basbaques não faltarão.

Algumas pessoas detinham-se apenas porque os "basbaques da vitrola" lhes chamavam a atenção e, ao aproximarem-se, encantavam-se com o som da vitrola; outras eram apenas "empregados sem importância, das casas comerciais, que para[va]m deixando de cumprir, por momentos, as ordens que receberam";[8] mas havia também aquelas pessoas que "afrontavam os aborrecimentos da Penha ou da Lapa ao centro", apenas "para ouvir (...) a marcha triunfal da Aída (...) executada por um desses aparelhos".[9] Aquela agitação nas ruas da cidade era resultado do fascínio que a música reproduzida eletricamente exercia sobre as pessoas. Por isso, a vitrola não captou os olhos do basbaque como fez o fonógrafo ou o gramofone no início do século XX, mas os seus ouvidos.

Naquela época, a música elétrica oferecia um colorido diferente ao dia a dia dos transeuntes e conferia ao negócio da venda de vitrolas muito mais alegria e descontração. Eram, afinal, audições musicais em "quase tudo" semelhantes à realidade, magicamente despojadas dos gestos dos cantores e deslocadas das salas de concerto para a calçada:

> É o lírico das ruas, o lírico abstrato, o lírico sem gestos, sem tenores e primadonas, o lírico em lata, de distribuição gratuita, como um brinde comercial.[10]

A princípio, as audições coletivas podem ser consideradas como meras divulgadoras da música gravada em discos. Elas representavam de fato

---

8   "Os basbaques da vitrola". *Diário Nacional*, 12.04.1929, p. 1.

9   "Os alto-falantes vão desaparecer". *Diário Nacional*, 30.12.1927, p. 4.

10   "Rádio". *Diário Nacional*, 21.07.1928, p. 6.

uma ótima forma de publicidade sonora, mas a importância que os comerciantes de máquinas falantes davam ao negócio leva-nos a crer que o
"brinde comercial" era algo mais do que, simplesmente, o "lírico em lata".

Nos últimos meses de 1927, o *Diário Nacional* acompanhou o trâmite
de um projeto de lei na Câmara Municipal paulistana que restringia as audições coletivas de música em determinados horários e locais, com o intuito de "não perturbar o sossego público". A proposta previa a construção
de cabines dentro das lojas para a audição dos discos, e os alto-falantes
só poderiam ser utilizados após as 18 horas. De imediato a lei recebeu o
apoio do *Diário*, pois o jornal julgava que a cidade vivia, de fato, "no meio
da maior algazarra de alto-falantes desafinadíssimos e estridentes gramofones que o dia todo tira[va]m o sossego do já barulhento Triângulo".[11]

"Formigas negras sobre um torrão de açúcar", o paulistano divertia-se, admirava-se e em-
basbacava-se diante das vitrines sonoras. Por mais que a Câmara Municipal tentasse contro-
lá-la, a publicidade sonora era imprescindível para o negócio da venda das vitrolas e o seu
efeito sobre os basbaques era absolutamente fascinante.
Reproduzido de *Diário Nacional*. "Os basbaques da vitrola, 12.04.1929.

---

11   "Os alto-falantes. E quem pode falar alto em São Paulo...?". *Diário Nacional*,
      27.11.1927, última página.

Os comerciantes dos aparelhos sonoros admitiam que o uso das trombetas projetadas para a rua causava "perturbação do trabalho dos escritórios e casas comerciais da vizinhança", mas eles procuraram conciliar o "sossego público" aos seus interesses. Muitos dos estabelecimentos do ramo – diziam eles – eram "de tão reduzidas dimensões, que não comporta[ria]m sequer as cabinas exigidas pelo projeto." Além disso, queriam que a lei tratasse de maneira distinta os alto-falantes e as vitrolas, solicitando que somente os primeiros

> (...) não funcionem com as trombetas para a via pública antes das 18 horas, mas que aos comerciantes de vitrolas e outros do gênero se reserve o direito de exercer livremente o seu comércio portas adentro dos seus estabelecimentos, quer proporcionem as suas audições em recintos fechados, quer na própria loja onde seus aparelhos se acham exibidos.

As vitrolas – afirmavam –, diferentemente dos alto-falantes, "não podem ser classificadas de barulhentas, uma vez que as ondas sonoras que irradiam não atingem com (...) amplitude e intensidade a via pública e só podem ser ouvidas a distância relativamente curta", não existindo, inclusive, reclamação alguma contra elas. Na realidade, eram os alto-falantes que deveriam ser reprimidos, pois eram "esses aparelhos que ocasiona[va]m grande ruído e perturba[va]m o trabalho nos escritórios e casas comerciais, com projeções de vozes a círculo de dezenas de metros nas ruas e praças públicas".[12]

---

12   "Vitrolas e alto-falantes". *Diário Nacional*, 26.11.1927, p. 4.

Para se defenderem da Câmara Municipal, os negociantes de vitrolas acusavam os alto-falantes de estridentes. De longe e no alto, os estanques alto-falantes eram seguramente menos interessantes que a vitrola, que movimentava alegremente os corpos e os maxilares dos basbaques. Reproduzido de *Diário Nacional*. "Os alto-falantes vão desaparecer", 30.12.1927, p. 4.

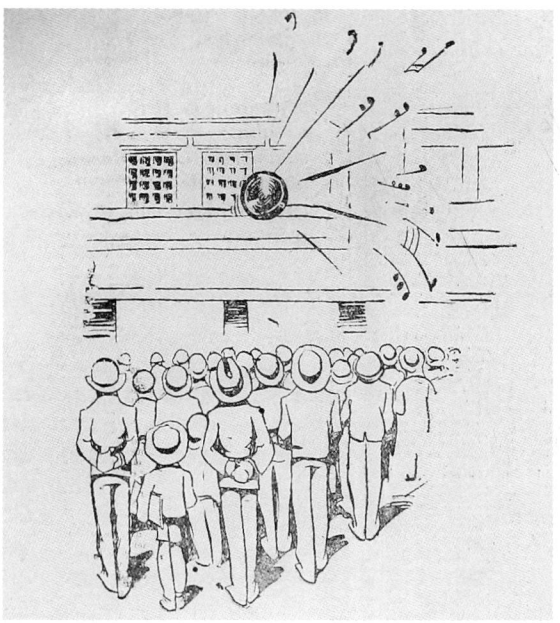

O poder público, entretanto, não atendeu aos pedidos dos comerciantes de discos e vitrolas. Nos últimos dias de dezembro de 1927 a Câmara Municipal promulgou a lei sem modificações, mas forneceu prazo de nove meses para que as lojas do ramo construíssem em seu interior as "cabines de audição" de discos. Em maio de 1928, segundo o *Diário*, "muitas casas" já haviam providenciado a cabine, mas outras ainda estavam sendo multadas por não seguir a nova lei, realizando audições públicas.[13]

Naquela época, havia quem afirmasse que a existência de recintos para a audição privada de discos no ato da compra era não apenas fundamental para a decisão do comprador, mas benéfica para o aumento das vendas das lojas. De acordo com a *Revista Phono-Arte*, os

---

13   "Os ruídos que incomodam os neurastênicos". *Diário Nacional*, 31.05.1928, p. 2.

apreciadores do fonógrafo nunca compravam discos "sem antes tê-los escutado." Dessa forma, era importante que os estabelecimentos comerciais tivessem salas de escuta confortáveis e longe dos ruídos das ruas, equipadas com um reprodutor de qualidade e bem regulado, nas quais o comprador poderia se sentir em sua própria casa para escutar os discos e escolhê-los com tranquilidade.

Foi sugerido inclusive que as lojas brasileiras seguissem o exemplo dos comerciantes ingleses, que empregavam

> (...) o método de colocar nas cabines de audição um número de discos reputados bons, a fim de que o cliente possa passar uma vista d'olhos sobre eles. Este processo, dá mesmo, os melhores resultados, pois o amador, resiste raramente à curiosidade de ouvir alguns discos que se acham assim tão facilmente à sua disposição. (...) Desta audição, resulta muitas vezes, a compra de um ou mais discos, que não estava no "programa" do cliente...

Nestes estabelecimentos ingleses "mais adiantados" era possível até mesmo encontrar nas cabines "cigarros, jornais e revistas (especialmente as do ramo), à (...) disposição" do interessado.

A realidade da maioria das lojas brasileiras, no entanto, era bem diferente, tornando quase insensatas as recomendações da "primeira revista brasileira do fonógrafo". Como o próprio *Diário Nacional* já havia assinalado, o pequeno tamanho de alguns estabelecimentos impossibilitava por completo a construção de cabines para a escuta privada. Além disso, a cabine não atendia às necessidades do comprador de aparelhos leitores. Afinal, como seria possível experimentar a audição de quatro, cinco ou até oito aparelhos diferentes, utilizando apenas uma cabine? A própria *Phono-Arte*, no mesmo artigo, reconhecia que seu "otimismo de 'venda' [tinha] também seus limites":

Música em 78 rotações   125

Tratando-se, muitas vezes, de aparelhos pesados, de difícil locomo-
ção, evidente é o transtorno que traz ao estabelecimento a sua con-
tínua mudança do salão de vendas para as cabinas e vice-versa.[14]

Para além da exiguidade do espaço físico, entretanto, havia um fa-
tor ainda mais determinante para a resistência dos comerciantes em
adotar a nova lei: "as audições feitas no recinto das lojas constitu[ía]m
um elemento indispensável à vida do negócio, trazendo-lhe animação
e maior concorrência". De acordo com eles, sem a algazarra sonora nas
ruas, as vendas de discos e aparelhos sofreram um "forte decréscimo
(…), [caindo] numa proporção de cerca de 40 por cento, em razão das
medidas postas em vigor pela Prefeitura".[15]

É possível que os comerciantes tenham exagerado propositadamente nas cifras, já que o mercado musical paulistano expandiu-se durante
toda a década de 1930.[16] Além disso, as casas de disco que seguiram as
deliberações da nova lei certamente o fizeram mais por conveniência do
que por obediência à legislação, com o único objetivo de aumentar suas
vendas. Como essas, havia poucas casas que possuíam "confortáveis
cabines" para a audição de discos, e cerca de quatro anos após a aprovação da nova lei, as vitrolas exibidas no Triângulo central da cidade
ainda ignoravam a norma, causando euforia na região central da cidade.
Em 1932, o *Estado de S. Paulo* ainda afirmava que muitos dos seus leitores estavam "aturdidos" com os "ruídos desnecessários (…) de rádios,
gramofones, apitos e rumores de toda sorte", e se diziam partidários da

14   "A audição e a venda de discos". *Revista Phono-Arte,* nº 17, 15.04.1929, p. 1.

15   "Os ruídos que incomodam os neurastênicos". *Diário Nacional,* 31.05.1928, p. 2.

16   *Estatística Comercial do Estado de São Paulo* para os anos de 1930 a 1935. Embora
os dados sejam imprecisos, o item "Instrumentos de música e semelhantes"
mostra que o capital total investido pelas casas de comércio mostrou-se
estável ou ascendente em todos os anos, salvo em 1933. Além disso, a produção
de discos aumentou no início dos anos 1930 e permaneceu estável até 1943.
Levantamento realizado na *Discografia brasileira 78 rpm,* vol I.

"campanha em favor do sossego público." Era incompreensível, do ponto de vista de alguns de seus leitores,

> (...) a obstinação com que certa categoria de comerciantes insiste em fazer funcionar aparelhos berrantes desde a abertura até o fechamento das lojas.

E o jornal concluía, citando

> (...) as torturas a que estão sujeitos todos quantos precisam trabalhar no centro, ouvindo o dia todo, incessantemente, o mesmo disco banalíssimo, que vive a amanhar os nervos dos locatários vizinhos.[17]

Para alguns, as "trombetas" que irradiavam "música enlatada" para as ruas eram ruidosas e quase insuportáveis, mas a insistência dos comerciantes, como veremos, pouco tinha a ver com o tamanho das lojas ou com a inexistência de cabines para uma escolha mais cômoda dos discos a serem comprados. É verdade que a situação das casas de disco não era próspera a ponto de poder oferecer "cigarros e jornais" em "confortáveis cabines" a seus clientes, mas o dia a dia nesses estabelecimentos também não revela razões para uma queda vertiginosa nas vendas. Em agosto de 1928, por exemplo, a Casa Odeon ainda era a única que possuía gravações nacionais de artistas brasileiros. Um de seus vendedores, o sr. Arthur Rodrigues, contou ao *Diário Nacional* como era o seu dia a dia, e comentou a respeito dos clientes que animavam a sua rotina de trabalho:

> Deixe-se estar quinze minutos, aí, encostado ao balcão, e escute o pedido de cada cliente. (...) Todo o dia é isto. Não há mãos a medir. (...) os clientes não dão tempo a que os discos ganhem poeira.

Na Casa Paul J. Christoph, que até 1929 só comercializava discos importados, a vendedora Eugênia Rogério contou ao *Diário* que sabia

---

17   "Coisas da cidade". *O Estado de S. Paulo*, 12.01.1932, p. 5.

"de cor" todas as gravações das músicas "dos grandes compositores do passado", como Chopin, Beethoven ou Brahms. Segundo ela,

> Há clientes que quando chega alguma produção daqueles musicis-tas [os "grandes compositores do passado"] eu lhes telefono e a resposta é sempre esta: – Mande. Há outros que (...) vêm perguntar qual é a última novidade em música clássica. (...) então eu ofereço--lhes um Chopin, uma página doce e rendilhada de Debussy, uma sonata de Beethoven e de Schuman (...). Escutam tudo isto aqui, na cabine, gostam, compram, e é certo que a casa adquiriu um novo cliente e um grande amigo.

Na Casa Assumpção e Cia. o jornal registrou que a vendedora Ilda Lambert

> (...) nem teve tempo de olhar para nós, tão atarefada andava em ser-vir quatro lindas clientes que, pelo jeito, eram muito exigentes. (...) tal era seu afobamento em colocar e retirar os discos do aparelho [que] resolvemos vir à redação e escrever estas linhas (...).

Os amadores da máquina falante perturbavam os vendedores das casas de discos em busca das "últimas novidades", embora já houves-se os artistas "mais apreciados" e "mais queridos" pelo público fono-gráfico. Entre os artistas nacionais, Chico Viola, Gastão Formenti, Vicente e Pedro Celestino, Stefana de Macedo, por exemplo, eram os intérpretes mais pedidos na Casa Odeon, especialmente quando canta-vam composições de Heckel Tavares, Joubert de Carvalho ou Marcelo Tupinambá.[18] O cliente das casas de discos, com ou sem cabines, era um freguês cuidadoso, minucioso, e procurava escutar o disco e testar os aparelhos antes de comprá-los.

Contudo, não se pode superestimar o ainda incipiente mercado fo-nográfico paulistano. Naquele ano de 1928, quando o *Diário Nacional* noticiou sobre a rotina dos vendedores das casas de discos, embora o circuito de difusão da música na cidade se ampliasse rapidamente, a

---

18   "A discomania em São Paulo". *Diário Nacional*, 04.08.1928, p. 5.

aquisição de um aparelho de rádio ou de uma vitrola para audição privada era ainda um luxo que poucos podiam ostentar. E mesmo os que tinham esse privilégio deparavam-se com emissoras radiofônicas que funcionavam precariamente e por um curto período do dia, ou com a produção de uma única grande companhia fonográfica, cuja fábrica e estúdio estavam sediados no Rio de Janeiro.

As músicas, no entanto, circulavam eletricamente pela cidade, sobretudo através daquelas audições coletivas das emissoras de rádio ou de discos nas vitrolas, promovidas pelas próprias casas de discos, bares, cafés ou cinemas. Naquele momento era preciso estimular os paulistanos a escutar música elétrica, e não fazia diferença se os ouvintes eram "os sem importância" ou os que apenas "fingiam" ver "as músicas expostas", sem jamais comprá-las: a ordem era deixar ouvir, deixar envolver; acostumar o ouvinte... a ouvir.

> Papini [Giovanni Papini, escritor italiano – 1881-1956], numa das suas interessantes crônicas, descrevendo as dores da sua adolescência, conta que, por falta de dinheiro para comprar revistas, "lia de contrabando" os magazines expostos pelos vendedores de jornais. Em S. Paulo pode-se aplicar a frase com a alteração do verbo. Não se "lê de contrabando", porque os jornaleiros não se importam com esses leitores ociosos que não dão lucro. Em compensação, "ouve-se música de contrabando".[19]

Para o *Diário Nacional*, o "leitor ocioso" – ladrão de palavras das revistas expostas – era "pouco importante" por não gerar lucros ao jornaleiro que as vendia. Afinal, entre o "leitor ocioso" e o texto do jornal exposto, nenhum aparelho ou artefato se interpunha: a única exigência era o próprio conhecimento da linguagem escrita. Por outro lado, o "ouvinte de contrabando", mesmo furtando as notas musicais ecoadas pela

---

19   "Os basbaques da vitrola". *Diário Nacional*, 12.04.1929, p. 1.

vitrola, era admitido e até mesmo estimado pelas as lojas de discos.[20] Naquele momento, era preciso familiarizar o ouvinte com o som reproduzido eletricamente através de um aparelho, e instigá-lo a adquirir discos e vitrolas, mesmo que, "por falta de dinheiro", o "ouvinte-contrabandista" não pudesse comprá-los de imediato.

Aparentemente, a estratégia surtiu efeito rapidamente. O *Diário Nacional* concluiu, a partir de suas enquetes, que São Paulo era uma cidade "onde 60% da população gosta[va] de música", e era um absurdo existirem *apenas* 10 a 12 mil pianos. O resultado da estatística, que indicava que havia poucos pianos na cidade, tinha outra explicação, que, seguramente, era do agrado dos comerciantes de discos e máquinas falantes:

> São Paulo é essencialmente amigo de música? Acreditamos que a deseja, mas não a aprende. A vitrola e o rádio, principalmente, satisfazem plenamente aos desejos musicais do paulista. E está dito tudo.[21]

As audições coletivas demonstram a importância das ruas no projeto das gravadoras e permitem antever, ainda em 1928, os rumos que a musicalidade brasileira iria tomar dali em diante, especialmente quanto à chamada "música popular". A legislação, atrasada e distante do dia a dia da cidade, não se acomodava à prática dos negociantes e muito menos compreendia o prazer do "ouvinte de contrabando". Sobretudo, propunha uma forma excludente do uso da vitrola, privilegiando a cabine na loja e, consequentemente, a escuta doméstica, solitária e privativa das famílias mais enriquecidas. E, do ponto de vista das casas de discos, a legislação era comercialmente pouco interessante, já que, por mais

---

20 "Otro elemento que diferencia radicalmente los sistemas audiovisuales de la prensa: la intervención de 'máquinas que sirven para comunicar'. A diferencia del lector de un periódico, el consumidor de productos audiovisuales se ve obligado a utilizar la mediación de una máquina para acceder a la obra." Flichy, Patrice. *Las multinacionales del audiovisual*, Barcelona, 1982, p. 20.

21 "O tango, pelo que nos dizem várias casas do centro, é a paixão do paulista". *Diário Nacional*, 05.10.1928, p. 8.

que tivessem posses, essas famílias constituíam a minoria da população. Definitivamente, sem o "ouvinte de contrabando embasbacado" e sem as trombetas voltadas para as ruas ecoando o "lírico em lata", o comércio de discos tornar-se-ia "impraticável."

Versado nessas particularidades de seu trabalho, e procurando a simpatia dos ouvintes brasileiros, o inspetor-geral da Victor, sr. W. G. Ridge, diplomaticamente elogiou o país que visitava pela segunda vez:[22] "[O Brasil] é uma terra muito hospitaleira e onde o povo não apresenta sintomas de egoísmo ou preguiça. Aqui tudo é grande – comentou sorridente".

Ridge acompanhava a montagem da nova fábrica da Victor em São Paulo, cujas atividades teriam início já naquele ano de 1928. Ao que tudo indica, as previsões foram otimistas demais, e os primeiros discos Victor Brasileiros só foram colocados à venda em outubro do ano seguinte.

Os jornalistas do *Diário* consideravam que

> A instalação dos "studios" da Victor em São Paulo é uma justa homenagem à cultura musical desta grande cidade,

já que daqui de São Paulo

> (...) tem partido, para todos os recantos do Brasil, uma plêiade de artistas, muitos dos quais têm honrado também no estrangeiro, as tradições desse povo culto e ilustrado na música.

Entre essa "plêiade", os jornalistas citaram "orquestras perfeitamente organizadas e completas", como a Sociedade de Concertos Sinfônicos, o Quarteto Paulista e o Orfeão Piracicabano, que estavam "perfeitamente preparadas para gravar série de magníficos discos."

O que os jornalistas não captaram com nitidez foi a diferença entre a implantação de uma fábrica de discos e de um estúdio de gravação. Os primeiros discos gravados em São Paulo só foram lançados ao mercado

---

22   As citações seguintes foram extraídas de *Diário Nacional*, "A nova fábrica de discos de São Paulo", 21.10.1928, p. 8.

em julho de 1930, o que indica que, por quase oito meses, a Victor manteve apenas um estúdio operando no país, sediado na cidade do Rio de Janeiro. É muito provável que, se tivessem percebido esse fato antes de redigirem o artigo, os jornalistas não teriam criticado a capital federal com tanta intensidade. O jornal festejou a implantação da fábrica da Victor como se isso significasse uma preferência pela música e pelos músicos da capital paulista:

> No Rio, não poderíamos contar com a organização de música de câmara, mesmo com uma orquestra sinfônica à altura de nossas pretensões

Ou ainda, mais enfáticos:

> Lá tudo fracassa por falta de apoio do público e do governo e por falta também de coesão, de espírito artístico.

E esquecia-se que a fábrica paulistana apenas *reproduziria* discos gravados ali mesmo, na capital cultural do país, onde "tudo fracassava", onde as orquestras seriam "desorganizadas", e os músicos desprovidos de "espírito artístico". A cidade de São Paulo, ao contrário,

> (...) além de progressista, apresenta um clima conveniente à manufatura de discos.

É até possível que a temperatura mais amena da São Paulo dos anos 1930 favorecesse de fato a produção de discos. Mas havia na capital paulista uma característica ainda mais peculiar, com forte repercussão, e que sobrevive na memória coletiva até os dias de hoje:

> (...) nenhuma cidade do país convinha tanto [à Victor] para centralizar a sua produção de discos como esta. E isto porque (...) entre seu povo, pôde ela contar com elementos preciosos para dar movimento ao grande estabelecimento industrial que pretende fundar no Brasil. Operários habilitados e diligentes é o que não falta em São Paulo.

Era somente aqui, na capital paulista, que "os progressos artísticos corr[ia]m paralelamente aos progressos materiais." Os comentários poderiam até soar como um manifesto político se fosse apresentado sob um outro formato. Sempre à sombra da capital cultural da época, é possível que os repórteres paulistanos partilhassem daquela visão de que "São Paulo é" – ou deveria ser – "a cidade que mais cresce no mundo", construída pela intelectualidade paulista e pelo poder público instituído na época, mas talvez já vislumbrassem também algumas fissuras na estrutura política do país, que sofreria mudanças importantes em pouco menos de dois anos.

Mesmo exagerada e baseada em pressupostos duvidosos, é preciso entender a animação dos jornalistas do *Diário Nacional*. Em 1929 e 1930 nada menos do que três grandes empresas inauguraram estúdios ou fábricas de discos na cidade. Isso gerou um importante processo de descentralização da gravação e fabricação de discos no país, até então circunscrito ao Rio de Janeiro. Por si só, isso já criaria certa movimentação na capital paulista, seja entre os artistas e ouvintes, seja entre os operários ou o poder público.

Na realidade, ainda na época da gravação mecânica foram produzidas esporadicamente algumas matrizes fora da cidade do Rio de Janeiro. Entre 1912 e o início dos anos 1920, Savério Leonetti produziu discos para o selo Gaúcho, em Porto Alegre. Frederico Figner, proprietário da Casa Edison, chegou a enviar um engenheiro de som em julho de 1913 àquela cidade para gravar "as atuações do Grupo Terror dos Facões (...); do Grupo Manoel Pereira; da Banda do 10°. Regimento de Infantaria do Exército (...); das modinhas cantadas ao violão por Xiru", entre outros.[23] O mesmo Leonetti fabricou discos para o selo

---

23   Franceschi, Humberto M. *A Casa Edison e seu tempo*. Rio de Janeiro: Sarapuí, 2002, p. 179.

Phoenix, criado por Gustavo Figner, irmão de Frederico, entre o final de 1913 e 1918.[24]

Ainda no primeiro semestre de 1913, Fred Figner improvisou estúdios em São Paulo, procurando atender aos pedidos da sucursal em São Paulo, da Casa Odeon, de Gustavo Figner e produziu mais de duzentas matrizes entre junho de 1913 até junho de 1914.[25] Figner demoraria dez anos para voltar à cidade para fazer novas gravações entre 1925 e 1927 e, nas duas oportunidades, registrou em discos o violão de Américo Jacomino, o Canhoto, exímio instrumentista de "rara capacidade técnica",[26] descendente de imigrantes napolitanos. A polca registrada em disco Odeon sob o nº 120596 (*Pisando na mala*, ◄*Faixa 16*)[27] confirma o que o memorialista Jacob Penteado afirmava a respeito de Jacomino: ele era "o grande violonista", que "fazia coisas incríveis com seu instrumento".[28] A audição de suas delicadas interpretações, como

---

24   Há indicações de que as gravações do selo Phoenix de Gustavo Figner foram feitas em São Paulo, já que ele distribuía discos na capital paulistana através da Casa Odeon. Humberto Franceschi, no entanto, informa que a firma foi registrada em nome de Gustavo Figner e Júlio Böhm na Junta Comercial do Rio de Janeiro. O disco seria fabricado e prensado por Savério Leonetti, em Porto Alegre, e distribuído pela Casa Odeon. Conjugando as informações de Franceschi com uma análise dos catálogos do selo Phoenix é possível concluir que as gravações eram feitas com artistas radicados no Rio de Janeiro, e não em São Paulo. Ver, a esse respeito, Moraes, José Geraldo Vinci de. *Op. cit.*, 1997, p. 170 e Fanceschi. *Op. cit.*, 2002, p. 187.

25   Levantamento realizado na *Discografia brasileira 78 rpm*, vol. I. Ver, também, a esse respeito "Gravação Paulista". In: Franceschi, Humberto M. *Op. cit.*, 2002, p. 180-181.

26   Moraes, José Geraldo Vinci de. *Metrópole em sinfonia. História, cultura e música popular na São Paulo dos anos 30*. São Paulo: Estação Liberdade, 2000a, p. 253.

27   *Pisando na mala*. Polca gravada pelo Canhoto, disco Odeon nº 120596, sem indicação de autoria, lançada entre 1913 e 1915.

28   Penteado, Jacob. *Op. cit.*, 2003, p. 176.

Abismo de rosas (◀*Faixa 17*),[29] gravada entre 1925 e 1927, torna compreensível o longo artigo escrito pelos editores da *Revista Phono-Arte*, lamentando sua morte prematura por complicações cardíacas, aos 39 anos, em 1928.[30] Além dos solos, Canhoto gravou algumas valsas com seu grupo, composto por clarinete, flauta, cavaquinho, e seu inconfundível violão (*Tuim-tuim,* ◀*Faixa 18*).[31] A banda Ettore Fieramosca, que tocava "nos jardins e praças, nas procissões, bailes, inaugurações e principalmente nas festas da colônia [italiana]",[32] além das bandas da Força Policial de São Paulo e Veríssimo da Glória, também tiveram suas atuações registradas por Fred Figner. O proprietário da Casa Edison registrou ainda inúmeros solos de harmônica, interpretados pelo italiano Giuseppe Rielli, que chegou ao Brasil aos seis anos de idade, em 1891. Tudo indica que os solos de harmônica eram muito populares naquela época, pois Figner retornou a São Paulo alguns meses depois para realizar novas gravações com Rielli[33] (*La Paloma,* ◀*Faixa 19*).[34]

É possível afirmar que, com raras exceções, estas gravações "paulistas" e "gaúchas" foram as únicas realizadas fora do Rio de Janeiro no período da gravação mecânica no Brasil. Trata-se, portanto, de registros sonoros de grande valor, que revelam temas da história da música brasileira ainda pouco conhecidos e analisados. O papel de Figner torna-se ainda mais importante se constatarmos que, entre as suas últimas

---

29 *Abismo de rosas*. Valsa gravada pelo Canhoto, disco Odeon 122933, de autoria de Canhoto, lançada entre 1921 e 1926.

30 "Américo Jacomino. Enlutada a música nacional". *Revista Phono-Arte*, nº 3, 15.07.1928, p. 3-4.

31 *Tuim-tuim*. Valsa gravada pelo Grupo do Canhoto, disco Odeon nº 120592, de autoria de E. J. Peans, lançada entre 1913 e 1915.

32 Moraes, José Geraldo Vinci de. *Op. cit.*, 1997, p. 153.

33 Franceschi, Humberto M. *Op. cit.*, 2002, p. 181.

34 *La Paloma*. Habanera gravada por Giuseppe Rielli, disco Odeon nº 120885, de autoria de Yradier, lançada entre 1913-1915.

gravações em São Paulo e meados da década de 1920, ao que tudo indica, não houve registro sonoro algum feito em solo paulistano. É somente em 1926 que vamos encontrar um italiano – Ângelo M. La Porta – que registrou, na Junta Comercial de São Paulo, o selo paulistano Imperador e a fábrica de discos Brazilphone, conforme indicação do Diário Oficial de 26 de janeiro de 1926.[35]

De qualquer forma, seja através de Fred Figner ou do selo Imperador, a "discação" em São Paulo esforçava-se sempre em agradar o caprichoso gosto musical dos paulistanos. De acordo com o *Diário Nacional*, "as músicas tocadas [pela vitrola tinham] o condão de distinguir nacionalidades":

> A "Traviata", a "Tosca" ou qualquer outra ópera, expressão oficial da emotividade italiana, atrai uma roda de fascistas. E eles, de camisa negra, graves como se estivessem assistindo uma missa campal, escutam, numa imobilidade de êxtase, a voz do tenor que canta, acompanhado por um gemer apagado de violinos. Um fado qualquer, cantado por uma voz adolescente, reúne logo um grupo de portugueses que escutam deleitados as tristezas do lirismo da sua terra. As operetas chamam um público bem mais posto, de maneiras comedidas, de bengala e de pasta. E os tangos, que se soltam num arquejar de abandono e de ciúmes são as músicas que atraem todo mundo...[36]

Diferentemente do que o jornal deixava transparecer, o cosmopolitismo paulistano não se apresentava de maneira clara e organizada. Extremamente difuso, esse cosmopolitismo amalgamava as "nacionalidades" e as acomodava às formas de vida das populações previamente estabelecidas, ajudando a compor para a cidade uma trilha sonora

---

35   Franceschi, Humberto M. *Registro sonoro por meios mecânicos no Brasil.* Rio de Janeiro: Estúdio HMF, 1984, p. 115 e 129.

36   "Os basbaques da vitrola". *Diário Nacional*, 12.04.1929, p. 1.

"variadíssima, díspar, dissonante, beirando à desafinação",[37] nem sempre capturada pelos sulcos dos discos ou pela imprensa da época. Mas o *Diário Nacional* afirmou que os tangos atraíam "todo mundo", depois de realizar uma pesquisa com os vendedores das lojas de discos e de partituras espalhadas pelo Triângulo Central da cidade. Como resultado, divulgaram em um longo artigo, que, entre os amantes do fonógrafo, ou entre os que se aventuravam a aprender a leitura do pentagrama, os tangos pareciam, de fato, ser unanimidade na cidade de São Paulo em fins dos anos 1920.

Foi novamente o sr. Arthur Rodrigues, vendedor da Casa Odeon, quem contou ao *Diário Nacional* que era "muito fácil" saber qual era a "espécie de música" que mais se vendia naquela casa:

> É certo que o pedido é assim: "– Desejava ouvir tangos." "– Faz-me o favor, dá-me o maxixe tal?" "– Qual é a última novidade em música brasileira? (...) Queria ouvir para escolher." (...) Francisco Alves gravou o "Adiós mis farras" e não chegam os discos para tantos fanáticos.

A senhorita Esther Ferreira Dias, vendedora da Casa Paul J. Christoph, que ainda não vendia gravações nacionais, confirmava:

> Os meus clientes são aqueles que querem a vida moderna em todas as suas realizações: tangos, foxs, valsas de feitio extravagante, música ligeira, enfim.[38]

Nas casas de música, os pesquisadores-jornalistas não encontraram respostas diferentes. Iniciando sua enquete na casa Sotero, os jornalistas perguntaram ao pianista sobre a quantidade de músicas executadas diariamente:

> O sr. Affonso Dias, que é este o seu nome, respondeu-nos:
> — Talvez oitenta, talvez cem... Nem sei calcular. Tangos, então, é um nunca mais se acabar. Com eles os foxs, depois maxixes, e valsas...

---

37   Saliba, Elias Thomé. "Prefácio". In: Moraes, José Geraldo Vinci de. *Op. cit.*, 2000a, p. 14.

38   "A discomania em São Paulo". *Diário Nacional*, 04.08.1928, p. 5

O Sr. Di Franco, proprietário da casa de música homônima, também afirmou que as partituras mais procuradas eram os tangos:

> Os tangos de Roulien são procurados pela minha clientela com uma insistência sobre quaisquer outros impossível de calcular. (...) Depois dos tangos, são os maxixes os mais procurados e, após eles, as valsas e por fim, os foxs.[39]

O selo Imperador, que ainda fazia gravações mecânicas, procurou estar afinado com as preferências musicais do paulistano. A produção da Imperador era constituída principalmente por tangos, em sua maioria cantados por Arthur Castro, como *Nelly*, *A media luz* ou *Agonia de Artista*. O estúdio paulistano da Columbia também registrou alguns tangos em 1929, cantados por Luly Málaga ou Alonsito, mas não eram predominantes no repertório das primeiras séries editadas pela gravadora. *Agonia de artista*, gravado pela Imperador, é um daqueles lamuriosos "tangos, que se soltam num arquejar de abandono e de ciúmes"[40] (◀*Faixa 20*).

Nesta agonia
De tarde lenta e fria,
Meu coração se desvanece
Numa prece
E há um grande espasmo de calma
Na minh'alma...
Alma de artista
Cheia de um grande ardor
Minha dor
Vem do meu primeiro amor...

Longe,
Na fímbria azul do espaço
O sol parece um monge
Que estende ao longe um braço

---

39   "O tango, pelo que nos dizem várias casas do centro, é a paixão do paulista". *Diário Nacional*, 05.10.1928, p. 8.

40   "Os basbaques da vitrola". *Diário Nacional*, 12.04.1929, p. 1.

E em derredor de mim persiste
A natureza triste;
A natureza ideal,
Sentimental
Emocional.

A minha vida foi um sonho que brilhou
Rosa do sonho que a tristeza desfolhou
E foi um beijo o meu desejo,
Foi uma flor o meu amor...
Vivi sozinho sem ninguém, como um qualquer,
Não tive nunca o riso ideal de uma mulher,
Vivi sem nada, sem ninguém, sozinho, só
Perdido além no pó.[41]

No lamentoso tango *Agonia de artista*, o longo período de sofrimento do narrador, que teve início com seu "primeiro amor", permitiu que, naquela "tarde lenta e fria", fosse possível ter certa "calma/Na minh'alma". As últimas duas estrofes, no entanto, levam o "artista" a uma quase explosão da sua dor, por conta da rapidez das frases e da entoação enfática do cantor. Mas, no último verso, o cantor perde a energia e, definitivamente, desfalece "além no pó", anunciando o final da canção.

Por mais que *Agonia de artista* seja considerado um "tango" pela pequena gravadora, é muito tênue a sua ligação com aquela "tangomania" anunciada pelo *Diário Nacional*, no final dos anos 1920. O tom pesado, grave, de Arthur Castro, é evidentemente reforçado pela instrumentação séria, austera e, também, pela baixa qualidade sonora da gravação mecânica. Em comparação com a gravação elétrica, as dificuldades na captação da voz exigiam maior potência vocal do cantor. Daí decorre certo incômodo ao ouvir as "vogais durando" (as notas longas) como em "Mi———nha do–r/Vem do meu primeiro amor", ou em "Lo———nge/ Na fímbria azul do espaço", mas, especialmente, em uma nota mais

---

41   *Agonia de Artista*. Tango gravado pelo Arthur Castro, disco Imperador nº 1037-A, de autoria de A. Fernandez, lançada provavelmente em 1926, e *Lyra da Serenata*. São Paulo: Livraria Zenith, 1928, p. 13.

aguda e longa, na passagem "E em derredor de mim persi–––ste/A natureza tri––ste/" e "Vivi sem nada, sem ninguém, sozinho só–––". Além
disso, nas passagens de melodia mais acelerada pode ser percebida, com
mais clareza, uma confusão entre os sons dos instrumentos e da voz, e
a decorrente perda de nitidez da letra: "Rosa do sonho que a tristeza
desfolho–u" e "Vivi sozinho, sem ninguém, como um qualque–r".

"Salta" aos "ouvidos" a diferença da qualidade da gravação se o leitor avançar para a ◀*Faixa 21*. A audição de Francisco Alves cantando o
insistentemente requisitado *Adiós mis farras*,[42] de Raul Roulien, revela
nitidez nas variações melódicas de todos os instrumentos, e uma altura
correta na gravação do "Rei da Voz". Chico Viola e a orquestra que o
acompanha – "à fresca" no estúdio? – conferem intensa leveza à música,
em contraponto à seriedade do gênero argentino.

Se a variação da qualidade das gravações da Imperador e da Odeon
era imensa, ouça-se um dos primeiros registros elétricos do estúdio da
Columbia em São Paulo. Trata-se de uma gravação de qualidade um
pouco inferior à da Odeon, um tango gravado em julho de 1929, interpretado por Luly Málaga (*Portero, suba y diga*, ◀*Faixa 22*).[43] A orquestração é mais comedida, já que a Columbia mostrou-se mais receosa
do que a Victor quanto ao investimento no Brasil. O violino segue a
melodia da voz para dar-lhe mais densidade, e o piano que acompanha
a cantora deixa muitos momentos de silêncio na gravação, especialmente quando procura marcar o ritmo da canção. Por conta disso, na
"era" da gravação elétrica, o piano foi perdendo cada vez mais espaço, e
a harmonização passou a ser feita por violões e instrumentos de sopro.
Além disso, é interessante notar a habilidade da cantora na última sílaba,
longa e aguda, do trecho "No tema/No me ves que estoy tranquilo/Y

---

42   *Adiós mis farras*. Tango gravado pelo Francisco Alves, disco Odeon nº 10230-A,
     de autoria de Raul Roulien, lançada em agosto de 1928.

43   *Portero suba y diga*. Tango gravado pela Luly Málaga, disco Columbia nº 5049-
     A, de autoria de E. de Labar, lançado em julho de 1929.

(?) seguido/Para sabe––r", em que ela se afasta do microfone e reduz o volume da voz para evitar distorções.

É possível, no entanto, que a "tangomania" paulistana já estivesse esmorecendo naquele ano de 1929, quando a Columbia instalou seu estúdio em São Paulo. Nos anos 1930, houve uma intensa proliferação do samba e das marchinhas de carnaval pela cidade, e as poucas gravações da Imperador e da Columbia são as únicas que nos dão informações sonoras dos artistas radicados em São Paulo, e nos fornecem pistas sobre as músicas mais "apreciadas" na cidade. Em 1929, quando a Columbia gravou alguns tangos, aparentemente a gravadora incorporou apenas um resquício da popularidade desse gênero, que foi vigorosa na primeira metade dos anos 1920.

Além dos tangos, no entanto, no fim da década de 1920, os maxixes também faziam parte do repertório mais pedido pelos paulistanos. Como não poderia deixar de ser, o pequeno repertório da Imperador incorporou muitos maxixes, mas também continha alguns choros, valsas, fados, sambas e foxes. O maxixe *Mamãe me leva* foi composto por Nabor Pires Camargo e Dieno Castanho. Em 1926, ano da composição, Dieno e Nabor encontraram-se no café Guarani e, conforme contou o próprio clarinetista,

> (...) durante um bate-papo, decidimos batizar os primeiros ônibus (...) em circulação na capital de *Mamãe me leva*. O Dieno era poeta de boa veia, e com esse tema, na mesma hora escreveu os versos para um maxixe – eram muito brejeiros, muito ao sabor da época.

Os editores da Irmãos Vitale "gostaram da ideia" e acolheram a composição, imprimindo a canção em partitura. Naquela época, Nabor trabalhava na orquestra do Cine Olímpia, na avenida Rangel Pestana, bairro do Brás, onde o

> (...) célebre ventríloquo Batista Junior, justamente naqueles dias, estava apresentando um ato variado, nos intervalos das exibições cinematográficas (...). O Batista Junior encerrava seu ato variado, dançando com uma boneca do seu tamanho (...) dando a impressão de

> ser realmente uma moça. Num dos ensaios (...), o Batista (...) Ouviu a música e gostou muito, pedindo pra incluí-la em seu ato variado. (...) daquele dia em diante, durante o número de encerramento do programa no qual ele dançava com a boneca, devia ser tocado o *Mamãe me leva*. (...) E quando ia iniciar o último número, o Batista fazia questão de dizer em voz alta: Maestro, atocha o *"Mamãe me leva"*![44]

De acordo com Nabor, este seu "primeiro trabalho feito em São Paulo ficou conhecidíssimo em várias cidades brasileiras", por conta da "publicidade" obtida com as performances de Batista Jr. Na gravação do selo Imperador, provavelmente realizada no mesmo ano, ficaram registradas apenas três das cinco estrofes que constavam na partitura, editada também em 1926. A narrativa contém os nomes dos bairros da cidade, que poderiam ser percorridos de automóvel ou de "auto-bonde". (*Mamãe me leva*, ◀Faixa 23).

Mamãe me leva
No "Fordeco" ao Belenzinho
Que eu quero ir
Com aquele moço bonitinho

Mamãe me leva
Para o bairro de Santana
Que eu vou comprar
Uns vinte cachos de banana

Ai! Morenhinha
Do cabelo à la garçone
Quero a resposta
Do que eu disse ao telefone

Mamãe me leva
No "Fordeco" para a Mooca
Porque no bonde
A gente vai como paçoca

Mamãe me leva
No auto-bonde ao Bom Retiro
Que eu quero ir
Agarradinha com o Ramiro

Mamãe me leva
Para a rua do Oriente
Que eu quero ir
De braço dado com o Tenente

Mamãe me leva
Para a Lapa no ambulante
Que eu quero ir
Segurando no volante[45]

44   Bernardo, Marco Antonio. *Nabor Pires Camargo. Uma biografia musical.* São Paulo: Irmãos Vitale, 2002, p. 38-40.

45   *Idem*, p. 42.

É provável que a atuação de Batista Jr. fosse mais interessante e jocosa do que a escuta da gravação mecânica realizada por Arthur Castro, o que sugere que a gravação tenha sido feita após o "sucesso" da canção com o número do ventríloquo. O ritmo animado, dançante, e a melodia repetitiva, com um tema bem articulado com o que ocorria na cidade, sugeriam que havia uma ligação íntima da canção com o momento da sua criação e com o lugar sobre o qual ela se refere (cidade de São Paulo, Cine Olímpia, ano de 1926). Por algum tempo, é provável que a gravação tenha ficado esquecida, mas cerca de quatro anos depois, em 1930, o maxixe ainda era cantado por violeiros ou sanfoneiros pelas ruas de São Paulo,[1] revelando a primazia da performance sobre a audição. Talvez por conta do "sucesso" de *Mamãe me leva*, canção que estava em sintonia com o dia a dia do paulistano, Nabor tenha composto o samba *Espanta vaca* cerca de um ano depois, utilizando a mesma temática do maxixe. O samba não ficou registrado em discos, mas circulou pela cidade, naquele ano de 1927, em partituras e através da lira *O trovador da juventude*, e foi lembrado pelo compositor como uma de suas criações mais destacadas. Desta vez, no entanto, o alvo do compositor foi o bonde vermelho da Light, outro apelido para o "bonde camarão" de Cornélio Pires,[46] que havia começado a circular pela cidade naquela época.

O bonde "chic"
Carro bom que não empaca?
Bonde de luxo?
É só mesmo o espanta vaca

O Conegundes
tem uma sogra jararaca
Que passa o dia a viajar no Espanta Vaca

---

46   *O bonde camarão*. Moda de viola gravada por Mariano e Caçula, disco Columbia nº 20015A, de autoria de Cornélio Pires e Mariano, lançada entre fins de 1929, início de 1930.

Espanta vaca
Espanta bois
A urucubaca
De andar só no P-2 (...)[47]

O selo Imperador foi a primeira gravadora de discos a possuir um estúdio permanente em São Paulo, e absorveu, ainda que timidamente, a musicalidade paulistana dos anos 1920. A má qualidade da gravação, as condições precárias de preservação dos discos e as poucas informações existentes a respeito da gravadora permitem-nos apenas indicar que seu repertório não se assemelhava ao de nenhuma outra gravadora do período e que sua produção fundamentava-se em alguns aspectos particulares, próprios da cidade – os bairros, as ruas, e os animais dividindo estes espaços com bondes e automóveis. Quanto mais evidentes fossem estes aspectos aos olhos do paulistano, tanto maior seria a popularidade da canção.

As gravações da Imperador não foram feitas com "exímios instrumentistas" como Canhoto ou Giuseppe Rielli, e Arthur Castro não estava entre os cantores preferidos da imprensa especializada da época.[48] Não eram valsas ou polcas – gêneros em voga desde o fim do século XIX que foram incorporados de imediato pelas gravadoras da fase mecânica – que afiguravam entre as gravações do pequeno selo. Tratava-se de um repertório marcado por uma "conjuntura" musical paulistana, sendo até mesmo definido previamente por ela, como ocorreu com as gravações de *Mamãe me leva* ou com os tangos chorosos registrados em discos. Assim, o repertório da gravadora estava arraigado em um circuito de difusão ainda muito precário, baseado na oralidade, no teatro de variedades e no gosto musical

---

47   Letra extraída de *Trovador da juventude*, Livraria Editora Paulicéa, julho de 1927, p. 56.

48   A *Revista Phono-Arte* criticou duramente as primeiras gravações realizadas por Arthur Castro para a Odeon. Ver, por exemplo, *Revista Phono-Arte*. "Os novos discos. Análise e crítica", nº 11, 15.01. 1929, p. 25.

do paulistano. Como poderiam aqueles tangos de Arthur Castro, melancólicos e pesados, tornar-se "as músicas que atraem *todo mundo* (...)"? De que forma eles poderiam se tornar "uma expressão da melancolia internacional [, em que] *todos* o escuta[sse]m, num recolhimento"?[49]

A existência das primeiras gravadoras de discos esteve intimamente ligada à tradição musical brasileira do fim do século XIX, e não conseguiu transformá-la significativamente até meados dos anos 1930. Talvez por conta disso, o registro sonoro soe precário aos nossos ouvidos, não apenas pela qualidade da gravação, mas também por incluir-se como reminiscência de uma sonoridade ainda muito vinculada às ruas e à oralidade, distante das formas "modernas" de difusão da música, e que não chegariam até nossos ouvidos caso não tivessem sido resgatadas por meio de uma pesquisa, com um propósito diferente de, simplesmente, ouvi-las.

Essas gravações não percorriam a cidade pelas mãos de um comprador de discos, e provavelmente não foram ouvidas e testadas confortavelmente em uma cabine de uma loja do Triângulo Central. Elas andavam pelas ruas da cidade informalmente, através de simples violeiros ou sanfoneiros, que delas tomavam conhecimento através de precários caderninhos – as liras – vendidos "na encantadora modéstia do papel jornal pelos garotos do Brás ou da Luz".[50]

A poesia falida das modinhas vermelhas

O coração destes poetas é a própria fonte da ternura.[51]

O *Diário Nacional*, vez por outra, focalizava em seus artigos alguns acontecimentos irreverentes da cidade de São Paulo. No pé de uma página, misturada com notícias diversas sobre concertos sinfônicos do

---

49   "Os basbaques da vitrola". *Diário Nacional*, 12.04.1929, p. 1. Grifos nossos.

50   *Idem*. "Os poetas trágicos", 15.01.1928, p. 7.

51   "Os poetas trágicos", *Diário Nacional*. 15.01.1928, p. 7.

Teatro Municipal, ou os preparativos para o corso do Triângulo para o Carnaval de 1928, um jornalista observador interessou-se por escrever sobre os modinheiros que perambulavam pelas ruas do Brás, da Barra Funda ou do Pari.

Aparentemente, era do agrado do jornal descrever com uma ironia cáustica e refinada alguns aspectos da musicalidade desses bairros operários:

> Oh, a delícia dos poetas trágicos, dos poetas das "modinhas para se cantar... chorando"! Moram no Brás, quando não moram no Bom Retiro ou no Pari, os poetas falidos das modinhas vermelhas. (...) só versam assuntos de rachar de mágoa o coração delicado das amas de leite e das criancinhas tenras. São o ideal das comadres de cortiço, vastas de banhas e de lirismo que obrigam os maridos, a comprar, para ser cantada ao violão, ou à sanfona, a última modinha sobre a última catástrofe.

Uma "tragédia na Cantareira, um desastre na Central, um espancamento na Polícia", desde que tenham feito a "alma da cidade vibra[r] de revolta, ou de piedade" e tivessem sido publicados no jornal, "servid[os] com o indispensável molho dos comentários em tom de dramalhão", ganhariam a atenção do "poeta trágico", a produzir suas canções sentimentais.

> A fonte de inspiração destes poetas é admirável! E só pode ser comparada à rapidez fantástica com que "inventam" a letra. Vistos sob o aspecto dinâmico, os poetas das modinhas "desastradas" são bem modernos, sendo elétricos até.

Nutrindo-se das suas jornadas pelas ruas da cidade, os "poetas trágicos" resistiam aos automóveis e à iluminação pública com violão em punho, e absorviam os acontecimentos mais angustiantes do dia para transformá-los em "modinhas... chorosas." As "catástrofes", normalmente encontradas nas últimas páginas dos periódicos, exibiam manchetes escritas em letras garrafais e vinham recheadas com fotografias, expostas diariamente pelos jornaleiros ou anunciadas pelos meninos que vendiam jornais pelas ruas. Por conta disso, o *Diário* afirmou que, para o poeta das "modinhas chorosas (...), material não lhe falta[va]. Sobra[va]-lhe, mesmo".[52] Muitas vezes, o acidente fora tão funesto que permaneciam anos na memória do paulistano. Marinho (pseudônimo de Jorge da Silva), um modesto trovador paulista, assim narrou o desastre no Teatro Boa Vista, ocorrido em 1924:

> Foi no dia 23 de março
> No Teatro BOA VISTA
> Que deu-se um grande desastre
> Foi uma cousa imprevista.
>
> (...)
>
> Estava neste Teatro
> A Companhia Garrido
> Que tem feito um tal sucesso
> Já por todos conhecido.
>
> Às quatro horas da tarde
> Com o teatro repleto
> Sem ninguém saber a causa
> Caiu uma parte do teto.

O acidente causou pânico generalizado no teatro, "com os espectadores procurando as portas de saída numa luta titânica".[53] O poeta das ruas, "leitor de contrabando", imaginava:

> Foi uma cena terrível
> Que até nem sei descrever
> Todos queriam fugir
> Só com medo de morrer

---

52   *Idem, ibidem.* Sobre as modinhas e o cotidiano paulistano dos anos 1930, ver o estudo de Moraes, José Geraldo Vinci de. *Op. cit.*, 2000a, p. 146-190. Sobre as origens e a história da modinha, ver Tinhorão, José Ramos. *Pequena História da Música Popular Brasileira.* São Paulo: Círculo do Livro, s/d, p. 9-45; *idem. Os sons que vêm da rua.* São Paulo: Ed. 34, 2005, p. 13-58 e Almeida, Renato. *História da música brasileira*, Rio de Janeiro: F. Briguet & Cia., 1942, p. 59-72.

53   *Jornal do Brasil.* "Há 80 anos", edição on-line, 25.05.2004.

Houve uns cinquenta feridos
Alguns com lesão interna
Houve quem perdesse o olho
Houve quem quebrasse a perna

Um menino com doze anos
Foi lá p'ra se divertir
Mal sabia ele, coitado!
Que ia deixar de existir.

O meticuloso observador não deixou de fora os que haviam se salvado:

Os artistas, feliz sorte!
Estes sim – nada sofreram!
Foi somente um grande susto
Pois para a rua correram.

Sei de um que nada sofreu
E vou dizer desde já:
Foi o autor destes versos
Porque não estava lá.

Uma outra passagem revela que o poeta trágico não se limitava a contemplar os episódios catastróficos, ocorridos durante o terceiro ato da peça da Cia. Garrido, constatando o descaso das autoridades diante dos espectadores e nomeando responsáveis:

Estribilho
Isto é verdade
E fato novo
E quem pagou
Coitado! Foi pobre do povo.

(...)

Vejam, mas que sorte amarga
Mas que destino cruel!
Nesta hora estava em cena:
"Quem paga é o coronel".

E, por fim, revelando a "origem" dos dados, atestava a veracidade dos versinhos:

Isto tudo foi verdade
Podem crer, que não é peta.
Se quiserem saber mais,
Comprem em São Paulo, "A Gazeta".[54]

Acompanhadas "ao violão ou à sanfona", "de modo desajeitado, sem muita inspiração e técnica",[55] as letras das modinhas se popularizavam através de anônimos cantores de rua, através das serenatas, e também pelas liras e capadócios, vendidos "a 200 réis". A *Lyra da Serenata*, que imprimiu os versos de Marinho, circulou em São Paulo durante o ano de 1928, quatro anos após o desabamento no teatro. Anônimos "poetas trágicos", como Marinho, utilizavam "melodias de canções conhecidas e já registradas na memória auditiva da população", muitas delas gravadas em discos durante a fase da tecnologia mecânica. A modinha *O grande massacre do Teatro Boa Vista* deveria ser cantada sobre a melodia da canção *Casaco da Mulata*, originalmente um samba carnavalesco de Luiz Nunes Sampaio, o Careca (1886-1953), provavelmente gravado em 1924 pela Casa Edison de Fred Figner. Animador do carnaval carioca, Careca teve grande êxito no carnaval de 1924 com esse samba, também conhecido como *Casaco de Mulata é de prestação*.[56] A primeira gravação, instrumental, foi feita com cavaquinho e solo de clarinete, pela Orquestra Brasil-América.[57] A segunda, realizada quase simultaneamente, registrou a letra na voz de Bahiano e Maria Marzulo (◀*Faixa 24*).

---

54   *Lyra da Serenata*, 1928, p. 92-93.

55   Moraes, José Geraldo Vinci de. *Op. cit.*, 2000a, p. 147.

56   *Dicionário Cravo Albin*. Edição on-line. Verbete: *Careca*.

57   *Casaco da mulata*. Samba gravado pela Orquestra Brasil-América, disco Odeon nº 122604, de autoria de Careca, provavelmente lançado em 1924.

Casaco da Mulata[58]

Oh, mulata feiticeira
seu perfume de alecrim
que perfuma a terra inteira
eu te quero só pra mim

Tu tens graça
tu encantas
adoça o meu coração
tu pareces, quando cantas,
?? do sertão

Estribilho
Vem cá mulata
não folga não
vou já vestir o meu casaco
a prestação

A tua graça inebria
tua forma nos faz mal
tu és a nossa alegria
oh, mulata divinal

Oh mulata tem xodó
tens um porte majestoso
quero ser o seu coió
toda vida e bem vistoso

Estribilho
Vem cá mulata
não folga não
vou já vestir o meu casaco
a prestação

Vem ouvir o meu cantar
vem cá ver o meu amor
ouve agora o verbo amar
(??) teu cantor

Nunca deixe-se me ver
nunca queria ser ingrata
no mundo não pode haver
outra como tu mulata

Foi no dia 23 de março
No Teatro BOA VISTA
Que deu-se um grande desastre
Foi uma cousa imprevista.

Estribilho
Isto é verdade
E fato novo
E quem pagou
Coitado! Foi pobre do povo.

Estava neste Teatro
A Companhia Garrido
Que tem feito um tal sucesso
Já por todos conhecido.

Às quatro horas da tarde
Com o teatro repleto
Sem ninguém saber a causa
Caiu uma parte do teto.

Estribilho
Isto é verdade
E fato novo
E quem pagou
Coitado! Foi pobre do povo.

Vejam, mas que sorte amarga
Mas que destino cruel!
Nesta hora estava em cena:
"Quem paga é o coronel".

Foi uma cena terrível
Que até nem sei descrever
Todos queriam fugir
Só com medo de morrer

Estribilho
Isto é verdade
E fato novo
E quem pagou
Coitado! Foi pobre do povo.

O Grande Massacre do Teatro Boa Vista

---

58   *Casaco da mulata.* Samba carnavalesco gravado por Bahiano, disco Odeon nº 122639, de autoria de Careca, provavelmente lançado em 1924.

Casaco da Mulata (cont.)

Estribilho
Vem cá mulata
não folga não
vou já vestir o meu casaco
a prestação

O Grande Massacre do Teatro Boa Vista[59] (cont.)

Houve uns cinquenta feridos
Alguns com lesão interna
Houve quem perdesse o olho
Houve quem quebrasse a perna

Um menino com doze anos
Foi lá p'ra se divertir
Mal sabia ele, coitado!
Que ia deixar de existir.

Os artistas, feliz sorte!
Estes sim – nada sofreram!
Foi somente um grande susto
Pois para a rua correram.

Sei de um que nada sofreu
E vou dizer desde já:
Foi o autor destes versos
Porque não estava lá.

Isto tudo foi verdade
Podem crer, que não é peta.
Si quiserem saber mais,
Comprem em São Paulo, "A Gazeta".

Durante a audição, fica evidente a dificuldade em transpor a letra da modinha sobre a melodia original gravada. Isso revela que os poetas anônimos "acrescentavam novas letras, sem respeitar integralmente a métrica, a prosódia, o ritmo, a lógica originais da poesia, e, sobretudo, da melodia".[60] Isso lhes proporcionava liberdade para criar e recriar as canções, obtendo os mais diferentes efeitos e sentidos ao lhes alterar a letra, a melodia ou a métrica dos versos.

Os modinheiros também tinham autonomia para tratar dos mais variados temas, que possuíam a cidade como personagem central: alguns apenas comentavam incidentes; outros procuravam compreender a cidade através de sua poesia simples e melodiosa; outros, ainda, riam

---

59   Música do "Casaco da Mulata" de L. N. Sampaio (Careca). Versos de Jorge da Silva (Marinho).

60   Moraes, José Geraldo Vinci de. *Op. cit.*, 2000a, p. 147.

ou mesmo ridicularizavam seus aspectos irreverentes ou descabidos. As liras paulistanas não continham, portanto, somente "modinhas sobre a última catástrofe". Elas também registraram letras de canções sentimentais, humorísticas, carnavalescas, e admitiam uma grande diversidade de gêneros musicais. Fados portugueses, tangos argentinos, modas de viola, sambas, maxixes, foxes etc., tratavam da "última catástrofe", de um amor perdido, da saudade do lugar de origem ou até mesmo satirizavam, em linguagem macarrônica, o comerciante turco avarento.[61]

Um desses poetas decidiu descrever um personagem certamente muito presente na imaginação dos homens paulistanos: as pernas femininas.

A última descoberta
Que todos os homens devem gostar,
São os tais vestidos curtos
Que muitas moças deram de usar.

Algumas usam tão curtos
Que até as ligas chegam a mostrar
E a gente vendo isto tudo
Forçosamente tem que falar.

O desfile das belas pernas femininas tinha a cidade como passarela. Eram dois os melhores momentos para apreciá-las: quando as moças tomavam o bonde e nos dias de chuva.

Mesmo que seja um velhinho
Quando um bonde elas vão tomar
Fica desequilibrado
E muito baixinho tem que falar

E quando está chovendo
Nenhum de nós devemos olhar
Levantam tanto os vestidos
Que até as ligas chegam a mostrar

---

61   Ver, por exemplo, as liras *A cigarra*. São Paulo: Tipografia Souza, 1931; *Canções e fados luzitanos*. São Paulo: Livraria Paulicéa, 1927; *Coleção toda de novidades I*. São Paulo: Tipografia Souza, 1931, entre outras.

O estribilho da canção era quase um pedido, muito jeitoso e muito maroto, que nunca era dirigido diretamente às moças por pudor, e tornava-se uma conversa do homem consigo mesmo, como um longo suspiro de desejo que dificilmente seria satisfeito:

> Levanta, meu bem, levanta,
> Menina, de mim tem dó,
> Levanta, meu bem, levanta,
> Ai!...
> Levanta
> Mais um bocadinho só.[62]

Na *Lyra da Serenata*, o poeta M. B. Roxinho sugeria que sua modinha fosse cantada com a mesma melodia da canção *Suspira, nega, suspira*, um maxixe que ganhou notoriedade por figurar na revista *Comidas, meu Santo*, estreada pela Companhia Margarida Max, em 1925.[63] Diferentemente do *Grande massacre do Teatro Boa Vista*, a letra de Roxinho seguia a métrica e, provavelmente, a mesma melodia, da canção original. Em especial, a letra do estribilho foi talentosamente reinventada pelo modinheiro. Ouça-se o trecho do estribilho de *Suspira, nega, suspira*, originalmente gravada por Fred Figner, entre os anos de 1925 ou 1926 (◀*Faixa 25*),[64] e imagine a performance do cantor das ruas depois do "Aaaaai!..." suspirado.[65]

Um outro modinheiro bem-humorado foi Alberto Pinto. Em 1920, esteve em voga uma marcha carnavalesca de grande êxito, de autoria de Sinhô, *O Pé de Anjo*, interpretada por Francisco Alves. Reinventando a

---

62   *Lyra da Serenata.* 1928, p. 75.

63   *Trovador da Juventude.* São Paulo: Livraria Editora Paulicéa, janeiro de 1930, p. 65.

64   *Suspira, nega, suspira.* Maxixe gravado pelo Fernando, disco Odeon nº 122919, de autoria de Pedro de Sá Pereira, provavelmente lançado entre 1925 e 1926.

65   Caso seja do interesse do leitor, a ◀*faixa 26* traz a gravação completa do maxixe e a letra encontra-se inteiramente transcrita na p. 188, no anexo do capítulo, ao lado da versão paulistana posterior.

letra, o "poeta tragicômico" não evitou importunar, na mesma modi-nha, a composição do "Rei do samba", os almofadinhas, as melindrosas, o próprio diabo e sua sogra, e até mesmo aqueles que o ouviam entoar a conhecida melodia.

O Pé de Anjo está em moda
Por todos nós bem lembrado
agora com o pé do diabo
fica o anjo escangalhado.

Estribilho
Oh! pé do diabo, pé do diabo
pois tu és mais que coisa ruim
tens a pata larga
és capaz de montar em cima de mim, em cima de mim

Perguntei a um almofada
Com cara meia de punga
diz que viu o pé do diabo
no bairro da Barra Funda

Oh! mentiroso almofadinha
tens a cara de intrujão
vai pagar ao alfaiate
pois que esse terno é a prestação,
a prestação

Perguntei à melindrosa
que se pinta de pagode
e diz que viu o diabo
com a cara de um bode

Oh! pé do diabo, pé do diabo
tu não me pises mais assim
vai pisar a tua sogra
pois não quero que pises mais em mim, pises em mim

Certa velha me chamou
pôs-se comigo a palrar
perguntou se o pé do diabo
ela podia pisar

Estribilho
Oh! pé do diabo, pé do diabo
tu não me pises mais assim etc.

Dou aqui por acabado,
falo verdade, não minto,
só quem não está pisado
é o autor Alberto Pinto

Ai, ai meu povo paulistano
oh! melindrosa, almofadinha
e quem não tiver um tostão
Não pode ler esta modinha, modinha
SAI, AZÁ!... [66]

Com essa irreverente modinha, o poeta "tragicômico" apresentava quem ele era. Andarilho, o trovador divertia-se ao atazanar os "tipos" característicos do Triângulo Central da cidade e divertia os ouvintes que, no Brás ou na Barra Funda, também enxergavam os almofadinhas ou as melindrosas com curiosidade e, quem sabe, certo ressentimento.

---

66 *Lyra da Serenata*. 1928, p. 67-68.

O tom provocativo não era prerrogativa da versão paulistana da canção. Polêmico, Sinhô fez *O Pé de Anjo* para amolar o China, irmão de Pixinguinha, que tinha pés enormes. E a letra era, definitivamente, pouco amistosa (◀*Faixa 27*):

Eu tenho uma tesourinha
que corta ouro e marfim
Guardo também pra cortar
as línguas que falam de mim

Estribilho
Ó, pé de anjo, pé de anjo!
És rezador, és rezador
Tens o pé tão grande
que és capaz de pisar
Nosso Senhor, Nosso Senhor[67]

É provável que Alberto Pinto não conhecesse as razões de Sinhô ao redigir aqueles versos. Mas aproveitou o tom provocativo da canção para divulgar o estado de penúria dos "pisados" pelo pé do diabo e, principalmente, o baixo preço da sua mercadoria. Só quem tinha tostão poderia "ler aquela modinha".

Através das letras e gravações, a voz destes poetas tragicômicos torna-se quase audível para os ouvintes mais atentos. No mínimo, as gravações nos permitem imaginar o universo sonoro no qual os modinheiros estavam inseridos: eles eram herdeiros de uma forma ainda tradicional de divulgação da música, mas incorporaram rapidamente as gravações quando se depararam com o novo meio fonográfico de difusão das canções. Desde 1902, quando Frederico Figner começou a fixar as vozes potentes de Bahiano e Cadete nos discos e cilindros da Zon-0-Phone e da Odeon, vez por outra ouvia-se no fonógrafo mecânico alguns sucessos carnavalescos, como *O Pé de Anjo* ou *Suspira, nega, suspira*. Rapidamente, a canção tornava-se motivo para o riso ou para a lágrima, dependendo do trajeto

---

67   *O Pé de Anjo*. Marcha carnavalesca gravada por Francisco Alves, disco Popular nº 1008-A, de autoria de Sinhô, lançada entre fins de 1919 e início de 1921.

ou do humor do modinheiro: se ele ouvia um garoto vendedor de jornais a anunciar a última tragédia, ele logo cantarolava uma letra catastrófica; caso contrário, a modinha poderia sair leve e graciosa; mas também podia ser apenas uma "modinha de modinheiro", uma espécie de "cartão de visitas" do poeta, que anunciava, como em um pregão, que ele cobrava barato, apenas "um tostão" pela sua mercadoria. E ainda terminava com um grito de bom agouro: "SAI AZÁ!..."

O *Diário Nacional* descreveu com detalhes a aparência daquele transeunte peculiar, sob o ponto de vista dos moradores da parte central da cidade:

> [Os poetas trágicos] Usam cabeleira a varrer gola do paletó, que quanto mais "varrida" mais lúcida fica. Usam óculos de tartaruga. Usam largas calças e casacos exíguos. Mas, sobretudo, usam sapatos pontiagudos lembrando pontões de navios de guerra antigos, e gravatas de borboleta, recordando laços de fita em pescoços de gatos.
>
> Só o que não usam é o português! Nem precisam dele, aliás! (...)
>
> Não escrevem livros. Escrevem papelinhos vermelhos, azuis, amarelos, roxos. Não aparecem em 8ª, encadernados, nas vitrines do Garraux. São vendidos na encantadora modéstia do papel jornal pelos garotos do Brás ou da Luz.[68]

A descrição exagerada direciona nossa imaginação a uma imagem caricata, mais excêntrica do que a dos "mulatos pernósticos" com "cabeleira varrida no meio", estudados por José Ramos Tinhorão.[69] Exagerada ou não, a ideia do *Diário* era de estranhamento completo diante do artista: vivia pelas ruas dos bairros operários, não se vestiam com roupas adequadas ao seu manequim, e usavam acessórios de gosto duvidoso. No mais, cantavam em outras línguas, que muitas vezes apenas lembravam o português falado na parte central da cidade. Não eram mulatos, é provável, e a principal característica desse paulistano infeliz era a pobre-

---

68   "Os poetas trágicos". *Diário Nacional*, 15.01.1928, p. 7.

69   Tinhorão, José Ramos. "Os cantores das serenatas". In: *op. cit.*, 2005, p. 13-28.

za e a mistura – de línguas e estilos – que ultrapassavam o extravagante e beiravam o ridículo. É possível que o jornal estranhasse, ainda mais, a persistência teimosa desses artistas populares na "industrial" e "urbana" São Paulo de fins dos anos 1920. Anunciando exemplares através da cantoria de modinhas ou dos "garotos do Brás ou da Luz", talvez não fosse difícil prever que a precariedade da maneira de divulgarem suas canções lhes seria fatal, por mais "elétricos" que fossem.

Os "garotos do Brás ou da Luz", no entanto, foram eficientes divulgadores de suas composições, desde o fim do século XIX, ao cantar em voz alta as modinhas para vender mais rápido "o papelinho" que carregavam. Nesta "encantadora modéstia do papel jornal"[70] ficou registrada a vida – e a tragédia – de um desses garotos que vendiam jornais. A canção foi também uma das primeiras gravações realizadas pela Columbia no estúdio de São Paulo (*Fado do garoto dos jornais*, ◀*Faixa 28*).

Era um pobre garotito
De olhos cansados, porém
Entre seis anos ou mais
Vivia numa mansarda
Sustentando o pai e a mãe
Com a venda de jornais

O pai era um alcoólico
De quem a esposa sofria
À noite tratos brutais
E que no vinho gastava
Tudo o que o filho auferia
Com a venda dos jornais

O pequeno levantava-se
Inda a manhã não nascera
Deixando a dormir os pais
Ia pra casa da venda
Ficando ali à espera
Que saíssem os jornais

---

70   Folheto intitulado *Isalinda Seramota. O rouxinol do Tuá*. São Paulo: Tipografia Souza, 1932.

Um dia ao chegar à casa
Encontrou ensanguentado
O seu maço de jornais
Fora o pai que anavalhara
Sua mãe há um bocado
Com instintos canibais

O pai foi para a prisão
A mãe para a campa fria
E ele sem choros, nem ais
De manhã apregoava
A novidade do dia
Que era a desgraça dos pais

Mas passado pouco tempo
Veio a morte desejada
Tirá-lo dentre os mortais
Morreu na sua mansarda
Tendo só como almofada
O seu maço de jornais[71]

O sangue no jornal, a brutalidade do assassinato, os "instintos canibais" do pai alcoólatra, contrastam com a delicadeza do violão que acompanhou o cantor, tornando suportável escutar tamanha tragédia. Mas, a repetição da mesma melodia nas estrofes assegura ao ouvinte a compreensão da narrativa que, aliada à tristeza do ritmo, torna tão profundo o sofrimento do garoto, que o desfecho é um alívio não apenas para o protagonista – que, solitário, morre sobre seu maço de jornais –, mas também para o ouvinte: "Passado pouco tempo/Veio a morte desejada (...) Tendo só como almofada/O seu maço de jornais".

As liras paulistanas continham diversas letras de canções para serem compradas "pelos maridos" das simples "comadres de cortiço". Estas liras eram herdeiras de uma tradição musical de fins do século XIX e início do XX, e carregavam uma sonoridade própria das ruas, dos "troubadours", do chamado "carnaval popular"; era uma sonoridade efêmera porque se

---

71   Fado do garoto dos jornais. Fado gravado pelo Estevam Amarante, disco Columbia nº 5015-A, sem indicação de autoria, lançado em março de 1929.

baseava na oralidade, e só se tornou apreensível porque alguns de seus versos foram impressos nas páginas desses modestos caderninhos. O *Diário Nacional* talvez considerasse "falidas" essas modinhas vendidas em papel-jornal porque elas compunham um repertório em vias de desaparecimento. As liras citadas acima circularam no fim dos anos 1920. A partir dos anos 1930, até aproximadamente a metade da década, os papelinhos começaram a incorporar marchinhas de carnaval, sambas e sambas-canção, passaram a ser distribuídos gratuitamente pelas emissoras de rádio paulistanas e sempre traziam na capa a foto de um cantor popular: "Adoniran Barbosa. O feliz compositor de *Dona Boa*. Canto da nossa broadcasting. São Paulo, Rádio Record" ou "Agripina. A garota Beguin da PRB 9. Rádio Sociedade Record." No início da década de 1940, já era possível encontrar folhetos melhor diagramados e organizados, como alguns impressos da RCA-Victor revelando o fim da precariedade e simplicidade dos "papelinhos vermelhos, azuis, amarelos, roxos".

As liras, que eram vendidas desde o final do século XIX em precários caderninhos de papel jornal, foram incorporadas pelas rádios e pelas gravadoras, que as distribuíam gratuitamente pelas maiores casas de música da cidade, com a diagramação, o tamanho e a qualidade do papel modificados. Acima e à esquerda, capa da Lyra da Serenata, editada pela Livraria Zenith de São Paulo, em 1928. Acima e à direita, folheto da Rádio Record. *Adoniran. O feliz compositor de Dona Boa; cantor da nossa broadcasting*, s/d.

Na falta de publicações especializadas, as liras funcionavam como divulgadoras de letras de canções para serem tocadas ao violão ou ao ouvir um cantor conhecido, na rádio ou em discos. A Voz da RCA Victor, além de letras e fotografias, trazia também informações sobre os ídolos do momento, fossem eles nacionais ou estrangeiros. Ao lado, capa d'A voz da RCA-Victor, de dezembro de 1945.

No entanto, as liras paulistanas da metade dos anos 1930 continuaram divulgando uma enorme quantidade de tangos – um "eco" daquela "tangomania" paulistana, lembrada insistentemente pelo *Diário Nacional*, após suas pesquisas com os vendedores de discos e partituras. Isso indica que foi só a partir da ampliação da produção fonográfica nacional, e da consolidação do rádio, que "o público" se habituou "a receber em sua casa a música nacional", como queria um diretor da Parlophon em 1929.

Talvez por conta disso, a "tangomania" paulistana só pôde ser ouvida em discos nacionais precariamente gravados pela tecnologia mecânica, e apenas nas primeiras gravações realizadas na cidade. No fim da década de 1920, a produção de gravações elétricas nacionais em São Paulo dava seus primeiros passos, e um aumento no volume de registros sonoros gravados na cidade seria verificado de fato a partir de 1929. Além da pequena produção do selo Imperador, no primeiro semestre de 1929 a Columbia e a Parlophon passaram a realizar gravações elétricas em estúdios localizados em São Paulo. Em 1930, a Victor instalou um estúdio na Praça da República.

A criação de uma tradição fonográfica nacional

Como sabemos, essas companhias estrangeiras vinham ao Brasil com propósitos bem definidos. A Columbia norte-americana, ao negociar com os Byington a implantação de sua fábrica e de seu estúdio no Brasil, tinha como objetivo "a gravação de discos nacionais, de música brasileira e com o concurso de artistas nossos".[72]

Arthur Roeder, diretor da Parlophon no Rio de Janeiro, por ocasião do início das atividades do estúdio da gravadora em São Paulo, declarou:

> (...) o público está cansado de ouvir tangos. O maxixe, o samba e as canções populares ou o folclore nacional estão tomando terreno em todas as camadas sociais.
>
> A Parlophon, continuou o Sr. Roeder, procurará habituar o público a receber em sua casa a música nacional como tem recebido a estrangeira. Para isso estamos contratando bons cantores e músicos e com eles vamos fazendo uma cuidadosa seleção de músicas que agradem os mais exigentes.[73]

Da mesma forma, a gravadora Victor, um ano antes do lançamento dos primeiros discos "Victor Brasileiros", anunciou no *Diário Nacional*, "aos artistas e compositores musicais nacionais e ao público brasileiro":

> A Victor Talking Machine Company do Brasil receberá, com muito prazer, dos srs. artistas e compositores nacionais, que a queiram honrar com a sua colaboração, na gravação de discos da bela música

---

72   "A Columbia no Brasil". *Revista Phono-Arte*, nº 14, 28.02.1929, p. 4.

73   "Inaugurou-se ontem a gravação elétrica da fábrica 'Parlophon'". *Diário Nacional*, 06.04.1929, p. 7.

brasileira, os seus nomes e endereços acompanhados de detalhes de sua carreira artística e sugestões do público, em geral, pelo que desde já se confessa muito agradecida.[74]

É evidente que as gravadoras contemplavam apenas alguns artistas brasileiros e somente alguns gêneros da "música nacional" eram incorporados ao seu repertório. Em 1929, já estava claro para o observador que "o mercado brasileiro de discos e fonógrafos, mostra[va] já uma sensível reforma" e a expectativa era de que a fonografia no país "tend[eria] ainda a passar por uma radical transformação." Afinal, havia apenas

> (...) dois anos atrás (...) o público brasileiro, servindo-se da Odeon como única fabricante de discos nacionais, deixava-se facilmente empolgar pela música popular estrangeira, que entrava avassaladoramente através do disco importado (...). Hoje, o que se observa, é uma muito maior procura de discos nacionais (...). Notamos, no entanto, que este movimento, já se vinha verificando com grande intensidade de dois anos para cá, mesmo quando só existia a Odeon, devido ao progresso extraordinário desta fábrica nas suas excelentes gravações de música nacional.

O marco temporal "dois anos atrás" remete-nos, evidentemente, à inauguração da gravação elétrica no país, mas também à mudança de repertório por conta da "maior procura de discos nacionais". Esses fatores produziram um efeito "otimista" nos redatores da *Phono-Arte*:

> Esse parecer otimista, esse aspecto animador, essa fase prometedora por que passa o mercado brasileiro, tem feito convergir sobre ele a atenção de todas as companhias [fonográficas] estrangeiras (...). É o exemplo da Odeon, seguido pelo da Parlophon (...) [e] a primeira surpresa que o ano fonográfico de 1929 nos reservou, foi a montagem da fábrica Columbia.[75]

---

74   Anúncio Victor, "Aos artistas e compositores musicais nacionais e ao público brasileiro". *Diário Nacional*, 14.10.1928, p. 15.

75   "A Columbia no Brasil". *Revista Phono-Arte*, nº 14, 28.02.1929, p. 4.

Como assinalamos anteriormente, a Odeon – empresa europeia – iniciara precocemente suas atividades no Brasil e uniu-se a outras empresas fonográficas quando da criação da tecnologia elétrica. Nos Estados Unidos, as fusões ocorreram entre empresas fonográficas e de *broadcasting*, originando, em 1929, a RCA-Victor e a Columbia-CBS. Se, inicialmente, o rádio foi visto com desconfiança pelas companhias fonográficas, ao mesmo tempo o uso de discos dentro da programação radiofônica significava publicidade gratuita para as gravadoras.

> (...) a T. S. F., (...) traz [ao amador de rádio] uma multidão de informações que lhe interessam, lhe faz conhecer as novidades musicais (a dos discos...) e guia sua escolha de chapas fonográficas.[76]

O rádio mostrou a estas companhias, desde os anos 1920 em seus países-sede, que o sucesso da venda de discos e de aparelhos leitores dependia tanto da posse de novas tecnologias quanto da exploração comercial de um mercado musical mais ou menos unificado,[77] em que se produzisse e consumisse músicas que deveriam agradar "todo mundo". A partir de então, as gravadoras passaram a negociar os lucros da publicidade dos programas de discos com as empresas radiofônicas e a repensar a própria concepção do aparelho leitor:

> Eis porque a união das indústrias radiofônicas e fonográficas toma cada dia um desenvolvimento mais considerável e eis também o motivo pelo qual as grandes fábricas de fonógrafos, sobretudo as americanas, dirigem com tanto afinco a sua produção rádio-fono, combinação esta que tem diante de si um futuro brilhantíssimo, porquanto a simplificação dos aparelhos aumenta cada vez mais o número de clientes possível.[78]

---

76   "Fonógrafo e Rádio". *Revista Phono-Arte*, nº 36, 30.01.1930.

77   "It was radio rather than records that redrew the map of musical production and consumption, creating unified markets for commercial exploitation by defining various areas of taste." Chanan, Michael. *Op. cit.*, p. 64.

78   "Fonógrafo e rádio". *Revista Phono-Arte*, nº 36, 30.01.1930, p. 3-4.

Diferentemente da Odeon, a Columbia e, alguns meses mais tarde, a Victor, começaram a realizar gravações no Brasil aliadas a dois grandes conglomerados radiofônicos. Estas duas gravadoras norte-americanas tinham consciência de que enquanto o rádio não se firmasse como difusor da chamada música popular, o mercado fonográfico brasileiro teria dificuldades para se expandir ainda mais. Não foi por acaso que, no Brasil, a virada dos anos 1920 e o início dos anos 1930 foram marcados pelo avanço da gravação elétrica e da radiofonia quase simultaneamente. O pioneirismo, porém, fora da fonografia, como revela a necessidade da "primeira revista brasileira do fonógrafo" em criar uma seção de Rádio, quando a *Phono-Arte* circulava pelas cidades brasileiras já havia dois anos:

> Recentemente, inauguramos uma seção de Rádio, cuja necessidade se faz hoje grande para o fonófilo, com o completo domínio dos aparelhos de reprodução elétrica e a franca aceitação das combinações radio-fonográficas.[79]

Em São Paulo, a relação das empresas fonográficas com as emissoras radiofônicas demonstra que as gravadoras estrangeiras já conheciam a importância vital que o rádio possuía para a difusão da música gravada: a Rádio Educadora Paulista, por exemplo, fundada em 1923, obteve ajuda da Victor a partir de 1926 para construir sede própria, na rua Carlos Sampaio; a Rádio Cruzeiro do Sul, fundada em 1927, foi comprada anos depois pela família Byington, que era a representante da Columbia no Brasil; em outubro de 1928, a Rádio Sociedade Record foi fundada por Álvaro Liberato de Macedo que era também proprietário de uma casa de discos na capital paulista.[80]

Mas foi somente a partir de meados dos anos 1930, quando o rádio se tornou de fato o grande divulgador da música popular no Brasil, que as empresas fonográficas estabeleceram bases efetivas de atuação, que

---

79   "Dois anos!". *Revista Phono-Arte*, 30.07.1930, p. 1.

80   Moraes, José Geraldo Vinci de. *Op. cit.*, 2000a, p. 60-62.

foram tomadas como padrão por todo o século XX: interação entre as diferentes mídias – que incluía jornais de grande circulação, publicações especializadas, indústria cinematográfica, emissoras radiofônicas – e o controle dos processos de desenvolvimento tecnológico, concepção, produção, difusão, e circulação da música gravada em disco.

Em comparação com os Estados Unidos ou com os países europeus, as transformações da fonografia brasileira foram rápidas e precipitadas, não apenas porque ocorreram durante um curto período de tempo (entre julho de 1927 – inauguração da gravação elétrica – e o primeiro semestre de 1929 – início da produção de matrizes nacionais em grande quantidade), mas sobretudo porque não foram precedidas pelo desenvolvimento da indústria radiofônica. Naqueles países, a gravação elétrica foi uma resposta da fonografia à amplificação elétrica dos aparelhos de rádio. Em São Paulo o rádio se popularizou alguns anos após a inauguração da gravação elétrica pelas empresas fonográficas, o que explica a admiração generalizada dos ouvintes diante da vitrola: foi o disco gravado pelo processo elétrico e não o amplificador radiofônico que surpreendeu os ouvidos dos habitantes das nossas cidades. Além disso, enquanto a radiofonia ainda dava seus primeiros passos, até aproximadamente o ano de 1932,[81] o disco foi o principal responsável pela ampliação e divulgação do repertório de música nacional, permitindo a escuta privada de gêneros até então pouco conhecidos ou mesmo rechaçados por algumas parcelas da população. Em 1930, a relação entre as duas mídias já era óbvia para os observadores, mas, para os "amantes do fonógrafo", a fonografia ainda se mostrava "artisticamente superior":

> O rádio pôs assim a música, sob todas as suas formas ao alcance de todas as classes sociais. Entretanto, o auditor de rádio é limitado

---

81   O ano de 1932 é decisivo para o aumento da popularidade do rádio paulistano. *Idem, ibidem*, p. 63 e Pedro, Antonio. *Locomotiva no Ar. Rádio na cidade de São Paulo: 1924/1934*. Tese de doutorado, Depto. de História da FFLCH-USP, 1987, 1987, p. 27.

pelos quadros dos programas, muitas vezes em horas inconvenien-
tes, e pela arbitrariedade dos mesmos programas, nos quais, muitas
vezes ao procurar ouvir boa música, tem que aturar uma conferên-
cia mais ou menos interessante ou então um repertório interminável de música popular e de jazz americano (...).

É, portanto, muito natural que o amador de rádio procure a satisfação mais completa de seus desejos, ao mesmo tempo que trate
de ter a música quando melhor lhe convenha; e o fonógrafo é o
único aparelho que ele pode encontrar para os seus fins, infinita-
mente mais artístico do que qualquer reprodutor musical existente
na hora atual.[82]

O editorial foi escrito no início de 1930, quando o rádio começava, timidamente, a fazer parte do dia-a-dia do paulistano. Ao escrevê-lo,
os jornalistas tinham em mente um ouvinte específico, amante da "boa
música artística", herdeiro de uma tradição de difusão da música ainda
baseada em concertos, realizados esporadicamente nos teatros das cidades brasileiras. Para eles, o rádio e a fonografia deveriam apenas ampliar
o acesso a esse tipo de música, satisfazendo – a qualquer hora do dia
ou da noite – os desejos musicais do ouvinte. Esqueciam-se que a fonografia e a radiofonia implicavam não apenas em dilatar a difusão das
músicas, mas, especialmente, em uma nova forma de fruição musical,
qualitativamente distinta das temporadas líricas, óperas ou concertos,
divulgados previamente pelas páginas dos periódicos. É sob esse ponto
de vista que a crítica dos jornalistas da *Phono-Arte*, a uma possível "de-
mocratização" musical promovida pelo rádio, deve ser lida. Para eles,
o rádio, tanto quanto a vitrola, deveria ser um mero veículo de difusão
da música já conhecida através dos concertos (e não de informações,
notícias ou anúncios), ou de divulgação da "boa música artística", ainda
inédita para alguns ouvintes. Nesse sentido, o rádio limitava os horários
de audição e elaborava programas inadequados, e, portanto, não satisfa-
zia às exigências do ouvinte – intransigente – da "boa música artística".

82 "Fonógrafo e Rádio". *Revista Phono-Arte*, nº 36, 30.01.1930.

Ao menos, esse era o comentário geral, que se lia e escrevia nas páginas dos periódicos. O que se ouvia, como vimos, era o "repertório interminável de música popular", reafirmado pelo aumento da produção fonográfica nacional. Ao que parece, aos olhos dos jornalistas, era mais fácil exigir das empresas fonográficas que "elevassem artisticamente" seu repertório, do que pedir o mesmo às emissoras radiofônicas. O disco era um objeto concreto que podia ser dirigido, guiado, cerceado, criticado. Mas as ondas radiofônicas eram efêmeras, muitas vezes emitidas a partir de estúdios precários, tecnicamente simples, que poderiam ter surgido até mesmo de uma brincadeira entre amigos. As ondas eram irradiadas, chegavam até o ouvinte, e desapareciam. Esta pode ser uma das razões pelas quais as emissoras foram controladas por uma legislação governamental até 1932 e, a partir de então, dirigidos por conglomerados radiofonográficos.

Durante o curto período de aproximadamente cinco anos, entre 1927 e 1932, enquanto o disco foi o principal divulgador da "nossa música" e o rádio ainda se consolidava, o nome da gravadora foi colocado em evidência, anunciado cansativamente. Ainda que as companhias fonográficas estrangeiras sejam consideradas pelos estudiosos como empresas "discretas" por produzirem discos com artistas e gêneros de música locais,[83] naquela época, seja na publicidade, no selo do disco ou no nome do aparelho leitor, tudo deveria vir "assinado" por uma boa marca fonográfica. Com relação à compra de agulhas, por exemplo, a *Revista Phono-Arte* registrou que

> vários fonófilos exigem ao vendedor uma caixa de agulhas da marca tal, de sua preferência. No caso de não poder obtê-la, recusam as de outras marcas acreditadas. Ora, não é necessário se chegar a esse extremo. (...) [No entanto], se o leitor está acostumado a usar

83   Flichy, Patrice. *Op. cit.*, 1982, p. 198.

determinada marca (...), não há, certamente, de mudar sua preferência pelas nossas explicações.[84]

Da mesma forma, a marca Columbia apresentava seus discos
como "os melhores", provavelmente para obter a fidelidade do leitor
do *Diário Nacional*:

> Um momento e um pouco de ciência... e nós lhe explicaremos
> porque os Discos Columbia são os melhores! (...) O processo de
> LAMINAÇÃO dos DISCOS COLUMBIA não só dão ao disco uma re-
> sistência maior, como elimina absolutamente esse barulho horrível,
> que estraga irremediavelmente a execução de qualquer disco por
> melhor que seja a música, e que se chama CHIADO.[85]

Na realidade, enquanto não houvesse certa padronização no material para a confecção de discos e no processo de registro sonoro, a qualidade da gravação e da reprodução, de fato, poderia variar:

> A massa de que são feitos os discos Columbia, é a universalmente
> adotada pela companhia, (...) isentando o disco do chiado pela agu-
> lha e aumentando-lhe consideravelmente a duração. Na fabricação
> nacional, adota-se, portanto, o mesmo processo "laminado" *paten-
> teado* pela Columbia (...). Para que o disco Columbia nacional possua
> a mesma excelência dos estrangeiros, (...) a Columbia faz periodica-
> mente, a importação de matéria-prima dos Estados Unidos, onde
> ela é fabricada com mais esmero.[86]

Foi somente depois de existir um certo nivelamento tecnológico
e generalização do conhecimento sobre o novo processo de gravação
que as companhias fonográficas passaram aos poucos a adotar uma forma cada vez mais "discreta" de atuação, colocando-se sob o nome da
emissora de rádio ou do artista. A ausência de "chiado" no disco deixou de ser motivo para a publicidade, já que havia se tornado condição

---

84   "O uso e abuso das agulhas de fonógrafo". *Revista Phono-Arte*, nº 15, 15.05.1929, p. 11.

85   Anúncio Columbia. *Diário Nacional*, 30.07.1930, p. 7. Grifos do autor.

86   "A Columbia no Brasil". *Revista-Phono-Arte*, nº 14, 23.02.1929, p. 4. Grifo nosso.

imprescindível para a sua comercialização; as casas de música deixaram de ser distribuidoras exclusivas dos discos de certas gravadoras, passando a organizar seu estoque a partir do nome do intérprete ou do gênero musical; a quantidade de anúncios de discos na grande imprensa diminuiu consideravelmente, ao passo que as chamadas para programas radiofônicos tornaram-se habituais nas páginas dos jornais de época.[87]

O início das operações destas gravadoras em estúdios localizados em São Paulo fez com que o repertório registrado em discos se diversificasse. Permitiu também o ingresso de novos artistas no ainda precário circuito profissional que o mercado cultural paulistano oferecia naquela época.[88] No entanto, além dos estúdios de companhias estrangeiras e da produção da Imperador, a cidade também abrigou três estúdios de pequenas gravadoras que, embora contassem com poucos recursos, possuíam fábrica própria e gravavam pelo processo elétrico. Estas pequenas empresas constituíram-se nas únicas gravadoras da era elétrica que poderiam ser chamadas de "empresas nacionais" ou "selos nacionais", tendo registrado, majoritariamente, a performance e a produção de artistas paulistas.[89]

---

87   Ver levantamento realizado no *Correio Paulistano* entre 1934-1936.

88   Ver, a esse respeito, Moraes, José Geraldo Vinci de. *Op. cit.*, 2000a, especialmente p. 96-117.

89   Enquanto a Victor investia 2.098:750$000 em São Paulo, a pequena gravadora Arte-Fone investia 200:000$000. *Estatística Industrial do Estado de São Paulo* referente aos anos de 1931 e 1932. A fábrica estava em nome do italiano Ângelo Gagliardi. Ver também Junta Comercial do Estado de São Paulo, NIRE 35104378581. A *Phono-Arte* considerou o selo Imperador com um pequeno "selo nacional". "Os novos discos. Análise e crítica". *Revista Phono-Arte*, nº 13, 15.01.1929, p. 25. Os discos Arte-fone, Ouvidor e Brazilphone foram gravados pelo processo elétrico, conforme *Discografia brasileira 78 rpm*, vol. II, p. 458, 469 e 472 e audição dos discos. O repertório e o *cast* das pequenas gravadoras paulistanas foram extraídos a partir dos dados da *Discografia brasileira 78 rpm*, vol. II, e a partir de levantamento de biografias de artistas realizado na *Enciclopédia da Música Brasileira* e no *Dicionário Cravo Albin*, versão on-line.

As fusões verificadas durante os anos 1920, ocorridas entre as empresas fonográficas e radiofônicas nos países-sede, demonstram que havia uma tendência à eliminação dos pequenos selos fonográficos, característicos da era da gravação mecânica. Mas, antes disso acontecer, o bairro do Brás reservou aos paulistanos um repertório dissonante, numa época em que as gravações ainda circulavam "eletricamente" pela cidade através das audições coletivas e eram verdadeiros "brindes comerciais" de "distribuição gratuita". Também nessa época, as emissoras radiofônicas ainda não eram fundamentais para a difusão dos discos, o que exigiria da gravadora certa organização e maiores investimentos para a divulgação de discos em outra mídia. Dado esse descompasso entre o desenvolvimento da radiofonia e da fonografia, em São Paulo, no característico bairro do Brás, abriu-se um pequeno espaço para registrar em discos alguns acordes e vozes, hoje em dia emudecidos pelas péssimas condições de conservação dos fonogramas ou pelo esquecimento; foi também ali, no Brás, num pequeno estúdio na então distante rua da Mooca, que, por um curto período de tempo, gravou-se música instrumental, executada e assinada por músicos paulistanos. Diferentemente do conjunto de gravações da Imperador, os discos Arte-fone e Ouvidor, que eram gravados pelo processo elétrico, continham marchinhas de carnaval, modinhas de viola, choros e valsas. Um repertório urbano desligado da precariedade do repertório modinheiro, que indicava uma tímida possibilidade de profissionalização dos artistas, formados músicos no dia a dia das rodas de choro.

Estas gravações paulistanas representam fragmentos de uma prática musical ainda informal, não completamente envolvida pelo profissionalismo precário do mundo do rádio e do disco. O hibridismo e a italianidade das gravações podem soar um tanto estranhos de início, mas certa intimidade com a linguagem destes músicos advém em seguida. Muitos deles, sob a voz de um "cartaz" e quase no anonimato, rumaram ao Rio de Janeiro para participar das gravações da "música popular brasileira", "criada" naqueles anos 1930 e amplamente divulgada pelo rádio e pelo disco, cuja sonoridade está muito presente em nossa memória musical até os dias de hoje.

Em comparação com as grandes companhias fonográficas, da cidade de São Paulo podia-se ouvir um repertório bastante diferente do contexto fonográfico da virada dos anos 1920 e início dos anos 1930. Esse repertório desapareceria tão logo as estações radiofônicas se multiplicassem e consolidassem no cenário paulistano, e a música registrada pelas grandes empresas fonográficas se mostrasse preponderante no rádio. A "sinfonia paulistana", no entanto, não desapareceu. Perdeu parte de seu vigor, modificou-se e retirou-se do "foco da cena da cultura nacional", mas sobreviveu no caráter tácito das sonoridades musicais e permaneceu quase silenciosa "nos porões da memória coletiva".[90] É provável, inclusive, que alguns leitores ainda se lembrem de uma infância embalada ao som dos tangos, tocados na vitrola dos avós. Ou de histórias de seresteiros apaixonados, cantando valsinhas ao pé das janelas das moças nas madrugadas de domingo.

"E está dito tudo." Afinal, ninguém pode negar-se a ouvir. E, na São Paulo dos anos 1920, parece que, mesmo contra a pretensão das gravadoras, ninguém poderia deixar de ouvir o tango,

> (...) que, nos últimos tempos, tornou-se uma expressão da melancolia internacional.

Nem mesmo os mal-humorados que trabalhavam no centro e julgavam as vitrolas aparelhos "berrantes" e os discos "banalíssimos". Porque, se eram tangos que ecoavam na calçada,

> Todos o escutam, num recolhimento. Todos param alguns momentos, caminhando depois, num passo vagaroso, porque não é de bom tom parar nas ruas e mesmo são ordens recebidas pelos policiais: não se pode andar parado...

90   Saliba, Elias, Thomé. "Prefácio". In: Moraes, José Geraldo Vinci de., 2000a, p. 15.

... Mas se pode escutar andando, "num passo vagaroso". Admirados com a música ecoada pela vitrola, escutando a música que sensibilizava todas as almas, assim faziam os basbaques, caminhando devagar pelas calçadas da cidade, só para ouvir, contritos, o tango, verdadeira "expressão da melancolia internacional".[91]

Rapaziada do Brás

(...) o Brás é uma "outra" cidade. (...) Aí tudo é típico.[92]

Durante o mês de junho, no Brás, a colônia Polignano-a-mare promovia a maior festa do bairro, em homenagem a São Vitor Mártir. Durante os festejos para "São Vito", milhares de pessoas amontoavam--se nas principais ruas do bairro para participar das atrações e ouvir a ruidosa queima de fogos no último dia de festa.

A iluminação era feérica. Cerca de três dezenas de arcos iluminados. Três grandes coretos, onde tocavam afinadas corporações musicais. Diversos leilões. Bares improvisados em portões ou terrenos baldios. Vendedores ambulantes de guloseimas e bugigangas.

Para concorrer com a festa de São Vito, em setembro, os napolitanos ali residentes organizavam a festa de Santa Maria de Casalucia. Após ouvirem-se os estampidos dos últimos fogos de artifício para a santa, o povo decidia qual colônia havia promovido a maior algazarra daquele ano.

O povo é o juiz. Mas, fiel ao provérbio que diz que "a última alegria é a melhor", ele sempre considera melhor a última festa...[93]

Alguns meses depois, iniciavam-se os preparativos para o carnaval. Na avenida Rangel Pestana, "onde mais cedo se faz[ia] ouvir o grito de

---

91   "Os basbaques da vitrola". *Diário Nacional*, 12.04.1928, p. 1.

92   "As festas tradicionais do Brás". *Diário Nacional*, 19.06.1928, p. 1.

93   *Idem, ibidem.*

alerta pela aproximação dos tradicionais festejos" de Momo,[94] fazia-se o corso, ao som de bandas bem ensaiadas que ficavam nos coretos ao longo das ruas e avenidas do bairro, e os foliões tomavam as ruas, com lança-perfumes, serpentinas e confetes.

Quando não havia festa, as ruas do bairro mais populoso da cidade[95] mostravam "as suas chaminés gigantescas",[96] revelando sua condição de bairro industrial e operário. Ao lado delas, havia casas geminadas, térreas ou assobradadas, com poucos metros de frente, mas que se aprofundavam pelo interior do quarteirão, às vezes abrigando dezenas de famílias. Vendedores de todo o tipo batiam de porta em porta, anunciando suas mercadorias diante das pequenas fachadas. O pizzaiolo carregava os discos de pizza dentro de latas enormes. O verdureiro familiarizou o paladar do paulistano ao brócolis, à escarola, à catalonha. Havia também aqueles que comercializavam frango, castanhas, doces.

"A rua era o centro de tudo. (...) [À noite ou nos finais de semana,] as pessoas promoviam festas, passeavam durante as noites de verão ou colocavam cadeiras na calçada para prolongadas conversas".[97] Nos fundos das casas ou entre elas, havia um número incalculável de pequenos estabelecimentos, como "tendas de sapatarias, marcenarias, fábricas de massas, de graxa, de óleos, de tintas de escrever, de fundições,

---

94   "Carnaval". *O Estado de S. Paulo*, 30.01.1932, p. 6.

95   Andrade, Margarida Maria. *Bairros além-Tamanduateí: o imigrante e a fábrica no Brás, Mooca e Belenzinho*. Tese de doutorado, Depto. de Geografia, FFLCH-USP, 1991, p. 82, 126, 134.

96   "As festas tradicionais do Brás". *Diário Nacional*, 19.06.1928, p. 1.

97   Depoimento de Antonio Teodósio, sapateiro do Brás. In: *Memória Urbana*. São Paulo: Imprensa Oficial, 2001, p. 65 e Reale, Ebe. *Brás, Pinheiros, Jardins. Três bairros, três mundos*, São Paulo: Pioneira/Edusp, 1982, p. 41.

tinturarias, fábricas de calçados, manufaturas de roupas e chapéus".[98]
Muitas delas tornar-se-iam prósperas indústrias nos anos seguintes.[99]

As agitadas ruas do Brás também contavam com restaurantes, cantinas, pizzarias e confeitarias, cinemas e teatros, várias lojas de calçados e de armarinhos e duas lojas de departamentos. Havia ainda estabelecimentos que vendiam armas, artigos para caça e pesca, duas lojas que vendiam discos, gramofones, instrumentos e partituras musicais. O bairro contava também com lojas de tecidos, de roupas feitas, de louças e cristais.[100] O comércio se disseminava pelos quarteirões, tornando os habitantes do Brás "independentes [da cidade de São Paulo] em quase tudo".[101]

O bairro do Brás se formou e se desenvolveu segregado do restante da cidade, "sobre os pântanos que se estendiam a leste" de São Paulo.[102] Aquelas terras baixas, insalubres, foram ocupadas "sobretudo por italianos, (...) [e] contrasta[vam] por suas fábricas, suas ruas sujas, seus esgotos lodosos, com as construções elegantes e as chácaras dos bairros ocidentais".[103] Quem saísse dali em direção ao Triângulo central da cidade, passava por uma "extensa várzea, muito maltratada", cujas "terras

---

98   Bandeira Jr. A. F. *A indústria no Estado de São Paulo em 1901*, São Paulo: Tip. do Diário Oficial, 1901, p. IX *apud* Andrade, Margarida Maria de, *op. cit.*, p. 118.

99   Torres, Maria Celestina T. M., *O Bairro do Brás. História dos bairros de São Paulo*. São Paulo, Prefeitura Municipal, Secretaria de Educação e Cultura, Depto. de Cultura, 1969, p. 168.

100 Villaça, Flávio. *A estrutura territorial da metrópole sul-brasileira*. Tese de doutorado, Depto. de Geografia, FFLCH-USP, 1978, p. 324.

101 "As festas tradicionais do Brás". *Diário Nacional*, 19.06.1928, p. 1.

102 Andrade, Margarida Maria de. *Op. cit.*, p. 41.

103 Reclus, Elisée. Nouvelle Géographie Universelle, Tome XIX, Amérique du Sud, Hachette, Paris, 1894, p. 370-171, *apud* Andrade, Margarida Maria de. *Op. cit.*, p. 85.

pantanosas e podres de imundícies" eram teimosamente ocupadas por construções "que não prima[va]m pelo asseio, nem pela beleza".[104]

Depois da inauguração da ferrovia e da construção da Hospedaria de Imigrantes, no último quartel do século XIX, o poder público passou a se preocupar com a urbanização da região, já que as más condições de saneamento poderiam prejudicar o fluxo migratório e ameaçavam, com seus "ares insalubres", toda a população da cidade. Em 1878, o Brás passou a fazer parte do itinerário dos primeiros bondes puxados por burros, que levavam passageiros da Estação de Ferro do Norte até o Triângulo central da cidade. Na última década do século XIX, iniciaram-se as obras para distribuição de água, canalização dos esgotos e as ruas passaram a ser calçadas e iluminadas a gás. Nos primeiros anos do século XX, tiveram início as obras para o saneamento da várzea do Carmo e a canalização do rio Tamanduateí. A partir da década de 1910, o poder público já considerava o Brás um bairro urbanizado, mas as melhorias feitas pela prefeitura foram insuficientes ou mal-feitas, e as obras, realizadas de forma intermitente, não acompanharam o aumento drástico no número de habitantes.[105]

Desde a segunda metade do século XIX, o Brás já era visto pelos residentes na parte ocidental da cidade como um bairro industrial, operário e importante, mas que não parecia "uma parcela integrante da capital paulista", já que seus habitantes possuíam "hábitos peculiares".

> os moradores do Brás (...) caprichaam em frequentar os cinemas da Avenida Rangel Pestana e a fazer o "footing" nessa importante

---

104 Pinto, Alfredo Moreira. *A cidade de São Paulo em 1900*. São Paulo: Governo do Estado de São Paulo, 1979, p. 24 *apud* Andrade, Margarida Maria de. *Op. cit.*, p. 87.

105 Margarida Maria de Andrade afirma que entre 1886 e 1893 a população no bairro triplicou, saltando de 39 mil para cerca de 126 mil habitantes; em 1934, a "zona de influência do Brás [subdistritos de 1934 do Belenzinho, Mooca, Pari, Alto da Mooca, Penha, Tatuapé, Vila Matilde, Itaquera e Lageado] tinha 350.515 habitantes." Cf. Andrade, Margarida Maria. *Op. cit.*, p. 82; Villaça, Flávio. *Op. cit.*, p. 326.

artéria. As suas moças (...) embora pertençam muitas a famílias abastadas, não usam chapéu. (...) Não sentem atrativos pelo "footing" do Triângulo ou pelos passeios de domingo à tarde, em torno das vitrinas do centro, preferindo os concorridos passeios da avenida principal do Brás.[106]

A segregação da região contribuiu "para que o Brás se tornasse um bairro com intensa vida própria, diferente do restante da cidade (...), [fazendo] com que seus moradores frequentassem pouco o centro da cidade e com isso criou-se, no próprio bairro, uma grande e relativamente prematura demanda para comércio e serviços".[107] Assim, naquela região do "além-Tamanduateí", desenvolveu-se uma importante atividade comercial, estimulada pela existência precoce de vias de transporte e de energia hidráulica para abastecer o sistema fabril e, principalmente, por ser a região mais populosa da cidade.[108] Durante as quatro primeiras décadas do século XX, "o Brás permaneceu quase como uma 'cidade' autônoma dentro de São Paulo":[109]

Orgulhosos de seu bairro, os moradores do Brás teimam em fazer suas compras nas casas comerciais aí instaladas. Independentes em quase tudo, (...) quase nunca vêm à cidade. (...) Não é difícil, assim, encontrar meninos, já de certa idade, que ainda não conhecem sequer uma das grandes ruas da cidade.[110]

No final dos anos 1920, aparentemente os "hábitos peculiares" dos moradores do Brás não incomodavam aos que os assistiam de longe. No entanto, alguns episódios ocorridos durante a festa de São Vito foram propositadamente destacados na primeira página do *Diário Nacional*. A manchete dizia: "As festas tradicionais do Brás. Aspectos típicos das

106 "As festas tradicionais do Brás". *Diário Nacional*, 19.06.1928, p. 1.

107 Villaça, Flávio. *Op. cit.*, p. 321-322.

108 Torres, Cristina Teixeira Mendes. *Op. cit.*, p. 162-168.

109 Villaça, Flávio. *Op. cit.*, p. 321-322.

110 "As festas tradicionais do Brás". *Diário Nacional*, 19.06.1928, p. 1.

homenagens a S. Victor de Mártir – Uma fortuna gasta... pirotecnica-
mente – Os fogos de artifício e a prisão de um dos festeiros." No artigo,
o jornal destacou sumariamente a animada italianidade do bairro e a
alegria da comemoração, mas detalhou a confusão e os altos custos pi-
rotécnicos da festa e ironizou a prisão do vice presidente da Sociedade
de São Vito, promotora do festejo:

> As moças, principalmente, encontravam a maior dificuldade em se
> locomover, em virtude do mau policiamento e da superabundância
> de indivíduos destituídos de um razoável senso moral.
>
> A festa de São Victor custa uma soma considerável, superior a vinte
> e cinco contos de réis. Destes, quase uma dezena em fogos de ar-
> tifício! Isto é, gastava-se, pois parece que a polícia pretende proibir
> as manifestações... pirotécnicas, capazes de despertar perniciosas
> manifestações.
>
> [A prisão do vice-presidente da Sociedade, por conta] do estouro de
> bombas de grandes proporções durante as festas (...), fez com que,
> à noite, difícil se tornasse o encontro com qualquer dos diretores da
> São Vitor...[111]

O crescente preconceito do jornal ao longo do artigo demonstra
que o Brás estava segregado espacial, social e culturalmente do restante
da população paulistana. O próprio *Diário Nacional* registrou em outra
ocasião que

> (...) havia pessoas (...) cujos nervos dançavam noite e dia, não um
> "charleston", um tango, ou uma simples e langorosa valsa, mas o
> terrível batuque tremelicado, de uma dança de S. Vito.[112]

Mesmo assim, por mais que estivesse afastado espacialmente e longe dos olhares dos moradores de Higienópolis, Campos Elíseos ou de
Santa Cecília, o bairro fazia parte da cidade. O burburinho de suas ruas

---

111   "As festas tradicionais do Brás". *Diário Nacional*, 19.06.1928, p. 1.
112   "Os alto-falantes vão desaparecer". *Diário Nacional*, 30.12.1927, p. 4.

aos domingos era conhecido e comentado, suas festas atraíam os moradores da "parte ocidental da cidade", e seus "hábitos peculiares", ironicamente, ganhavam destaque de primeira página de jornal.

Em 1921, o *Estado de S. Paulo* registrou a crescente importância do Carnaval do Brás, que passou a fazer concorrência com o desfile do Triângulo Central e da Avenida Paulista. O que atraía os foliões que se deslocavam até o afastado bairro, era que "aquela parte da cidade vibrava de entusiasmo pelos folguedos a que (...) [os foliões] se entregavam na Avenida Rangel Pestana", muito antes dos "três dias consagrados ao culto de Momo".[113] E, anos depois, nos Carnavais de 1928 e 1931, o Brás ainda mantinha "a primazia em matéria de festejos carnavalescos",[114] onde "mais cedo se faz[ia] ouvir o grito de alerta pela aproximação dos tradicionais festejos".[115] Não foi à toa que esse bairro de "hábitos peculiares", cheio de ruído e movimento, segregado e industrial, criou uma forma também característica de difundir uma sonoridade própria, através de uma pequena e isolada fábrica de discos, situada na avenida Celso Garcia, no número 132.

No início do século, no ano de 1901, Bandeira Jr. já havia notado que além das fábricas com "chaminés gigantescas", no bairro do Brás também existiam diversos pequenos estabelecimentos,

> que funcionavam em estalagens, em fundos de armazéns, em resumo: em lugares que o público não vê.[116]

A pequena fábrica do italiano Ângelo Gagliardi, embora ainda não existisse naquele ano de 1901, certamente poderia fazer parte do rol de

---

113   "Carnaval no Brás". *O Estado de S. Paulo*, 10.02.1921, p. 3, *apud* Sevcenko, Nicolau. *Orfeu extático na metrópole.* São Paulo: Companhia das Letras, 2000, p. 105.

114   "As festas de Momo". *Diário Nacional*, 21.02.1928, p. 2.

115   "O Carnaval". *O Estado de S. Paulo*, 30.01.1932, p. 6.

116   Bandeira Jr., A. F. *Op. cit.*, p. IX, *apud* Andrade, Margarida Maria de. *Op. cit.*, p. 118.

estabelecimentos "invisíveis" de Bandeira Jr., tão comuns nas ruas do
Brás do início do século. Gagliardi registrou sua "fábrica de discos para
gramofone, marca 'Ouvidor'" na Junta Comercial do Estado de São
Paulo, em 1º de abril de 1931, investindo um capital de 200:000$000 no
empreendimento.[117] Naquele ano, a fábrica contava com seis operários
e algumas máquinas,[118] que produziam discos com os selos Arte-fone e
Ouvidor. O estúdio de gravação ficava na então distante rua da Mooca,
longe do burburinho das ruas e dos sons dos automóveis e dos trens.
Na avenida Rangel Pestana, o proprietário da Casa Wally, Vicente A.
Giordano, editava e vendia partituras, instrumentos musicais, vitrolas
e discos Arte-fone.[119] No mesmo ano, circularam pela cidade três séries
de discos editadas simultaneamente, cujo selo trazia estampado o nome
"Ouvidor". Os discos Brazilphone devem ter chegado às casas de música mais ou menos pela mesma época.[120]

---

117   *Junta Comercial do Estado de São Paulo*. NIRE 35104378581 – Ângelo Gagliardi.

118   *Estatística Comercial do Estado de São Paulo* para os anos de 1931 e 1932.

119   Depoimento de Alberto Marino Jr., filho de Alberto Marino, concedido em
       30.06.2004.

120   Na realidade, as poucas informações existentes são contraditórias e imprecisas.
       Os dados oficiais utilizam os nomes "Ouvidor" e "Arte-fone" aleatoriamente,
       como se eles se confundissem, mas relacionam os dois selos ao italiano Ângelo
       Gagliardi. No entanto, o relato do cantor Ochelsis Laureano ao historiador
       José Ramos Tinhorão levanta a hipótese de que se tratavam de empresas
       diferentes. Segundo ele, "a gravadora Ouvidor foi fundada em fins de 1928
       – pelos proprietários dos antigos discos 'Gaúcho', sendo depois adquirida
       pela 'Arte-fone' de São Paulo." Não há, contudo, nenhuma referência ao selo
       Ouvidor, salvo o suplemento referente ao ano de 1931, do qual foram extraídos
       os dados da *Discografia*, e uma única página sobre a "Firma Individual" de
       Gagliardi encontrada na Junta Comercial do Estado de São Paulo, que traz
       1931 como ano de abertura de firma. Ver Junta Comercial do Estado de São
       Paulo, NIRE35104378581 – Ângelo Gagliardi; *Estatística Comercial do Estado
       de São Paulo* para os anos de 1931 e 1932; *Discografia brasileira 78 rpm*, vol. II,
       p. 458. O selo Brazilphone é um enigma maior, já que a marca foi registrada
       como "fábrica de discos" em 1926, por Ângelo M. La Porta.

Durante o "footing" pela principal avenida do bairro, as moças e rapazes que passavam diante da Casa Wally certamente podiam escutar o som de uma vitrola ecoando a conhecida valsa de Alberto Marino, *Rapaziada do Brás*, composta em 1917 e registrada pela Artefone em 1931, cuja gravação, infelizmente, não foi localizada. No entanto, o leitor pode ouvir a bela melodia da valsa interpretada por Jacob do Bandolim, se voltar à faixa 6. Marino era filho de imigrantes italianos, e foi morador do Brás durante toda a sua vida. Foi compositor, regente, instrumentista, tendo participado de serestas desde garoto, andando pelas ruas do bairro, que se tornaram fonte de inspiração de algumas de suas composições.

Além disso, Alberto Marino diplomou-se em violino pelo Instituto Musical de São Paulo e foi professor do Conservatório Dramático e Musical da cidade. Sua família era amiga de Vicente Giordano, que editou e comercializou suas composições em partituras, na época em que Marino ainda não havia gravado em discos. Assim, o autor de *Rapaziada do Brás*, conhecia muito bem tanto a teoria musical quanto os músicos da cidade, e também os editores daquela peculiar região da cidade. Talvez por conta de sua experiência no circuito musical paulistano, Alberto Marino tenha sido convidado para ser diretor artístico da Arte-fone durante os quase dois anos em que a gravadora esteve em atividade.[121]

Em torno de Alberto Marino, aproximaram-se músicos de excelente qualidade técnica que gravaram as suas atuações nos discos dos pequenos selos paulistanos. Além dos solos de violino de Bertorino Alma (pseudônimo de A. Marino e anagrama de seu nome), ficaram registrados em discos Arte-fone, Ouvidor ou Brazilphone alguns solos de saxofone por Domingos Pecce ou José Guelli, de pistão ou de trompete por Victor Lázzaro, de harmônica pelo Antenógenes Silva e José Rielli – o mesmo "Giuseppe Rielli" das gravações mecânicas de Fred Figner. A

---

121   *Enciclopédia da Música Brasileira*, p. 482.

gravadora registrou também o violino de Nestor Amaral, os violões de Petit e Benedito Chaves, o bandolim de Amador Pinho, a flauta de Attílio Granny e solos de clarineta executados por Nabor Pires Camargo.

Nestes solos instrumentais é possível escutar valsas melodiosas, reminiscências daquilo que se tocava nas serenatas. Certamente, algum modinheiro indiscreto deve ter inventado uma delicada letra para agradar alguma moça sonolenta (*Em ti pensando*, ◀*Faixa 29*):[122]

> As serenatas! Ah! As serenatas! Como a Mooca era sossegada, quieta, romântica sem os atropelos da vida moderna. Ter uma moça na família ou na família do vizinho era contar na certa com um despertar improvisado na madrugada de domingo, ao som de uma orquestra executando langorosas valsas à frente ou perto de casa e depois ouvir a música ao longe diminuindo até acabar, enquanto se mergulhava novamente em um sono gostoso.[123]

O registro do violino de Marino, executando uma valsa de sua autoria, é uma das gravações de melhor qualidade feitas pela Arte-fone, além de ter sido bem conservada pelos proprietários da Casa Lomuto, hoje em dia localizada na Rua Quintino Bocaiúva, região central de São Paulo. Chama a atenção, de início, a simplicidade do arranjo e a languidez da execução. Dois instrumentistas no estúdio – diretor artístico incluído –, "habilidosamente dispostos" diante do microfone, o primeiro acorde da música já conforta o ouvinte, dada a profundidade do som grave do violão, agradavelmente combinado com a entrada discreta, em baixo volume, do violino de Alberto Marino.

Boa parte dos instrumentistas que registraram suas atuações na gravadora teve sua formação musical em "encontros informais nas ruas e

---

122   *Em ti pensando*. Valsa gravada pelo Alberto Marino, disco Arte-fone nº 4017-A, de autoria de José Rizzo, lançada entre 1931 e fins de 1932.

123   Memórias de Eugênio Luciano, Lybio Martire, Eiccieri Eugênio Ponchirolii, antigos moradores da Mooca. In: *Memória Urbana, op. cit.*, p. 62.

residências (…) nas salas de cinema, teatros, circos".[124] Alberto Marino, por exemplo, era figura conhecida no Brás e, como já foi assinalado, percorria as ruas do bairro, tendo participado das serenatas desde garoto. No entanto, nem seria preciso dizer que a valsa gravada difere da valsa executada "à frente ou perto de casa". Naqueles primeiros anos da década de 1930, quando os discos Arte-fone, Ouvidor ou Brazilphone foram gravados, "os atropelos da vida moderna" já começavam a atrapalhar os sereteiros e os músicos amadores, que passaram a se recolher no interior de suas casas, em reuniões informais com outros músicos, nos bares ou cafés da cidade. Nabor Pires Camargo, por exemplo, começou sua carreira musical tocando em uma banda de Indaiatuba, sua cidade natal. Quando chegou a São Paulo, fez parte da orquestra do Cine Olímpia – tornando-se nessa época, grande amigo de Alberto Marino – para em seguida empregar-se no Centro Musical de São Paulo e nas emissoras de rádio paulistanas. Antenógenes Silva começou sua carreira em Ribeirão Preto e quando chegou a São Paulo tocou no Bar Excelsior, recebendo algum cachê. Amador Pinho foi lembrado pelo "chorão paulistano" Antônio D'Áurea como uma bandolinista de "muita técnica", afirmando que se reuniam na casa de Pinho para tocar choros.[125]

É curioso notar que todos os discos Arte-fone ou Ouvidor que haviam sido prensados com uma valsa em um dos lados, traziam no lado inverso um choro ou uma valsa-choro. A valsa *Célia* (◄*Faixa 30*) foi complementada com o choro *Lá vem o sol* (◄*Faixa 31*),[126] compostos e executados por Attílio Granny; *Sofrer sorrindo* (◄*Faixa 32*), valsa de autoria de Nabor Pires Camargo, trazia em seu lado "B" um choro também

---

124 Moraes, José Geraldo Vinci de. *Op. cit.*, 2000a, p. 252.

125 Sobre Nabor, ver Bernardo, Marco Antonio. *Op. cit.*, p. 36 e 43. Sobre Antenógenes ver *Enciclopédia da Música Brasileira*, p. 729. Sobre Pinho, ver depoimento de Antônio D'Áurea, MIS-SP.

126 *Célia*, valsa, e *Lá vem o sol*, choro. Gravados pelo Attílio Grany, disco Ouvidor nº 3003, ambos de autoria de Attílio Grany, lançado em 1931.

de sua autoria *Bicho mau* (◀*Faixa 33*),[127] de difícil execução;[128] a valsa *Maria* (◀*Faixa 34*) foi complementada pelo choro *De cachimbo* (◀*Faixa 35*),[129] ambos compostos e interpretados por Domingos Pecce.

Manhoso e *Genioso* talvez sejam os choros mais "virtuosísticos" gravados pela Arte-fone e pela Ouvidor. Em *Manhoso* (◀*Faixa 36*), Pecce toca o saxofone com ataque duplo na segunda parte da música, dobrando as notas e obtendo grande velocidade na execução. Em *Genioso* (◀*Faixa 37*),[130] Amador Pinho executa seu bandolim com admirável rapidez e precisão, acompanhado pelos violões de Petit e Benedito Chaves. As duas gravações revelam certa precariedade na conservação dos discos, mas o próprio registro pode ter sido mal-feito. Especialmente em *Genioso*, as cordas soam um pouco "chatas" e "metálicas", como nas primeiras gravações mecânicas, e os sons mais graves ecoam com toda força, dificultando ao ouvinte distinguir as notas de cada instrumento. É muito provável que a qualidade do material utilizado para a confecção dos discos seja a principal responsável pelo resultado final do registro, especialmente se levarmos em conta que a pequena gravadora "economizava cera",[131] pois não tinha condições de realizar "provas miúdas" e testes com diversas matrizes, como fez a Victor com a gravação de *Babaô Miloquê*. Talvez na gravação de *Gauchita* (◀*Faixa 38*)[132] o som "metálico"

---

127   *Sofrer Sorrindo*, valsa, e *Bicho Mau*, choro. Gravados por Nabor Pires Camargo, disco Arte-fone nº 4004, lançado entre 1931 e fins de 1932.

128   Bernardo, Marco Antonio. *Op. cit.*, p. 16.

129   *Maria*, valsa, e *De cachimbo*, choro. Gravados pelo Domingos Pecce, disco Ouvidor nº 3017, de autoria de Domingos Pecce, lançado em 1931.

130   *Manhoso* e *Genioso*, choros. Gravados por Petit, Amador Pinho e Benedito Chaves, disco Arte-fone nº 4018, ambos de autoria de Amador Pinho, lançado entre 1931 e fins de 1932.

131   "Para o sucesso de um disco popular". *Revista Phono-Arte*, nº 46, 30.08.1930, p. 1.

132   *Gauchita*. Rancheira gravada pelo Amador Pinho, Petit e Benedito Chaves, disco Arte-fone nº 4021-A, de autoria de Amador Pinho, lançada entre 1931 e fins de 1932.

seja ainda mais evidente e a dosagem entre os sons do acompanhamento e do solo revela certo exagero nos tons graves do primeiro. Compare-se, por exemplo, a gravação da *Serenata de Toselli*, pelo mesmo Benedito Chaves, agora solando, em uma das primeiras gravações do estúdio paulistano da Columbia (◀*Faixa 39*).[133]

A valsa *Gauchita* e o choro *Genioso* eram os lados A e B do mesmo disco 4018 da Arte-fone, o que revela que a gravadora e esses bons instrumentistas estavam sintonizados com duas tradições bastante presentes na São Paulo do início dos anos 1930. O historiador José Geraldo Vinci de Moraes já havia chamado a atenção para a interação entre a tradição seresteira e os chorões paulistanos: "O modo informal de se organizarem e se expressarem, a base instrumental dos conjuntos amadores apoiada nos violões, cavaquinho e algum instrumento de sopro, parcela do repertório e a escassez de bons instrumentistas, determinando a atuação de bons músicos nas duas manifestações, aproximaram as duas formas, que na época apontavam mais para modos de interpretação do que gêneros musicais propriamente estabelecidos".[134]

Na época em que foram feitas as gravações, exímios instrumentistas como Pecce e Pinho já estavam sendo deslocados para exercerem atividades mais profissionais, em grandes "gravadoras, orquestras de rádio e [n]os grupos que acompanhariam os intérpretes mais famosos, conjuntos mais tarde conhecidos como 'regionais'".[135] É muito difícil trilhar o percurso profissional destes artistas, já que os dados disponíveis nos selos dos discos normalmente trazem apenas o nome do intérprete, não o do instrumentista. Alguns conjuntos instrumentais tiveram seus nomes destacados, como o *Bando da Lua*, que recrutou o violinista Nestor

---

133 *Serenata de Toselli*. Sem indicação de gênero, gravada pelo Benedito Chaves, disco Columbia nº 5037-B, de autoria de Toselli e adaptação de Benedito Chaves, lançada em junho de 1929.

134 Moraes, José Geraldo Vinci de. *Op. cit.*, 1997, p. 140.

135 *Idem, op. cit.*, 2000a, p. 252.

Amaral na década de 1940 para realizar apresentações nos EUA com Carmem Miranda, ou os *Oito Batutas*, de Pixinguinha.[136] Entretanto, a regra para a maioria dos instrumentistas era atuar sob a voz de um "cartaz" nos estúdios de uma emissora de rádio ou de uma grande gravadora.

Essa passagem da Arte-fone para uma "grande" emissora ou gravadora, no entanto, não se deu sem atropelos e tensões. A pequena gravadora teve como núcleo de suas gravações estes bons instrumentistas, que tiveram a oportunidade de registrar e interpretar suas próprias composições nos discos. Além delas, o pequeno selo também registrou diversas músicas com a execução de orquestras. Eram muitos os nomes que as letras douradas em fundo negro, no selo dos discos, carregavam: Orquestra de Danças Arte-fone, *Jazz* Arte-Fone, Orquestra Tupi, Orquestra Sinfônica Arte-fone, ou, simplesmente, Orquestra Arte-fone. É evidente que tantas formações orquestrais exigiriam um grande número de músicos, o que indica que estas gravações não foram, obviamente, feitas por conjuntos diferentes, já que a gravadora não conseguiria manter um quadro de músicos tão diversificado. Mas indicavam a versatilidade destes músicos e a intenção da pequena gravadora em seguir os mesmos passos das grandes empresas, que contratavam uma série de bons instrumentistas para acompanhar seus intérpretes e também para registrar alguns solos instrumentais. As grandes gravadoras não podiam prescindir de músicos qualificados e, embora fossem

---

136   O *Bando da Lua* foi um conjunto composto por instrumentistas e cantores que fez parte do *cast* de gravadoras (como a Parlophon, a Victor e a Odeon) e de emissoras radiofônicas brasileiras (como a Mayrink Veiga) e argentinas. Acompanharam Carmem Miranda em viagem aos Estados Unidos. Cf. *Dicionário Cravo Albin*. Edição on-line. Verbete: *Bando da Lua*. *Oito Batutas* foi um conjunto instrumental formado para apresentar músicas em salas de espera de cinema. Tiveram êxito, viajaram por Minas Gerais, São Paulo, Argentina e Paris, de onde voltaram "influenciados" pelo *jazz* norte-americano. *Dicionário Cravo Albin*. Edição on-line. Verbete: *Oito Batutas*.

fundamentais nas execuções, eles foram utilizados, primordialmente, como acompanhantes de cantores.

A Ouvidor e a Arte-fone, ao contrário, produziram uma quantidade de gravações instrumentais proporcionalmente muito maior do que a produção da Victor, Odeon ou da Columbia. Quanto ao assunto, o Sr. J. Carvalho, proprietário da Casa Bevilacqua, no ramo musical havia "muitos anos", constatou:

> (...) o paulista prefere as músicas de dança às de canto. No Rio se canta mais. Em qualquer casa, quando se juntam as pessoas da família com os convidados, canta-se ao piano, a solo ou em coro. O número de músicas para danças que vendemos aqui, é muito maior do que o de músicas para canto. (...) Não compreendo bem o motivo, mas isto é o que se dá.[137]

A valsa *Os três beijos* (◀*Faixa 40*),[138] gravada pela Orquestra de Danças Arte-fone, possui uma introdução triunfal, seguida de melodia leve, delicada e até agradável. Ao fim desta segunda parte, os músicos voltam à introdução, mas o trecho seguinte é preenchido por tons graves e sombrios, que provocam certa expectativa no ouvinte. Toda preparação servia para uma curta – e curiosa – intervenção de Ubirajara,[139] cantando os seguintes versos:

Nem sei porque o meu coração te quer
Nem sei porque tanta ilusão, mulher
Irão melhor que eu, o luar tão lindo
E as estrelas a brilhar no céu infindo

137　"O tango, pelo que nos dizem várias casas do centro, é a paixão do paulista". *Diário Nacional*, 05.10.1928, p. 8.

138　*Os três beijos*. Sem indicação de gênero, gravada pela Orquestra de Danças Arte-fone e canto pelo Ubirajara, disco Arte-fone nº 4074-B, de autoria de J. Portaro, lançada entre 1931 e fins de 1932.

139　Ubirajara: pseudônimo de Vicente Felicetto, datas de nascimento e morte desconhecidas. *Discografia brasileira 78 rpm*, vol. II, p. 202.

E testemunharam qual sua mudez
O beijo que dei primeiro
E outro me deste por sua vez
Enfim demos juntos o terceiro

Talvez o que mais chama a atenção do leitor, que acompanhou as palavras de Ubirajara pelo texto transcrito, seja o conteúdo dos versos, cujas rimas, estrutura, imagens, termos, são muito comuns e usuais. Uma segunda audição mais cuidadosa e sem tanta atenção à leitura, no entanto, revela que a intervenção do cantor pouco altera o sentido da música; ele simplesmente acompanha, com palavras, aquilo que é dito, efetivamente, pela melodia da música. É provável que nem Ubirajara, e nem os músicos, tenham percebido a pouca relevância da letra, já que batizaram a gravação de *Os três beijos*. Mas, dificilmente, a audição do registro levaria a imaginação do ouvinte à rua, à praça ou ao jardim, de onde se poderia ver "estrelas a brilhar no céu infindo". Entre outras coisas, o "gesto invisível" da gravação, sem gênero musical definido, remete o ouvinte ao salão de dança, movimentado pela coreografia de casais embalados pelo som da orquestra, composta por alguns poucos instrumentistas.

É possível que o Sr. Carvalho, da Casa Bevilacqua, tenha percebido uma importante característica dos ouvintes paulistanos, captada pelo repertório da pequena Arte-fone. Os artistas da gravadora, sempre de ouvidos atentos, informavam-se musicalmente andando pelas ruas do Brás, escutando modinheiros, bandas de coreto, rádios e vitrolas, e, na certa, dividiam com os ouvintes o gosto pela dança e pela música instrumental, especialmente as valsas.

Essa íntima relação com a sonoridade de uma "parte" da cidade conferiu às gravações da Arte-fone ou da Ouvidor um tom especial. Por mais complexas e difíceis que fossem as execuções de Amador Pinho ou Domingos Pecce, os registros de música instrumental revelam uma simplicidade própria, nada trivial. Sua condição de *pequena* empresa impedia a gravação de grandes orquestras, e a maior parte de seus registros contavam com dois, no máximo três instrumentistas no estúdio. Estas gravações, feitas no então distante e silencioso bairro da Mooca, foram as primeiras realizadas por estes instrumentistas – se não efetivamente *a* primeira, como no caso de Nabor Pires Camargo, José Guelli, Alberto Marino, Victor Lázzaro, Petit, Amador Pinho e Domingos Pecce –, o que revela sua trajetória de formação musical ainda baseada na troca de experiências e na aprendizagem informal. Para eles, o estúdio da gravadora tornou-se uma extensão institucionalizada daquele espaço informal das ruas, residências e cafés. O acompanhamento, sempre com violões, muitas vezes de 7 cordas, visava evidenciar o solo do instrumentista, preencher os momentos de silêncio com o eco de seus tons mais graves, e liberar o solistas para executar a melodia que, nas valsas ou nos choros, era sempre o elemento primordial.

No decorrer do ano de 1931, a gravadora começou a variar o repertório, cujos registros revelam a trajetória peculiar dos pequenos selos. Os primeiros discos que puderam ser compilados pelos autores da *Discografia brasileira* foram feitos por Rielli, Nabor, Pecce e Granny, nessa ordem. Aos poucos, incorporaram-se ao repertório algumas modas de viola por Laureano e Soares – os mesmos que gravaram com Cornélio Pires na sua muito comentada série independente 20000, pela Columbia, e também os mesmos que foram convidados pela RCA-Victor para realizar suas gravações "caipiras", que serão analisadas no próximo capítulo – seguidas de sambas e marchinhas de carnaval, provavelmente antevendo os "tradicionais festejos de Momo" para o ano de 1932, interpretadas por Januário de Oliveira e Raquel de Freitas, bem "ao sabor da época".

Um dois três é uma animada marchinha de letra simples, criada pelo *speaker* paulistano César Ladeira, de melodia repetitiva. Paulistana, a marcha não podia deixar de fazer alusão a um imigrante – calabrês, no caso –, provavelmente encantador de início, já que motivara o assassinado de um marido, mas que após conviver com a "assassina", tornou-se mesquinho e lhe fez pouco caso (◀*Faixa 41*):

Um dois três
Fim de mês, fim de mês,
Mulher matou marido pra casar com calabrês

Mulher ladina
O que vai ser da tua sina
Aguenta, sustenta
O calabrês vai te dar água e polenta

Mulher fingida
Eu tenho pena da tua vida
Malvada, danada
O calabrês não te dá macarronada.[140]

De acordo com a "Estupenda Coleção de Modinhas", comercializada pela Tipografia Souza, a letra de Ladeira e a música de Martinez Grau, havia ganho o primeiro lugar no Grande Concurso de Músicas Carnavalescas, no quesito "Marchinhas". Talvez por conta disso, a gravadora decidiu convidar Raquel de Freitas e coro para registrar e divulgar a canção para o Carnaval de 1932. A marchinha conta com um fragmento instrumental relativamente longo, e nos trechos em que há acompanhamento do coro, procurou-se, com sucesso, preservar a voz de Raquel de Freitas em primeiro plano. A percussão não se sobressai à voz da cantora, mas nos momentos em que a voz e a percussão coincidem (como em "Um, dois, três" ou "Fim de mês, fim de mês"), a letra torna-se confusa e, às vezes, ininteligível.

Eu me iludi (◀*Faixa 42*) é um samba de temática "emprestada" aos malandros cariocas, com direito a batuque, breque e referência

---

140 *Um, dois, três*. Marcha, gravada pela Raquel de Freitas, disco Arte-fone nº 4085-A, de autoria de Martinez Grau (música) e César Ladeira (letra), lançada entre 1931 e o carnaval de 1932.

à canção *Ora vejam só* (◀*Faixa 43*),[141] de autoria de Sinhô, muito conhecida na época.[142] Na gravação, aparentemente o problema da percussão foi resolvido de maneira diferente do que em *Um, dois, três*, já
que a gravadora praticamente eliminou o instrumento de percussão,
que só foi utilizado com evidência no breque inicial e nos últimos se-
gundos da canção. A marcação da percussão acabou sendo substituída pelos tons graves dos instrumentos de corda. Januário de Oliveira,
o intérprete, era carioca nascido no Catumbi, tendo participado da
vida musical daquela cidade antes de ser trazido para a capital paulista, em 1929, por Sinhô, de quem era amigo. Januário viera para
uma apresentação no Teatro Municipal em apoio à candidatura de
Júlio Prestes, gravou algumas composições de Sinhô na Columbia e
acabou decidindo ficar em São Paulo, empregando-se inicialmente
na Rádio Educadora e, em seguida, na Rádio Record e na gravadora
Arte-fone.

Abandonei a orgia
Pra merecer teu carinho
Porém minha vida ficou tristonha
Pode me chamar de sem vergonha
Mas eu vou voltar pro mau caminho

Eu me iludi com esse rabo de saia
Abandonei a gandaia, me tornei trabalhador
E quando senti o peito no malho
Dei um fora no trabalho
E voltei pro meu amor

---

141   *Ora vejam só*. Samba, gravado pelo Francisco Alves e Orquestra Pan American
do Cassino Copacabana, disco Odeon nº 10128-A, de autoria de Sinhô, lançado
em maio de 1930.

142   Sobre a temática da malandragem, ver Sandroni, Carlos. *Feitiço decente.*
Transformações do samba no Rio de Janeiro (1917-1933). Rio de Janeiro: Zahar/
Ed. UFRJ, especialmente p. 156-168; Matos, Claudia. *Acertei no Milhar. Samba*
e malandragem no tempo de Getúlio. Rio de Janeiro: Paz e Terra, especialmente
p. 77-127.

Ora vejam só como o homem se engana
Se fazia uma semana, isso só me fez sofrer
Agora vou viver desafogado,
Com a cabrocha do meu lado
Na orgia eu vou morrer.[143]

Com o término do Carnaval daquele ano, o que se colocou na ordem do dia foi o conflito que se desenrolaria entre julho e outubro de 1932. O pequeno selo gravou hinos e uma marcha patrióticos e bem "paulistanos", incentivando os soldados de São Paulo envolvidos na Revolução Constitucionalista. Trata-se do *Hino Comemorativo do 1º Centenário da Força Pública de S. Paulo*, Hino das Tropas Constitucionalistas intitulado *São Paulo*,[144] e *Alvorada de Glória*, hino patriótico, todos interpretados pela Orquestra Arte-fone. A letra de *Para frente paulistas* (◀*Faixa 44*) demonstra o tom de combate e esforço coletivo nas batalhas, mas também é possível perceber uma sobreposição da letra sobre a melodia instrumental. Em muitas passagens, Arnaldo Pescuma (1903-1968) articula as sílabas tão rapidamente, que as palavras de louvor e glória praticamente perdem seu valor comunicativo.

Para frente paulistas, valorosos bandeirantes
Que nos tempos passados têm conquistas e feitos brilhantes
Marchemos altaneiros sempre a cantar com fé
Mirando sonhos fagueiros cantando a marchar

Para frente avançando com êmulos de heróis
Sempre cantando com ardor

---

143 *Eu me iludi.* Samba, gravado pelo Januário de Oliveira, disco Arte-fone nº 4048-A, de autoria de Picolé, lançado entre 1931 e o carnaval de 1932.

144 *Hino Comemorativo do 1º Centenário da Força Pública de S. Paulo* e *São Paulo (Hino das Tropas Constitucionalistas).* Sem indicação de gênero, gravados respectivamente pela Orquestra Arte-fone e pelo Victor Abruzzini, disco Arte-fone nº 4110, respectivamente de autoria de Orestes Farinello, e Francisco Mignone e Fagundes Varela, lançadas entre julho de 1932 e fins de 1932.

Um ponto marcando em nossa história
Marquemos potentes com valor

São Paulo, terra de bandeirantes
Heróis delirantes, a marchar
Cantando e marchando
Mantém meu ardor inclemente
Das lutas que vem
(???) consciente ao vencer ou morrer[145]

É interessante notar que a melodia que advém após a intervenção do cantor assemelha-se às melodias das valsas, entoada por um violino (talvez executado pelo próprio Alberto Marino), tão características do repertório da gravadora, camuflada sob o gênero de "hino marcha" pela intervenção dos instrumentos de sopro, marcando a pulsação dos compassos e respondendo ao violino durante suas pausas.

O repertório da gravadora foi profundamente marcado pela atuação dos seus instrumentistas, que, ao lado de Alberto Marino, na certa funcionavam também como arranjadores de suas próprias composições ou de hinos e marchas, patrióticos ou não. É muito provável que estes bons músicos tenham sido responsáveis pela crescente expansão das atividades da gravadora, que acabou rompendo os limites dos "bairros além-Tamanduateí", inserindo-se no conflito de 1932, tanto quanto as emissoras radiofônicas paulistanas o fizeram.[146] O pequeno selo também estava sintonizado com o carnaval paulistano para além das suas próprias gravações de marchinhas e sambas carnavalescos, já que em um concurso de Carnaval promovido pela Rádio Record, encontra-se registro de que, entre outras recompensas, as "músicas premiadas ser[iam] publicadas pela Casa Vitale e gravadas em discos

---

145 *Alvorada de Glória* e *Para frente paulistas!* Sem indicação de gênero, gravadas respectivamente por Arnaldo Pescuma e Orquestra Arte-fone, disco Arte-fone nº 4111, de autoria respectivamente de Sargento João Pedroso e Zequinha de Abreu, lançadas entre julho de 1932 e fins de 1932.

146 Pedro, Antonio. *Op. cit.*, 1987, p. 27 e seguintes.

Arte-fone".[147] Na mesma época, a gravadora reservou quinze minutos da programação da mesma Rádio Record para irradiar seus discos, entre as 19h e 19h15.[148]

Mas naquele ano muitas coisas haviam mudado. No momento em que a Arte-fone e a Ouvidor apontaram seus interesses para o rádio, para o Carnaval e quiseram opinar sobre a conjuntura política do ano de 1932, muito em voga na cidade, o rádio expandiu-se, e as empresas fonográficas, que assistiram a um forte decréscimo das vendas naquele início da década de 1930 em seus países de origem, não mediram esforços para ampliar suas atividades no Brasil. Talvez no mercado musical brasileiro não houvesse espaço para um italiano com apenas 200:000$000, mesmo que sua intenção fosse exatamente a mesma das grandes empresas: recrutar bons músicos, possuir grandes intérpretes, divulgar seus timbres e acordes pelo rádio. Tudo isso para simplesmente vender seus discos. O Carnaval também havia sido diferente naquele ano de 1932, pois os foliões haviam se recolhido para os salões. Mesmo no Brás, as ruas haviam perdido a alegria da maior festa brasileira.

> O que há ao certo ninguém sabe. Mas o que a todos ressalta claro é a frieza com que os paulistas se estão preparando para o carnaval, este ano mais do que nunca. Não parece até que estamos há duas semanas do tríduo de Momo. Nem mesmo o Brás, onde mais cedo se faz ouvir o grito de alerta pela aproximação dos tradicionais festejos quis ainda manifestar-se. Na avenida Rangel Pestana, até agora não se faz o corso, em outros anos bastante animado várias semanas antes do carnaval.[149]

147 "Radiotelephonia". *O Estado de S. Paulo,* 07.01. 1932, p. 6.

148 *O Estado de S. Paulo,* 02.01.1932, p. 5.

149 *O Estado de S. Paulo,* 02.02.1932, p. 7.

E, exatamente no dia em que os foliões deveriam explodir de ale-gria, em pleno sábado de carnaval, o jornal se perguntava:

> Mas onde está alegria? As ruas estão quietas e silenciosas, o público parece que há muito tempo não consulta o calendário. (...) Nenhum espirro de serpentina, nenhum esguicho de lança-perfume, nenhum hálito leve de confetes que caia sobre os transeuntes. Nem toques de clarim, nem ribombos de bombos. A vida prossegue no seu ritmo lerdo e pesado.[150]

---

150   *O Estado de S. Paulo*, 06.02.1932, p. 5.

Anexo

Cantada pela Sra. Margarida Max, na
revista "Comidas meu Santo".
Letra de Marques Porto e Ary Pavão –
Música de Sá Pereira

Com a música Suspira, nega, suspira –
Letra de M. B. Roxinho.

1ª parte
A última descoberta
Que fez sucesso, que fez furor.
Que põe todo mundo alerta
Para solver os casos de amor.

A última descoberta
Que todos os homens devem gostar,
São os tais vestidos curtos
Que muitas moças deram de usar.

Já hoje qualquer marmanjo
Sem que tal caso lhe impressione
Cuidado do seu arranjo
Diz a pequena no auto-fone...

Algumas usam tão curtos
Que até as ligas chegam a mostrar
E a gente vendo isto tudo
Forçosamente tem que falar.

Estribilho
Suspira, nega, suspira
Vai muito por meu conselho
Suspira, nega, suspira
Ai!...
Suspira
Bem na boca do aparelho.

Estribilho
Levanta, meu bem, levanta,
Menina, de mim tem dó,
Levanta, meu bem, levanta,
Ai!...
Levanta
Mais um bocadinho só.

2ª parte
Não teria palpitações,
Quem tem marido moço e brejeiro
E ponha as instalações
Mesmo debaixo do travesseiro.

É uma moda batuta
Nenhum de nós podemos negar,
Estes tais vestidos curtos
Que muitas moças deram de usar.

E dest'arte a qualquer hora,
caso o malandro custe a chegar
Botando o fone p'ra fora
Forçosamente tem que escutar.

Mesmo que seja um velhinho
Quando um bonde elas vão tomar
Fica desequilibrado
E muito baixinho tem que falar

Estribilho
Suspira, nega, suspira etc.

E quando está chovendo
Nenhum de nós devemos olhar
Levantam tanto os vestidos
Que até as ligas chegam a mostrar

E quem é que vendo isto
Não fica com o sangue a ferver,
E uma tentação do diabo
Não lhe ordene para dizer.

Simplicidades caipiras

No ato de ouvir música, um leigo (...) experimenta a mais simples das sensações.[1]

N a noite de 24 de junho, quando do solstício de inverno, garotos espalhavam-se pelas ruas paulistanas para soltar balões e queimar fogos, talvez tentando ajudar São João a despertar do sono que lhe fora enviado pelo Senhor. As moças, querendo estender o período do poder milagroso de Santo Antonio – que duraria apenas os treze primeiros dias de junho –, até aquela noite mantinham a imagem do Santo Casamenteiro de cabeça para baixo, próxima à água, para somente livrá-lo do "suplício quando arranjassem marido".[2] Outras, mais confiantes, "deita[va]m sortes em bacias de água, esperando que o dedo mágico do santo lhes desdobr[ass]e o papel com o nome do futuro marido..." De sua parte, o restante da população "abandonava as suas moradias e vinha divertir-se nas ruas, onde eram acesas grandes fogueiras." Em torno delas, todos entoavam quadrinhas tradicionais, com "a voz enrouquecida de tanto cantar":

1   "As sensações musicais e o fonógrafo". *Revista Phono-Arte*, nº 19, 15.05.1929, p. 1.

2   Almeida, Renato. *História da música brasileira*, Rio de Janeiro: F. Briguet & Cia., 1942, p. 129-130.

Os olhos de nhá Maria
São bombas de S. João
Arrebentam no meu peito
Retumbam no coração.[3]

De acordo com Renato Almeida, cantigas como essa não eram características das festas juninas "tradicionais". No entanto, ele admitia que isso não indicava que não havia "danças e serenatas na noite de 23 para 24 de junho, mas as fogueiras, os fogos, os balões, os doces de milho – canjicas e pamonhas – as sortes e adivinhações é que constitu[ía]m os folguedos em louvor do Precursor do Messias".[4]

O cuidado dos devotos em perfumar o Santo, para que atendesse aos seus pedidos, fosse o das moças ou dos roceiros, feitos diante da fogueira, pode ser ouvido no disco Festa de São João. Mas, como se pode escutar na gravação, tudo isso exigia música, tudo era feito em meio a maior algazarra, reforçada ainda mais pela perigosa brincadeira de pular a fogueira (◀*Faixa 45 – Festa de São João, Parte I*):

Eu vô enfeitá
meu São João
com cravo de rosa
e manjericão

Rosinha – São João eu quero um noivo
Que seja rico e bem lindo
Que saiba tocar viola
E que não ronque drumindo

Graúna – Quero um rancho lá na serra
Quero um carro e um boi maiado
Quero chuva todo ano
Prá moiá o meu roçado

---

3   "Os tradicionais festejos de S. João". *Diário Nacional*. 16.06.1931, p. 5.

4   Almeida, Renato. *Op. cit.*, p. 129.

Na sequência, depois de Graúna, Rosinha e Dona Maricota pularem a fogueira, Riachão vem chegando lentamente, aproximando-se dos festejadores (e também do microfone!). Esse fato altera a narrativa, causa tensão no ambiente e acaba por instantes com a brincadeira. O alvoroço é retomado com o som das violas e violões, com a dança de Rosinha e a declaração do violeiro (◀*Faixa 46 – Festa de São João, Parte II*):

Entre no samba morena
Que a viola tá chorando
Com a música do vento
A fogueira tá sambando
Na fogueira de teus óio
Meu coração tá queimando

A viola tá soluçando
E a morena já tá sambando

Meu bem quando eu for m'embora
Pro meu rancho no sertão
Eu darei a minha vida
E todo o meu coração
Pra te levá na garupa
Do meu cavalo alazão

Mas o Graúna também "gostava" da Rosinha, e desafiou Riachão: "quem vencê fica com ela".

Riachão se eu te pegar
A coisa não fica boa
Eu vô arrancar teus beiço
Vou te deixá rindo à toa

Em tom de acusação, deixando de lado a melodia que guiava o desafio, Riachão ameaçava:

Graúna se eu te pegar
A coisa fica pió
Vô furá teu coração
Vô arrancá teu gogó
Vô no fundo da barriga
Em cada tripa dô nó

Atentos ao que ocorria, os demais se manifestaram, pedindo para que "acabassem com isso", pois era dia de São João "e não val[ia] a pena estragar a festa". Um dos foliões pediu ao Mané Gomes que tocasse a sanfona para dar início à quadrilha, com direito a "Balancê", "Caminho da roça" e "Olha a cobra!". Ladino, durante a quadrilha, Riachão tomou Rosinha sorrateiramente, e afastou-se do grupo, cantando:

> Adeus, adeus, minha gente
> Eu já tenho companhia
> Tenho um rancho e uma viola
> E a morena que eu queria

O fato não tirou a alegria do grupo que festejava, nem mesmo de Graúna, já que ele se conformou, afirmando: "vai-se um São João e vem outro. Forge um amor, outro vorta. É sempre assim! (...) E viva São João!"[5]

A gravação, realizada pela Odeon em maio de 1933 e lançada no mês seguinte, aproveitava, obviamente, as comemorações juninas para animar os ouvintes a adquirirem o disco. Mas a produção das gravadoras durante os meses de junho e julho só se avolumou a partir desse ano, pois, entre 1927 e 1932, as empresas concentraram todos os seus esforços em torno do Carnaval, especialmente entre setembro e fevereiro de cada ano. A produção dos chamados discos de "meio-de--ano" da Victor, por exemplo, somados os anos de 1930, 1931 e 1932, foi de cerca de 136 lançamentos de discos duplos. Na mesma época, a produção de carnaval totalizava cerca de 223 lançamentos. Nos anos de 1933, 1934 e 1935, no entanto, os lançamentos de meio de ano totalizaram aproximadamente 186 discos duplos. Já a produção de carnaval, para os festejos de Momo dos mesmos anos, girou em torno de 190 discos duplos. Os números mostram uma tendência à regularização do número de lançamentos ao longo do ano, fundamental para a

---

5   *Festa de São João – I e II*. Cena regional gravada pelo Bando de Tangarás, disco Odeon nº 11020-A, de autoria de João de Barro, lançada em junho de 1933.

organização da contabilidade da gravadora e para acostumar o ouvinte a adquirir discos todos os meses do ano. Mesmo assim, os sucessos de "meio-de-ano", lançados pelas gravadoras, não eram compostos por toadas sertanejas, nem quadrilhas ou modas de viola, que poderiam ser chamadas, apressadamente, de gêneros "rurais" ou "da roça", próprios dos festejos juninos. Não havia um gênero específico para as festas juninas, que correspondesse aos populares sambas e marchinhas para o Carnaval. Ao que tudo indica, esses sucessos de "meio-de-ano" estavam muito mais vinculados à necessidade das gravadoras em estabilizar a sua produção e em manter uma "publicidade sonora" em discos e emissoras de rádio ao longo de todos os meses do ano.

Porém, as maiores cidades brasileiras ainda permitiam, ao longo de toda a década de 1930, a existência de comemorações de rua, e a festa de São João provavelmente foi celebrada nas ruas durante todo o período. Talvez por isso a Odeon e o Bando de Tangarás[6] se interessaram por realizar a gravação da *Festa de São João*, por conta de seu caráter divertido, que deslocava os ouvintes a uma "cena regional", inusitada nos discos, mas ainda familiar para os ouvintes urbanos do início da década de 1930.

No entanto, algum tempo depois, em 1942, Renato Almeida afirmou:

> Os Santos do mês de junho – Santo Antônio, São João Batista e São Pedro – sempre foram festejadíssimos no Brasil, sobretudo o segundo (...). Hoje, as festas joaninas estão em decadência, sobretudo nas cidades. Não se pode mais queimar fogueira, os balões estão proibidos e os fogos são mesquinhos.[7]

---

6   Conhecido grupo carioca composto por Almirante, Noel Rosa, João de Barro (o Braguinha, Carlos Alberto Ferreira Braga, 1907-), Henrique Brito (1908-1935) e Alvinho (Álvaro Miranda Ribeiro, 1909-). Criativos, realizaram gravações apenas com pandeiros, ou com batuque em latas, ou ainda com lápis batendo nos dentes. Cf. *Enciclopédia da Música Brasileira*, p. 64.

7   Almeida, Renato. *Op. cit.*, p. 130.

Entre os comentários do *Diário Nacional*, noticiando alegremente as festas de São João em 1928, passando pela gravação do Bando de Tangarás, em 1933, e a constatação de Renato Almeida, vão uma distância de catorze anos. Ao longo desse período, como ocorria com todo santo "popular", "simpático" e "amável", os jornalistas do *Diário* perceberam que São João teve sua festa um pouco "desvirtuada" pela população, que fez "da data de seu martírio um dia de grande regozijo". Como se pode ouvir na gravação dos Tangarás, não existia "regozijo", ou festa alegre, sem música. As gravadoras sabiam disso, e ajudavam povo a cantar quadrinhas singelas para "o" São João, como os versos da marcha "Santo Antônio, São Pedro, São João":

Santo Antônio, São Pedro, São João
Fizeram uma combinação
Tirar do firmamento as estrelas
Deixando a terra na escuridão

Se a terra ficar na escuridão
Não há de escurecer meu coração
Que para o iluminar
Eu tenho a luz do teu olhar.[8]

É muito provável que o "desvirtuamento" da maneira de festejar tenha resultado na existência de marchas para as comemorações juninas, já que a canção *"Santo Antônio, São Pedro e São João"* é apenas uma entre as várias marchinhas gravadas por ocasião dos festejos de meio-de-ano. Além de circular pela cidade através das liras, a canção também

---

8   *Letras para São João*. São Paulo: Tipografia Souza, 1935. "Santo Antônio, São Pedro, São João" foi composta por Herivelto Martins (1912-1992, cantor e compositor, integrante do Trio de Ouro, que atuou nas rádios Mayrink Veiga, Tupi e Rádio Club do Rio de Janeiro), e Alcebíades Barcelos (Bide, 1902-1975, conhecido personagem do carnaval carioca, vinculado ao Estácio de Sá). Cf. *Enciclopédia da Música Brasileira*, p. 95 e 486-487.

foi gravada em discos Victor (◀*Faixa 47*)[9] em ritmo nada lamentoso, com sílabas rápidas e ausência de notas duradouras, tornando a audição da composição um momento de grande alegria, extraindo quase por completo o componente sentimental presente na letra. O coro retira a dolência da melodia, especialmente quando entra "de surpresa", encobrindo a voz da cantora no último verso, em que o narrador declara seu afeto a alguém que "ilumina" seu coração. Além disso, dificilmente poder-se-ia pensar na tradicional dança de quadrilha dos festejos juninos ao som de "Santo Antônio, São Pedro, São João"...

Mesmo assim, os jornalistas no *Diário Nacional* entendiam que, por mais que a festa tivesse sofrido transformações ao longo do tempo, naqueles fins dos anos 1920 ela não tinha perdido "seu brilho, nem lhe escap[ara] o cunho profundamente popular de antanho. E, todos os anos, no seu dia milagroso S. João, com o seu carneirinho, representado numa figura de adolescente imberbe, [era] festejado com grande entusiasmo, foguetes e bombinhas".[10]

A diversão, entretanto, seja com quadrilhas "tradicionais" ou marchas animadas, não era unanimidade entre todos os habitantes da cidade. Havia aqueles que não se enterneciam com o "carneirinho" ou com a figura adolescente do santo, muito menos se entusiasmavam com o "desvirtuamento" dos festejos nos últimos anos. Muito pior, para eles, era a união das alegres e ruidosas marchinhas aos estampidos dos fogos e os "vivas" a São João. Para além da sujeira deixada pelas fogueiras e balões, e do estorvo causado à passagem de pessoas e veículos pelas ruas da cidade, por conta do ajuntamento dos foliões, os mais sensíveis sofriam de outros incômodos, menos evidentes aos mais distraídos. Foi o que registrou um jornalista do *Diário Nacional*, cuja carta-crônica,

---

9   *Santo Antônio, São Pedro e São João*. Marcha gravada pela Araci de Almeida, disco Victor nº 33937-B, de autoria de Bide e Herivelto Martins, lançada em junho de 1935.

10   "Os tradicionais festejos de S. João". *Diário Nacional*, 16.06.1931, p. 5.

endereçada a seu colega de redação, Urbano, ganhou, significativamente, o nome "Barulhos". Durante as festas de Santo Antônio, S. João e S.
Pedro, dizia ele, que

> (...) a cidade inteira parecia uma fortaleza bombardeando um exér-
> cito imaginário. Os automóveis explodiam de segundo em segundo,
> estremecendo os ares. Nem na Avenida Paulista, perto de hospitais,
> os rumores bombásticos cessaram. (...) Bichas, bombinhas, bombas,
> rojões, morteiros... um inferno! Eu compreendo os fogos, sr. redator,
> mas sem o veneno, isto é, expurgado de rumores inúteis. Veja como
> é inocente e inofensivo uma estrelinha!

Naquele momento, a capital paulistana se agigantava, crescia, incha-
va, e urgia favorecer os fluxos de pessoas, automóveis, bondes. Talvez o
intuito do cronista não era nem mesmo ordenar a cidade; talvez ele apenas desejasse que ela não se tornasse ainda mais desorganizada do que já
era. Daí a necessidade de se criar, em São Paulo, uma "Liga do Silêncio"
por iniciativa da própria sociedade civil, porque o cronista entendia que

> Não vale a pena pedir à Prefeitura e à Polícia providências para pro-
> teger a tranquilidade do bom cidadão, único ser digno de viver numa
> grande cidade. A Prefeitura não se incomoda com questiúnculas e
> nugas referentes ao bem estar do transeunte; e a Polícia só gosta de
> exibir grilos bem fardados e prender desprezíveis ladrões de galinhas.

Aqui, nessa cidade abandonada pelo poder público e largada nas
mãos de homens barulhentos, as fogueiras, as festas, as comemorações
exageradas (e também os mal-vestidos, os apressados, os ouvintes de
rádios e vitrolas), tinham que perder espaço nas ruas, pois eles contri-
buíam para torná-las ainda mais movimentadas, sujas e intransitáveis:

> Há muitas pessoas que ainda não estão educadas para viver numa
> grande cidade. Por isso, não respeitam nem a vista, nem o ouvido,
> nem o tato, nem o olfato do próximo. Não há ninguém que não te-
> nha tido a experiência de um desses exemplares admiráveis, que
> empurram, estabanadamente, os transeuntes pacíficos, nas cal-
> çadas; que cospem minuciosamente em todos os lugares; que se

vestem como bárbaros; que gritam estranhamente ou que fazem funcionar esquisitos aparelhos mortificadores da membrana do tímpano... Etc. etc., etc...

O espaço ocupado por esses "exemplares admiráveis" de homens mal-educados, e os sons que emitiam, eram, para ele, verdadeiras ofensas: "um veneno" esses "ruídos inúteis".

O debate sobre os barulhos das ruas da capital paulistana se alongou por mais quatro artigos. Ao longo deles, C. e Urbano expuseram suas curiosas opiniões a respeito do que ouviam durante suas andanças pela cidade. Insistente, C. comentou a respeito de outros "sons específicos" da "atmosfera" paulistana, acrescentando mais elementos ruidosos (e "inúteis") ao dia a dia da cidade, das semanas corriqueiras, dos ordinários dias de trabalho:

> (...) motocicletas sem os "silenciosos"; trompas, cornetas e assovios; sereias, apitos de locomotivas; relógios da cidade; campainhas de bonde; rangidos de vagões, cachorros, aves e pianistas; leiteiros de madrugada; máquinas de escrever e telefone (...).[11]

Estampada na página seguinte, lia-se a resposta do outro cronista, Urbano, que certamente tencionava polemizar com seu colega de redação, chamando-o, logo no início, de "Meu atormentado leitor C." Irônico, ele escreveu:

> O silêncio, amigo C., tem, como tudo neste mundo, os seus inconvenientes. Você seria capaz de dormir calmamente num cemitério, por exemplo?

O capcioso cronista procurou exemplificar a sua posição, contando o que sucedera a um parente seu, morador do Pari, próximo à estação de trem. Para Urbano, aquele bairro era o lugar aonde "resid[ia]m todos os barulhos do mundo":

---

11   "Barulhos". *Diário Nacional*, 01.07.1928, p. 6.

> (...) caminhões pesados pererecando sobre paralelepípedos tortos, chicotadas, brados de carroceiros, apitos de locomotivas, bondes tocando sinos...

Por conta desse alvoroço, seu parente

> (...) teve inopinadamente, que transferir sua residência para um sítio ermo, silencioso, agreste, deserto: o alto da Lapa.

Mas a estratégia, segundo Urbano, não dera certo. O inquieto parente do cronista

> Não aguentou um mês.
> Há três dias, encontrei-o na praça Antônio Prado (...). Indaguei da sua vida. Respondeu-me:
> — Um inferno! Mudo-me de lá! Vendo a casa por qualquer coisa! Troco-a por qualquer bugiganga: um pistão de varas ou um reco--reco... Não posso mais! Há um mês que não descanso! Não consigo dormir com aquele silêncio!

Urbano concluiu gracejando, para incitar ainda mais a discussão, e enervar o colega C.:

> Gosto do barulho, meu caro C. Se eu não tivesse o pequeno defeito físico que tenho − ser completamente surdo de nascença −, com certeza eu havia de morar ao lado de uma pedreira, e teria em minha casa, funcionando dia e noite, uma fanfarra da Força Pública.[12]

Na tentativa de ser elegante em sua réplica, C. demonstrou com reservas uma certa irritação diante dos comentários do colega. Procurou, às vezes sem sucesso, não dirigir provocações pessoais a Urbano, e explicou longamente as razões pelas quais entendia que o colega não compreendera seu protesto.

> Urbano arquiteta uma teoria do barulho muito engenhosa, mas que em nada destrói os motivos da minha reclamação. Eu reclamo

---

12   "Do silêncio". *Diário Nacional*, 01.07.1928, p. 7.

contra os grandes barulhos (bombas, roncos de motor, explosões repentinas etc.) e Urbano vem me dizer que conhece um amigo que não pode dormir com o silêncio.

Urbano prosseguiu com o debate, reafirmando sua "defesa do barulho", em tom provocativo. Escreveu ele que realizara uma enquete com "três pessoas insuspeitas de classes sociais e ofícios diferentes", e transcreveu seus pareceres, obviamente favoráveis ao ruído. Ao fim de sua crônica, lançou ao papel uma ferina resposta à réplica de C. Pelo teor do texto, o debate certamente criou alguma inimizade entre os jornalistas.

> Suponho que, com [minhas palavras], consegui reduzir ao silêncio, que tanto almeja, o sr. C.
>
> Urbano.

Surpreso e perplexo, mas sem ficar para trás, C. concluiu o debate com uma enfática declaração, em sua "Tréplica":

> Não existe, não é possível que exista, uma sensibilidade normal que não dê razão aos que protestam contra o barulho. Urbano, na sua primeira resposta, declara ser surdo de nascença. Completamente surdo. Esta circunstância o absolve das suas heresias. – C.

Aparentemente, aquele era um bom momento para refletir a respeito dos ruídos da cidade, que principiavam a incomodar os transeuntes mais sensíveis. Mas C. não queria um "silêncio absoluto", que lhe permitisse "dormir em um cemitério". Para ele, "o silêncio só e[ra] admissível com um carocinho de barulho dentro: o tic-tac do relógio; o trilar de um grilo; o assobio infantil de uma torneira distraída...". Mas os motores acelerados, cujos choferes abriam "o escapamento", "atormentando klaxons e buzinas", ou um camarada "arrebentando foguetes e soltando bombas", tudo aquilo para ele era um exagero, uma tentativa de "dar um eco material aos entusiasmos que lhes [iam] n'alma". Não se tratava mais de um "carocinho" de ruído que interferia no silêncio da cidade, mas de uma

série de barulhos que espantavam, e, talvez, amedrontassem, aqueles homens que, como C., eram possuidores de uma "sensibilidade normal":

> Em S. Paulo há ordem, há uniformidade no aparecimento dos barulhos?
> Não, desgraçadamente. Nunca se sabe quando a bomba vai estou-
> rar, o motor explodir, a motocicleta enlouquecer. Esses rumores ata-
> cam-nos à traição; de surpresa. E, diante dessas circunstâncias, não
> há hábito que se forme, não há adaptação possível. Nunca podemos
> esperar que, numa cidade como S. Paulo tumultuosa e desordena-
> da, o barulho, esse "by-product" da civilização, se organize.[13]

Embora o relato não se referisse exclusivamente aos sons ecoados
pelas máquinas falantes, a sinfonia estridente das músicas enlatadas estava no horizonte do cronista "silencioso" do *Diário Nacional*. As audições coletivas da "nossa música", gravada em discos nacionais e apresentadas ao ouvinte sob a supervisão cuidadosa das gravadoras, contribuía
para surpreender os passantes, desorganizar ainda mais os barulhos da
cidade, e diminuir a possibilidade de ordenação das preferências musicais dos transeuntes, dos caminhos que eles seguiam (incluindo os lugares diante dos quais eles se detinham, "embasbacados"), e, em especial,
dos usos que eles poderiam fazer das músicas, do disco ou da vitrola.
Vivia-se em meio a uma completa impossibilidade de controle dos "entusiasmos" coletivos, que se materializavam em barulhos intencional-
mente produzidos, especialmente nas ruas, onde ganhavam um volume
surpreendente, alcançando a todos os que pudessem ser atingidos pela
força das ondas sonoras. O Carnaval, as festas juninas, as audições coletivas, sempre embalados ao som dessa "nossa música" barulhenta, foram
a evidência que faltava para que se criasse uma percepção apreensiva

---

Respectivamente, "Tréplica". *Diário Nacional,* 20.07.1928, p. 6 e *idem.*
"Barulhos", 18.07.1928, p. 6. Sobre os ruídos da cidade, ver Aprobato Filho,
Nelson. *Sons da metrópole: entre ritmos, ruídos, harmonias e dissonâncias – as
novas camadas sonoras da cidade de São Paulo (final do século XIX – início do
XX).* Dissertação apresentada ao Depto. de História da FFLCH-USP, 2001.

diante da tecnologia da gravação elétrica, que passou a ser vista com certa desconfiança pelos jornalistas, a partir do início dos anos 1930.

Em um de seus editoriais, que não se referia diretamente à fonografia, a *Revista Phono-Arte* deixou registrada uma passagem a respeito de uma das "novidades tecnológicas" da época em que viviam:

> Passado agora o período de novidade (...), começam a aparecer aos olhos do público a grande quantidade de lacunas e imperfeições que possui a nova [...] forma cinematográfica.

A constatação da revista referia-se ao "filme sonoro ou falado", mas poderia servir perfeitamente como introdução a uma análise de seus editoriais sobre os "rumos da fonografia nacional", que circularam nos exemplares durante o ano de 1930.[14] "Passado o período de novidade", começava a *ecoar* nos *ouvidos* do público "uma grande quantidade de lacunas e imperfeições que possuía a nova forma" da *gravação* e *reprodução de sons*. Embora alguns dos maus usos do fonógrafo, e o desdém pelo repertório "banalíssimo" dos discos nacionais, já tivessem sido apontados em algumas circunstâncias ao longo dos dois primeiros anos de circulação da revista, foi somente em 1930 que eles se tornaram problemas dignos de afigurar em um editorial. A questão, naquele momento, exigia respostas imediatas.

Em se tratando de reprodução de músicas, obviamente as críticas à fonografia se dirigiam aos ruídos que as vitrolas emitiam, caso reproduzissem, em alto volume, músicas consideradas "impróprias" e "exageradas", que influenciavam perniciosamente o gosto musical do ouvinte, "principalmente o da mocidade".[15] Para combater o uso inadequado da nova tecnologia, houve, no Rio de Janeiro, em 1930, algo muito semelhante ao episódio ocorrido dois anos antes em São Paulo, entre a

---

14   "Música e filme sonoro". *Revista Phono-Arte*, n⁰ 36, 30.01.1930, p. 1.

15   "Amplificações e Sonoridades". *Revista Phono-Arte*, n⁰ 35, 15.01.1930.

Câmara Municipal e os comerciantes de discos e máquinas falantes. Da sucursal do *Diário Nacional* no Rio, informou um jornalista que

> A cidade perdeu a alegria dos sons. Não tendo mais o que carregar de impostos, o Conselho Municipal lembrou-se de taxar a música das eletrolas disseminadas pelo centro comercial (...). Uma taxação perfeitamente absurda. Taxar o som... mas por que?

Diferentemente do que ocorreu em São Paulo, no Rio as vitrolas não foram proibidas de funcionar com as "trombetas viradas para fora"; o Conselho Municipal carioca preferiu cobrar um imposto sobre as músicas que saíam das câmaras acústicas e ecoavam pelas ruas da capital federal. Segundo o jornalista, no entanto, não havia razão para aquela "taxação absurda", pois "o carioca já se habitu[ara] a ouvir as suas canções, os seus sambas de carnaval, executados na vitrola". De acordo com ele, não era "razoável que lhe tir[ass]em esse entretenimento, inocente e acessível a todas as bolsas", cuja característica era oferecer a música sempre gratuitamente, "para quem tivesse ouvidos para ouvi-la."

A medida "roub[ara] à cidade sua harmonia musical",[16] levando a *Revista Phono-Arte* a escrever um editorial, significativamente intitulado de "Silêncio...". As lojas do Rio perderam, assim,

> o "porteiro falante" de toda casa de discos (...) que com sua voz enérgica, convidava os transeuntes à compra do disco que fazia ouvir através de seu possante alto-falante, ou simplesmente, chamava a atenção dos passantes, como que dizendo "aqui tem uma casa de discos e fonógrafos"...

Em São Paulo, as medidas da Câmara Municipal não foram tão eficazes, já que não conseguiram emudecer as máquinas falantes, e muitas reclamações em prol do sossego público permaneceram nas páginas dos jornais paulistanos durante algum tempo. Diferentemente do que ocorreu com o enviado do *Diário* ao Rio, contudo, o silêncio das ruas

---

16   "Taxação absurda". *Diário Nacional*, 17.01.1930, p. 7.

cariocas foi visto com bons olhos pelos jornalistas da *Phono-Arte*, que afirmaram que

> O Rio *era* a cidade do barulho e era preciso acabar um pouco com as intermináveis audições desses aparelhos.

A medida teria prejudicado "bastante, pelo menos durante algum tempo, a venda dos discos", especialmente nos pequenos estabelecimentos, que "não dispunham de lugar apropriado para a audição dos discos." No entanto, os editores da *Phono-Arte* apostavam que a nova lei aumentaria as vendas dos chamados discos "clássicos". Para explicar seu ponto de vista, os editores exemplificaram:

> (...) o freguês de certa casa, que nela chegasse para comprar uma novidade "clássica" qualquer encontrava frequentemente a porta entulhada de "basbaques" e, quase todas as cabines ocupadas por amadores de música popular, que atraídos pela audição da porta, entravam na casa a fim de escutar as novidades do gênero, e nem sempre fazendo uma compra em dinheiro equivalente ao tempo gasto na audição. O referido freguês de "clássicos", desanimava, pois, de escutar o disco desejado e, ou deixava para uma próxima ocasião duvidosa a sua compra, ou ia atrás de outro estabelecimento.

A revista queria que se criasse uma forma menos peculiar de apresentar os discos aos ouvintes, já que "em lugar ou cidade alguma no mundo, existe ou existiu semelhante hábito" de realizar audições coletivas pelas ruas do centro comercial. A medida do Conselho Municipal carioca serviria, assim, para elevar a "educação fonográfica" do ouvinte, que deveria aprender a ir atrás dos novos discos através da consulta de catálogos, da leitura de "anúncios dos vários discos publicados pelos vários fabricantes", ou procurando saber do conteúdo das gravações através de resenhas de discos na imprensa ou dos suplementos mensais lançados pelas próprias empresas, como se fazia nos países "mais adiantados".[17]

---

17   "Silêncio…". *Revista Phono-Arte*, nº 35, 15.01.1930, p. 1. Grifo nosso.

Presente em todos os números da revista, essa intenção de controlar o "gosto musical" do ouvinte evidenciava-se sobretudo quando seus colaboradores mais apegados "aos grandes compositores" e "mestres" do "passado musical" procuravam, em vão, definir a função que a vitrola e o disco deveriam possuir. Em suas reclamações é possível entrever que a prática do dia a dia do ouvinte escapava por entre os dedos desses amantes da chamada "música erudita". Muitos deles julgavam que a interação entre a arte musical e a nova tecnologia havia se tornado mais tênue e talvez assistissem apreensivos aos rumos opostos que "arte" e "técnica" seguiriam a partir daquele momento:

> (...) a arte e a técnica não conjugam mais seus esforços para o enobrecimento da música, mas somente para a criação de aparelhos mais possantes (...). A maior parte do público, tem se deixado levar por essas novas formas onde o barulho toma mais parte do que a harmonia.

Esse público, que se deixava levar pelo encanto da música reproduzida em alto volume, acabou criando novos grupos de "amantes do fonógrafo", que nada tinham a ver com aquele outro grupo dos primeiros tempos da máquina falante, preocupado com a sua "educação musical" ou, um outro ainda, que queria tomar conhecimento das novas "obras-primas" através dos discos:

> Ao terceiro grupo [de fonófilos] pertence os que não tomam a sério a música e não procuram no fonógrafo se não uma distração agradável.
> Finalmente, classificaremos no quarto grupo os que se utilizam da máquina falante para dançar ou cantar, ocasionalmente, uma melodia em voga.

De acordo com os jornalistas, na época da gravação mecânica, o "sentido musical era talvez mais puro" e "acreditou se poder compensar a pobreza da audição fonográfica pelo reforçamento dos sons". Mas a solução não agradou o público, que repudiou os "impróprios e exagerados aparelhos amplificadores" mecânicos. Com o refinamento do processo de gravação e reprodução de sons obtidos com a tecnologia elétrica, o som dos discos passou a ser amplificado "sem distorção" alguma. Por conta disso, nos seus primeiros anos, quando foram apresentados ao público, os fonógrafos elétricos foram considerados

> instrumentos de música de primeira ordem, porque permitiam melhorar e enobrecer as sonoridades musicais.

Após um curto período de tempo, contudo, deixou-se

> de lado esse fim precioso para limitar os esforços à reprodução de audições mais fortes, mais barulhentas, mais potentes.

Talvez o que incomodava de fato o engenheiro Max Eisler, autor do artigo acima citado, era o amplo poder de disseminação de uma "epidemia", que teria influenciado o "sentido musical são e o gosto de muitos meios sociais". Tratava-se de um conhecido preconceito de certas parcelas da sociedade brasileira, que militavam contra aquela música "desprovida de harmonia, barulhenta, impregnada de percussões violentas, de dissonâncias estranhas", que "encontra[va] uma vasta e larga aceitação" do público, fazendo com que "as obras expressivas dos velhos mestres dorm[issem] empoeiradas no fundo das prateleiras".[18]

O engenheiro-jornalista finalizou seu diagnóstico com uma constatação insensata, mas com significativo tom de manifesto e alerta:

> (...) a reprodução elétrica deve, antes de tudo, trazer um melhoramento do som. Se a dupla transformação das ondas sonoras do disco ao alto-falante não pode – ou pode insuficientemente – atingir esse fim, toda a técnica da reprodução elétrica torna-se perfeitamente inútil.

Esse estado "lamentável" de coisas já havia sido indicado, no final dos anos 1920, pelo *Diário Nacional*, e reforçado pelo *Correio Paulistano*

---

18   "Amplificações e sonoridades". *Revista Phono-Arte*, nº 15, 15.01.1930.

anos depois, em 1935. Por ocasião do Carnaval de 1928, o *Diário* afirmou que "as festas carnavalescas est[avam] em pleno apogeu. O entusiasmo popular, tanto no centro como nos arrabaldes, só diminuiu às primeiras horas do dia, quase no amanhecer". No entanto, dois dias depois, publicava um outro artigo intitulado "Momo deu serviço à polícia", que mapeava os problemas gerados por aqueles festejos nas vias públicas em diversos bairros da cidade, evidenciando a necessidade de maior controle daqueles "entusiasmos exagerados". Sete anos depois, em tom saudosista e como que percebendo sua própria derrota, um cronista do *Correio Paulistano*, afirmou:

> Enquanto todos nós não nos compenetrarmos de que a vida tem de ser uma coisa mais séria e não a fuzarca que se instalou por todos os recantos da atividade humana, o espírito do martírio há de andar cutucando a consciência geral (...). Podem ridicularizar o monjolo e a lamparina de azeite, como símbolos de uma época atrasada (...). [Mas, era uma época em que] A orquestra alada dos cantores matinais enchia o ar e a vida (...). Hoje, nem mais os poetas empunham liras (...). O verso é feito na Bolsa, a rima se encontra no Câmbio (...).

E concluiu a crônica, evocando uma modinha muito em voga na São Paulo dos anos 1920, que circulou em liras, ganhou inúmeras versões de modinheiros, e guardava uma sonoridade própria das ruas ainda silenciosas e da tradição seresteira:

> Cesse a farra, pare a bagunça e exclame-se contritamente: Perdão, Emília!

Em outra crônica, específica sobre as rádios, em plena expansão a partir daquele ano, o mesmo cronista, Lellis Vieira, criticava o repertório radiofônico, à semelhança do cronista C. do *Diário Nacional* sete anos antes, porém com maior clareza e segurança, dosadas com o sarcasmo ferino de quem perdia a batalha, mas não as convicções:

> (...) os foxes e os sambas do momento, ruídos incompreensíveis, desarticulados sônicos sem pé nem cabeça barbarismo feito em

música, selvageria transformada em arte petulante, essas músicas de dança hoje em voga, dão a ideia onomatopaica de caminhões aos solavancos em ruas esburacadas. (...)

O verso moderno é uma espécie de soluço promovido de farinha seca, engasgo de espinha, desmaio por jejum ou chilique por nervosismo clorótico. (...) Agora os versos têm esse feitio, esta harmonia e esta concepção:

A lua – queijo Kramenberg

Fulge, Bifulge

Refulge, Trifulge

O mar está gripado

O céu perdeu as pernas!

Como ainda não se sentisse satisfeito com as críticas que escrevera, continuou:

Quando isto for verso, quando samba for música, quando fox-trot for uma dança, podemos todos afirmar em público e raso que automóvel é cavalo de corrida e barba de bode serve para cataplasma de linhaça.

E concluiu elogiando o único programa de rádio que ele entendia valer a pena:

Bendita seja a Hora da Saudade, que revive o passado na sua beleza de arte e no esplendor dos seus encantos![19]

A *Hora da Saudade* permaneceu por muitos anos no ar, tendo sido inaugurada em junho ou julho de 1935 pela Rádio Difusora de São Paulo. O programa irradiava as "músicas brasileiras do passado", bem ao gosto do saudoso cronista.[20] Nesse ano, o rádio e a fonografia já haviam transformado significativamente a maneira de produzir música,

---

19   "Perdão, Emília...". *Correio Paulistano*, 19.12.1935, p. 3, e "Hora da Saudade", 21.12.1935, p. 3.

20   "Programação radiofônica". *Correio Paulistano*, 04.07.1935, p. 7, e Rocha, Vera Lucia. *Cronologia do Rádio Paulistano. Anos 20 e 30*. São Paulo: CCSP, 1993, p. 58.

formatando-a aos três minutos do fonograma ou às necessidades dos programas radiofônicos. Com a ampliação e a consolidação dos novos meios de difusão de música, os programas de rádio e os discos passaram a ser a principal forma de acesso da maior parte dos ouvintes à música, antes restrita às execuções dos artistas. Por mais diversificada que fosse a produção das gravadoras e das emissoras de rádio, não se pode negar que a chamada "música comercial" seguia um padrão pré-definido, seja pela tecnologia disponível, seja pelas necessidades de lucro das empresas. Assim, uma parte daquele "passado musical" idealizado pelo cronista do *Correio*, foi silenciada ou esquecida pelo rádio ou pelo disco, daí a possibilidade de criação de uma *Hora da Saudade*, que procurava lembrar as composições e canções de um tempo não muito distante, mas que, do seu ponto de vista, estariam em vias de desaparecimento.

Com exceção da *Hora da Saudade* e dos programas típicos ou regionais das emissoras, não havia dúvida de que era uma sonoridade marcadamente urbana e moldada para as rádios e para os discos que predominava nos novos meios de difusão de sons. Era contra ela que Lellis Vieira e C. escreviam seus artigos contundentes. No entanto, antes dos ruídos tornarem-se unicamente "incompreensíveis", antes da "música em conserva" tornar-se por completo uma "selvageria transformada em arte petulante", a *Revista Phono-Arte*, que circulou somente até 1931, e que assistiu de perto às maravilhas da gravação elétrica, mas não à consolidação das rádios, ainda pôde entrever alguma solução para o "problema". Seguramente, essa agradável solução ecoava deleitosa em seus ouvidos havia algum tempo, desde a sua mais tenra "meninice", mas não era vista como saída enquanto os rumos da fonografia brasileira não apresentassem "dissonâncias em alto volume", como ocorria naquele ano de 1930. Em comparação com o tom receoso do jornalista do *Diário* e a "catástrofe" anunciada por Lellis Viera, certo otimismo nos comentários dos editores da *Phono-Arte* era, ainda, possível:

> Quantas vezes nos vêm à mente, as melodias e ritmos com que nossos pais e avós acalentaram os primeiros anos de nossa meninice! São as últimas recordações do nosso Brasil colonial, do tempo da "mãe preta" da Bahia ou da "Mãe Maria" do Norte.

O artigo fora escrito em homenagem a Stefana de Macedo, cantora e violonista pernambucana, que se popularizava no meio fonográfico por conta de seus belos discos de cunho folclórico. Segundo a *Revista Phono-Arte*, que dedicou duas páginas e meia à biografia e discografia da artista, Stefana de Macedo

> nasceu em Recife e conhece, portanto, todas aquelas melodias que também acalentaram os primeiros anos de sua existência. Sua "vovozinha", em saudosas noites de lua cheia, lhe recordou e lhe explicou os motivos, os temas e as lendas tradicionais que regeraram as primeiras canções que cantava para fazê-la dormir

A revista entendia que a cantora se mostrava "sentimental e vibrante" em suas gravações, sempre inclinadas "para as entoações suaves daqueles cânticos do solar paterno". Sua dicção, muito "típica do norte", acompanhada por um melodioso e singelo violão, deixava entrever que Stefana sabia, "como muita gente, que a música do Norte é que dev[ia] ser considerada a verdadeira música popular brasileira, porquanto a do Sul, viv[ia] sempre influenciada pela música argentina, paraguaia e uruguaia".[21]

Saia do sereno é um bom exemplo dessa "sonoridade peculiar nortista" e nos permite perceber porque o adjetivo "regional" começou a adquirir uma forte carga positiva na imprensa, pois contrastava radicalmente com aquela música pouco harmoniosa e cheia de "percussões violentas", às quais Max Eisler ou Lellis Vieira se referiam. Essa aceitação dos gêneros "folclóricos" pela imprensa veio acompanhada por uma boa recepção da chamada "música regional" pelos ouvintes que costumavam depreciar a "nossa música", que fez parte do repertório

---

21   "Figuras da nossa música". *Revista Phono-Arte*. 30.07.1930, p. 43-45.

fonográfico desde o início da gravação de discos no país. *Saia do sereno* tem início com uma delicada introdução, realizada pela própria Stefana ao violão. A entrada da voz cantora, em tom, dicção e sotaque bem "típicos das terras do Norte", ocorre quando o som do violão reduz seu volume: "Saia do sereno, Iaiá..." (◄*Faixa 48*)

Estribilho
Saia do sereno, Iaiá
Saia do sereno, Iaiá
Saia do sereno
Que essa frieza faiz má

(1ª parte)
Chiquinha do Riachão
Totonha do Lagama
Como Chiquinha não tem
Como Totonha não há

Chiquinha pra querer bem
Totonha pra carinhá

Estribilho

(2ª parte)
Já me contaro
Que uma muié
Esteve maluca
Pro mó de José

Ela ficava
Como Iaiá
Assim no sereno
Debaixo do luá

Estribilho

Iaiá coitada
Tem coração
Por isso é que sofre de ingratidão

Iaiá me escuite
Faça o que eu fiz
Pois só quem não ama é que véve filiz

Estribilho

(retorno à 1ª parte)
Chiquinha do Riachão
Totonha do Lagama
Como Chiquinha *num* tem
Como Totonha não há
Chiquinha pra querer bem
Totonha pra carinhá

Saia do sereno, Iaiá
Saia do sereno, Iaiá...[22]

A primeira parte da canção é composta por uma quadrinha entoada com a mesma melodia do estribilho, mas conta com uma repetição melódica dos dois últimos versos, que adicionam características às moças, concluindo a primeira parte da monótona canção: "Chiquinha pra querer bem/Totonha pra carinhá". A voz feminina da cantora torna quase imperceptível o fato de que o narrador seja na realidade um homem, encantado pelas moças do Riachão ou do Lagama, cujos predicados estão menos vinculados às moças em si, e mais ao uso que o narrador atribui a elas.

Na segunda e terceira partes da canção, a "Iaiá" do estribilho deixa de ser um recurso quase onomatopéico, para ganhar vida e sentimento, através de um "coração" que sofre de "ingratidão". É até possível imaginá-la no sereno, vagando sob o "luá", apaixonada por algum homem que não a quer. Por isso o conselho do narrador: "Faça o que eu fiz/ Pois só quem não ama é que véve filiz". O cuidado do narrador é, aliás, insistente: "Saia do sereno, Iaiá/Que essa frieza faiz má". Esse vínculo do estribilho com a temática da canção, cuja letra vai aos poucos tecendo a originalidade da figura da Iaiá, singulariza uma personagem insistentemente lembrada pelas canções brasileiras, especialmente as folclóricas. Isso indica certo distanciamento da gravação com o folclore, pois essa

---

22   *Saia do sereno.* Toada gravada pela Stefana de Macedo, disco Columbia nº 5095-B, motivo popular com arranjo de Stefana de Macedo, lançada em outubro de 1929.

construção, até certo ponto cuidadosa da letra, não era muito recorrente nos cantos-resposta entoados nas zonas rurais. Eles eram importantes como base para a participação do grupo na música, mas o improviso do cantador muitas vezes não tinha relação com os dizeres do canto--resposta. Mário de Andrade compilou muitos cantos entoados no nordeste brasileiro, e ele próprio atestou a transformação desses cantos coletivos ao longo do tempo, indicando maior preocupação com a melodia e articulação das sílabas do que com a precisão, propriamente, daquilo que se dizia.[23]

O vocabulário utilizado pela pernambucana, aliás, e a entoação peculiar que ela lhe atribuía, agradava ao intelectual:

> Quando esta cantora canta peças regionais nordestinas de estilo exclusivamente popular, "rural" por assim melhor caracterizar o que dizemos, a sua voz é admiravelmente verdadeira como caráter e dicção.

"Faiz má", "carinhá", "contaro", "muié", "escuite", "véve", "num tem", estas são todas palavras que dificilmente Stefana pronunciaria fora do estúdio de gravação ou concerto regional. Daí a necessidade de lapidar a dicção e aprender com os cantadores, com a "vovozinha" ou a "mãe preta", a melhor forma de entoação. A diferença da pronúncia em "Como Chiquinha não tem", na primeira parte, ou "*num* tem", quando a cantora repete a primeira parte no fim da canção, denota que ela elaborava a melhor forma de articular as sílabas. Esse procedimento, de recriação do sotaque ruralizado, no entanto, muitas vezes não dava bons resultados. Na mesma passagem a respeito de Stefana, Mário de Andrade acrescentou:

> Já, porém, quando a cantora, em modinhas urbanas, como na menos agradável *História de uma triste praieira* (Columbia, 5093-B),

---

23   Ver, por exemplo, Andrade, Mário de. *Ensaio sobre a música brasileira*. São Paulo: Martins, s/d., p. 112, sobre o Coco de Ganzá *Nunca mais eu vi*, colhido por Mário de Andrade no Rio Grande do Norte.

canta em dicção menos ruralizada, se aproximando do falar culto, a
sua dicção é lastimável. Perde-se grande parte da timbração característica, e ouvem-se defeitos graves de pronúncia.

O intelectual incomodava-se com os " 'mêntiu-me', 'ô sino', 'sêntia',
'escurecia', 'fêliz', 'pôr' (preposição), 'quê ia' ", que para ele, eram entoados artificialmente pela cantora.[24]

Se a cantora foi criticada por Mário de Andrade pela sua dicção nas
modinhas urbanas, a peça *Batuque (Dança Quilombo dos Palmares)* foi
elogiada pela imprensa, por pesquisadores e pelo próprio intelectual.[25]
Da mesma forma que em *Saia do sereno*, a cantora aproveita sua familiaridade com a entonação "ruralizada", desta vez aproximando – e não
imitando – sua dicção à fala "anasalada" dos negros escravos, semelhante à de Josué de Barros, em *Babaô Miloquê*, citada anteriormente. Mário
de Andrade afirmou que não era preciso nem mesmo "apelar para o testemunho dos autores para provar a forte nasalidade da pronúncia afro-
-brasileira", já que ela "se demonstra[va] melhormente pelos discos".[26]
A pronúncia "nasal", segundo Mário, aparece muito mais evidente no
complemento do *Babaô* (em *História de um capitão africano*), e valeria
a pena lembrar que estes foram dois registros que o intelectual aplau-
diu intensamente como "modelos" a serem seguidos pelas "gravações
nacionais"(◀*Faixa 50*).

---

24   *História de uma triste praieira*. Canção, gravada pela Stefana de Macedo, disco
     Columbia 5093-B, motivo popular, arranjo de Stefana de Macedo, lançada em
     outubro de 1929. ◀*Faixa 49*.

25   Ver, por exemplo, Andrade, Mário. "A pronúncia cantada e o problema do
     nasal brasileiro através dos discos". In: *Aspectos da música brasileira*. Rio de
     Janeiro/Belo Horizonte, Villa Rica, 1991, p. 95-111; "Figuras da nossa música".
     Revista Phono-Arte, 30.07.1930, p. 43.

26   Resenha de Mário ao disco *Babaô Miloquê*. Ver nota 15, capítulo 1.

Folga nêgo
Branco num vem cá
Se vié
Pau há di levá

O sinhô já tá dumindo
Nêgo qué-ié é batucá
Nêgo tá se divertindo
Di minhã vai trabaiá
Di minhã vai trabaiá

Estribilho

Nêgo geme todo dia
Nêgo panha d'iscangá
Santo padi feiz as noite
Foi pra nego batucá
Foi pra nego batucá

Estribilho

As corrente tão batendo
As brieta chocaiando
Sangue di ??? tá correndo
I nêgo tá batucando
I nego tá batucando

Estribilho

Nêgo rachar os pés
De tant' sapatiá
Tão cantando, tão gemendo
Nêgo qué-ié batucá
Nêgo qué é batucá

Estribilho

Quando rompe a madrugada
Geme tudu nos açoite
Nêgo péiga nas inxada
O batuque é só di noite
Qui u batuque é só di noite

Estribilho[26]

Para além dos aspectos mais evidentes da pronúncia e entonação (como em "dumindo", qué-ié", "péiga"), assinalados há algum tempo por Mário de Andrade, é interessante notar que a cantora utiliza a divisão das palavras para alterar a cadência da melodia. No verso "De tant' sapatiá", o silêncio da vogal ("o") é substituído pela ligação ao "s" de "sapatiá", obtendo um fraseado peculiar, mais ritmado e distinto dos versos que contêm a mesma melodia ("Nêgo panha d'iscangá" ou "Geme tudu nos açoite"). Já em "Nêgo qué-ié batucá" e na variação "Nêgo qué é batucá" o procedimento é oposto, já que a vogal "é" é destacada, e segue

27   Batuque (Dança Quilombo dos Palmares). Sem indicação de gênero, disco Columbia nº 5093-A, motivo popular com arranjo de Stefana de Macedo, lançado em outubro de 1929.

a batida da percussão, ressalta os tempos fortes e fracos do compasso, oferecendo uma outra alteração rítmica da frase. Estas variações vocais, além de evidenciar a preocupação da cantora com a performance, demonstram que a monotonia dos gêneros rurais deveria ser dosada – no dizer de Mário de Andrade em uma passagem já citada anteriormente – "pra evitar excesso de repetição estrófica".

O batuque, com o qual a canção se inicia, foi realizado pela própria Stefana de Macedo, atacando a caixa do violão, recurso inédito nas gravações até aquele momento. O efeito obtido por esse ataque é um batuque muito marcado e muito evidente na gravação, impossível de ser amenizado, por conta das condições técnicas do estúdio. O violão, a voz, e o batuque na caixa, estavam à mesma distância do único microfone existente dentro do estúdio. Contudo, mesmo em evidência e marcado, o batuque não tem a rudeza dos instrumentos de percussão usualmente utilizados nas gravações, como pode ser constatado pelas audições dos já citados discos Arte-fone (*Um, dois, três, Faixa 41*), da Discoteca Pública Municipal (*Tambor de crioulo, Faixa 03*) ou da Victor (*Babaô Miloquê, Faixa 02*).

Por conta desses meticulosos procedimentos, a biografia de Stefana de Macedo ficou marcada pelo tratamento que deu à "nossa" sonoridade "folclorizada". Na *Enciclopédia da Música Brasileira* encontra-se a seguinte referência à biografia da cantora e à gravação de *Batuque*:

> Uma das principais cantoras-pesquisadoras brasileiras, a quem nossa memória folclórica muito deve. (...) Sua gravação de mais sucesso foi *História de uma triste praieira* (subtítulo *Jangadeiro*), motivo popular com versos de Adelmar Tavares; no outro lado do disco estava *Batuque* (arranjo seu e palavras de Joraci Camargo), talvez a música brasileira mais antiga conhecida – "Dança Quilombo dos Palmares" – as duas compondo um disco que ficou muitos anos em catálogo.[28]

---

28   *Enciclopédia da Música Brasileira*, p. 464.

Stefana é considerada, até hoje, uma das "principais cantoras-pesquisadoras brasileiras" porque deixou registrados em discos inúmeros gêneros de "música regional" (cocos, toadas, batuques, maracatus, baiões, cateretês, canções amazônicas). Além disso, gravou canções de Heckel Tavares, Marcelo Tupinambá, Luciano Gallet, João Pernambuco, entre outros, considerados, tanto quanto Stefana, como excelentes folcloristas nacionais pela crítica musical brasileira. A *Revista Phono-Arte* indica as razões pelas quais seus discos tinham "grande aceitação":

> Os discos que hoje ouvimos de Stefana, trazem como repertório, na sua maior parte, arranjos e adaptações daquelas melodias que ela ouviu em criança. Certamente este é um dos motivos para a grande aceitação de suas chapas.[29]

Os selos dos discos gravados pela artista traziam o nome da canção, o nome do seu autor – no caso das três gravações citadas, de domínio público, aparecia a indicação: "motivo popular" – e uma nota: "Arranjo: Stefana de Macedo". Esses "arranjos" e "adaptações" realizados pela artista eram fundamentais para uma maior aceitação daquela música "impregnada de percussões violentas, de dissonâncias estranhas". Mário de Andrade, ao comentar o *Babaô Miloquê*, já tinha chamado a atenção para o fato de que a gravação reduzira o ruído do batuque dos maracatus pernambucanos, diminuindo sua "brutalidade". A referência aos cânticos negros, que Stefana teria ouvido "em criança" da boca de sua "Mãe Preta", mantém-se pela temática da letra, pela entoação, pelo batuque. Mas ela recria o universo brutal em que o escravo negro vivia, através de um despojamento completo da voz e da instrumentação. Simplicidade no "arranjo", limpeza e singeleza das notas do violão e da voz, que, feminina e "de pesquisadora", confere maior ênfase à sua própria "recriação" do que ao "original" que lhe serve como referência.

---

29   "Figuras da nossa música". *Revista Phono-Arte*, nº 45, 30.07.1930, p. 43.

Desde os primeiros discos lançados por Stefana de Macedo, a *Revista Phono-Arte* elogiara "a distinta amadora patrícia", afirmando que as chapas feitas pela Columbia – as primeiras realizadas pelo seu estúdio paulistano –, foram de "rara felicidade, quer sob o ponto de vista artístico, levado a termo com segurança e brilho pela cantora e ótima violonista, como em relação à gravação, que pode ser considerada das mais perfeitas realizada pela Columbia até agora".[30] Além dela, a revista também evidenciou uma outra feliz aquisição da gravadora, o cantor Paraguassu, que, segundo os resenhistas, foi "um dos cantores que mais caiu no nosso agrado".[31] Roque Ricciardi (1894-1976), que além do pseudônimo de "Paraguassu" era também chamado de "Italianinho do Brás" pelos artistas paulistanos, viveu quase toda sua vida naquele bairro. Ouviu sua mãe cantar cantigas sentimentais desde a infância, participou de serestas, assistiu ao teatro de marionetes do "D. Bastiano", amigo de seu pai, que trouxe um gramofone da Itália e encantou o menino com as canções italianas que saíam de dentro do "caixote". Iniciou sua vida artística por volta de 1908, cantando nos cafés do Brás, depois "na cidade", nos circos, nos estúdios. Paraguassu tornou-se especialista em interpretar modinhas chorosas, toadas sertanejas, canções regionais, sempre lentas, dolentes e tristonhas. A modinha *Perdão, Emília!* (◀*Faixa 51*),[32] evocada por Lellis Vieira em uma crônica já citada, foi um de seus maiores sucessos e, segundo o próprio Paraguassu, provocou até "suicídio". Diferentemente das gravações de Stefana, a voz de Paraguassu é menos lapidada, a música menos ágil, e o tom é, quase sempre, tristonho e

---

30   "Os novos discos". *Revista Phono-Arte*, nº 27, 15.07.,1929, p. 22.

31   *Revista Phono-Arte*, nº 19, 15.05.1929, p. 20.

32   *Perdão, Emília!* Modinha gravada pelo Paraguassu, acompanhado pelo Rago e Seu Conjunto, sem indicação de autoria, disco Continental nº 15411-A, lançada em agosto de 1945.

saudoso. Fazia isso porque, segundo ele, a "saudade é brasileiríssima".[33] A canção regional *Violêro do luá* (◀*Faixa 52*) contém uma delicada e dorida melodia, cuja letra comenta a solidão de um violeiro, sempre atento ao som das águas do "corguinho", ao colorido do seu "pomá", à voz do pinho que ele fazia "soluçá":

Às veiz di noite
Adisfarçando as minhas mágoa
Vô beirando o corgo d'água
Qui travessa o meu pomá

E fico ouvindo
O choro triste do corguinho
Qui é o cantô que embala os ninho
Qui é o violeiro do luá

Pruque eu já tive
Tal e quá esse corguinho
Quem ouvisse a voz do pinho
Qui eu fazia soluçá!

E bem iguá
Como essas águas dilorida
No corguinho desta vida
Também tive o meu luá

Noites inteira
Sem senti o passá das hora
Fico ouvindo a água que chora
Abraçadinha co o luá

E tenho inveja desse amô
Tão paixonado
Qui me faiz lembrá o passado
Quando eu tinha arguém pra amá.[34]

---

33   Dados biográficos de Paraguassu extraídos de seu depoimento gravado no MIS-SP, fita 113.19.

34   *Violêro do luá.* Canção regional, gravada pelo Paragussu, acompanhado pelo Grupo Verde e Amarelo, disco Columbia nº 22183-B, de autoria de A. Fleury (letra) e Paraguassu (música), lançado em janeiro de 1933.

A voz de Paraguassu, mais potente do que de Stefana, poderia tornar muito artificiais os "Às veiz" ou "corguinho" da letra da canção. No entanto, se há alguma naturalidade na interpretação do cantor, ela é assegurada por uma dosagem entre a força de sua voz e a simplicidade das palavras a serem entoadas. Caso os versos da primeira estrofe, por exemplo, fossem transformados em: "Às vezes de noite/Disfarçando as minhas mágoas/Vou beirando o córrego d'água/Que atravessa o meu pomar", a "canção regional" tornar-se-ia muito mais próxima às "modinhas chorosas", cantadas por mulatos pernósticos ou por "poetas trágicos", que usavam "gravata borboleta" e "sapatos pontiagudos". O repertório de Paraguassu, no entanto, sempre esteve vinculado a uma recriação da tradição modinheira e, ao longo de toda sua carreira como cantor, permaneceu fiel às "brasileiríssimas" canções sentimentais. Suas gravações de música regional deram-lhe a marca de "cantor do passado", "dessa música brasileiríssima e sobretudo paulista, quase sempre nascida à luz baça dos lampiões à gás, quando o São Paulo – o São Paulo de há trinta anos – se vestia de neblina".[35] Elas constituem um sintoma do generalizado sentimento da "saudade" (do interior ou da cidade que se transforma) e de um consequente – e confortável – "retorno" ao rural e ao regional,[36] no qual os cantores de "voz pequena" e sotaque típico, e a instrumentação simples e despojada serão muito valorizados. *Casa de Caboclo*, por exemplo, interpretada pelo então jovem Gastão Formenti em 1928, "inspirou uma onda de canções sobre motivos sertanejos, que proliferou no final dos anos 1920".[37] O primeiro verso da canção já

---

35   Betoni, Armando. "Prefácio". In: Paraguassu. *O Cancioneiro do Brasil*, s/d.

36   Moraes, José Gerando Vinci de. *Metrópole em sinfonia. História, cultura e música popular na São Paulo dos anos 30*. São Paulo: Estação Liberdade, 2000a, p. 215-233.

37   Severiano, Jairo e Mello, Zuza Homem de. *A Canção no Tempo*. Rio de Janeiro: Funarte, 2002, p. 91. Gastão Formenti nasceu em Guaratinguetá (SP) em 1894. Filho de italiano, mudou-se para São Paulo com a família quando tinha apenas um ano. Transferiu-se para o Rio de Janeiro em 1910, tendo começado sua

começa com um significativo "Vancê", e segue com "véve no abandono", "ansim", "moradô", "cantadô" etc. (◀*Faixa 53*)

Vancê tá vendo essa casinha
simplezinha
Toda branca de sapê
Diz que ela véve no abandono
não tem dono
E se tem ninguém não vê

Uma roseira cobre a banda
da varanda
E num pé di cambucá
Quando o dia se alevanta,
virgem santa!
Fica ansim de sabiá

Deixa falá toda essa gente
maldizente
Vê que tem um moradô
Sabe quem mora dentro dela
Zé Gazela, o maió dos cantadô

Quando Gazela viu que a Rita,
tão bonita
Pôis a mão no coração
Ela pegô num disse nada,
deu risada
Pôis os oinho no chão

E se casaro, mais um dia
que agonia
Quando in casa ele voltô
Zé Gazela viu Siá Rita
muito aflita
Tava lá Mané Sinhô

Em duas cruz intrelaçada
bem na estrada
Iscreveram por detrás
Numa casa de caboco
Um é pouco, dois é bom,
Três é demais.[37]

Com acompanhamento de piano, a agradável interpretação de Formenti "esbarra" em "maldizente", "Quando em casa ele voltô", mas consagrou os três últimos versos ("Numa casa de caboco/Um é pouco, dois é bom/Três é demais") como "verdadeiro dito popular" e seu intérprete como o "homem da 'voz da saudade'".[39] Embora tenha sido

---

carreira artística naquela cidade em 1927. Atuou nas rádios e nas gravadoras Victor, Odeon, Parlophon e Columbia. A partir dos anos 1940, começou a abandonar a vida artística. Faleceu no Rio de Janeiro em 1974. Cf. *Enciclopédia da Música Brasileira*, p. 299-300.

38   *Casa de caboclo*. Canção gravada pelo Gastão Formenti, disco Parlophon nº 12863-A, de autoria de Heckel Tavares e Luiz Peixoto, lançada em novembro de 1928.

39   Severiano, Jairo e Mello, Zuza Homem de. *Op. cit.*, p. 91 e *Revista Phono-Arte*. Legenda à caricatura de Gastão Formenti, nº 45, 30.07.1930, p. 42.

escolhida como marco por alguns autores, *Casa de Caboclo* aproveitava, entre outras coisas, uma tradição musical e fonográfica existente desde os primeiros anos da gravação mecânica no país.[40] O *Corta-jaca* de Chiquinha Gonzaga, gravado inúmeras vezes por Fred Figner, pela Victor Record, pela Columbia Phonograph, com diferentes intérpretes e versões; a toada sertaneja *Luar do Sertão*, na voz do palhaço Eduardo das Neves, registrada pela Casa Edison, e o tango *Caboca de Caxangá*, ambos de Catulo da Paixão Cearense; as adaptações das canções nortistas por João Pernambuco, como *O meu boi morreu*, registradas pela Casa Edison na voz de Eduardo das Neves e Bahiano,[41] todas elas foram pontos de partida para compositores e diretores artísticos das gravadoras – como Marcelo Tupinambá e Eduardo Souto – iniciarem uma intensa produção "sertaneja" nas gravadoras. Além destes registros, muito citados pela crítica musical, Bahiano, Batista Jr., e o cantor Campos, também registraram, a seu modo, em discos ou cilindros mecânicos, os costumes e o falar de um personagem a quem eles chamaram de "caipira". Essas gravações raramente apresentam o "caipira" na zona rural; ele sempre está na cidade ou em trânsito. É também apresentado como um homem rústico, que ao colocar os pés na grande cidade enfrentava situações absurdas e imprevistas, não apenas por desconhecer o dia-a-dia da cidade grande, mas especialmente por não conseguir defender-se

---

40 Não cabe nos objetivos da presente pesquisa desenvolver o tema, mas vale a pena deixar registrado que a questão é muito mais ampla, extensa e complexa. Engloba manifestações artísticas e intelectuais variadas, como as telas de Almeida Júnior, os livros de Valdormiro Silveira, Affonso Arinos, Afrânio Peixoto, Cornélio Pires, Monteiro Lobato e os autores considerados "modernistas" pelos estudos literários, além dos trabalhos voltados ao estudo do folclore brasileiro, escritos por autores como Amadeu Amaral e Câmara Cascudo, o que revela que, desde pelo menos o fim do século XIX, o tema está em evidência e mereceria um estudo mais aprofundado.

41 Ver, a esse respeito, Tinhorão, José Ramos. "Os gêneros rurais urbanizados". In: *Pequena História da Música Popular Brasileira*. São Paulo: Círculo do Livro, s/d., p. 187-210.

dos desmandos do poder público. Na mala de viagem de um desses caipiras, interpretado por Bahiano,

> não tinha nada pru dentro da dita cuja. Tinha só dois queijo, um
> lenço e três par de meia suja (...), um quilo e meio de lombo e uns
> doce pras criança que comprei lá no Colombo.

Nesse "monólogo caipira" intitulado *A peste bubônica*, registrado
pelos cilindros da Zon-0-Phone, o caipira, nas primeiras frases, já começava rejeitando a cidade grande:

> Ah, pois! Aí também já é demais! (???) Deixo de vez Niterói e parto
> pra Araruama.

E narrou suas peripécias e os problemas que enfrentou enquanto
esteve em "Niterói". Logo ao desembarcar na grande cidade, um "praça" impediu-lhe de passar com sua mala, que foi aberta e revistada,
enervando o caipira:

> Mi isprimi tanto de raiva diante daquele caso, que se não fosse a
> purdência eu já tinha dado um raspado.

Em seguida, aproveitou a viagem para visitar "mana Antônia", que
vivia "lá na Gamboa". "Mas ela estava doente, de cama". Por conta disso,

> de tarde parou na porta três carroça da assistência. Os cocheiros
> foram entrando (...) e me metendo na carroça.

A "assistência" esquecera-se de perguntar quem era o enfermo, e
acabou levando os dois, caipira e sua mana Antônia, para Dirijuba, onde
foi medicado com purgante, injeção na cara, "ferro na virilha". "Cheguei
bão, vórto doente, com desordem no aparelho", disse o caipira, já na

estação, onde tomaria "o trem de ferro", para, aliviado, "partir [de volta] pra Araruama".[42]

Em uma outra gravação, um lundu interpretado pelo cantor Campos, gravado pela Columbia Phonograph, um caipira teria vindo "lá do sertão só pra ver/como é a capita federar". Ali chegando, encontrou uma série de coisas "do arco da veia/que faz a gente se embasbacar":

Ao chegar na estação avistei
uma luz acender sem pavio
Uma gaiola que se chama de bonde
ia correndo por cima do trio

No hotel onde eu fui amoitado
Vi umas (???) madeira
os homens cuspia lá dentro
Nunca vi tamanha sujeira

(...)

Vi um sujeito correndo na rua
amontado numa geringonça
o danado corria depressa
(???)[43]

Além do caipira de Araruama e aquele que viera do sertão para conhecer a capital federal, houve também um "caipira paulista" que visitara seu compadre gaúcho riograndense. Tendo andado "mais de três mêis, batendo a cabeça aqui pro Rio Grande feito cachorro sem dono", o caipira paulista finalmente chegara à porteira do rancho do gaúcho, que, contente com a chegada do amigo, prontamente pediu à "Gabriela" que trouxesse "um banco lá da cozinha pro cumpade se assentá". Comentando a boa vida que levava no sul, o gaúcho afirmava:

---

42 *A peste bubônica*. Monólogo recitado pelo Bahiano, disco Zon-o-Phone nº X-772, sem indicação de autoria, lançado provavelmente entre 1902-1908.

43 *O Caipira*. Lundu gravado pelo Campos, disco Columbia Phonograph nº 11575, sem indicação de autoria, lançado provavelmente, entre 1908-1912.

> Só não engorda quem não quer. Até os cachorro andam gordo. Imagine o resto, compadre!

A alegria da fartura leva-os, entretanto, a um comentário indelicado e grosseiro. Gritando para seu preto João, o gaúcho pede:

> Bota a mulher pra fora pro cumpadre admirar como a vaca da minha mulher está gorda! É oito litro de leite por dia, cumpadre!

Ao que o caipira paulista responde:

> O que cumpadre? Num é que a vaca da sua mulher tá gorda mesmo, cumpadre?[44]

Em uma outra gravação, uma "carta sonora" do caipira à sua esposa Maroca, o tom inicial é de ternura e saudade:

> Muito estimarei que vancê esteje boa assim com minha bestinha pangaré. Maroca, eu vou lhe contar o meu sofrimento que eu tenho sofrido e hei de sofrer enquanto não estiver em sua amável companhia.

Mas, tanto quanto na gravação anterior, a carta vai sendo complementada com uma série de imagens, que vão se tornando cada vez menos agradáveis:

> Quando olho pra boneca vermelha na cabeçada no burro dianteiro da minha tropa, me alembro do seus olhar.

> Quando vou arrancar um cravo de qualquer animar da tropa, me alembro que, de uma feita, desencravei do ??? pé direito, a unha do dedão que estava encravada.

> Quando estou aparando o casco de burro, me alembro que todo domingo vancê me aparava as unha dos pés e das mão.

E, para finalizar a carta:

---

44 *Visita de um caipira paulista*. Dueto gravado pelo Batista Jr., disco Phoenix nº 140, de autoria de Batista Jr., lançado provavelmente entre 1913-1918.

Maroca, vai esperando que quarqué dia quando ocê menos esperar eu tô chegando com a minha besta na sua frente. Até outra se Deus quiser.[45]

Mas a rusticidade desse "caipira", fosse ele paulista ou oriundo da zona rural do Rio de Janeiro, não era sempre cômica ou inofensiva. Em carta ao seu compadre Anastácio, um caipira afirmava:

Ah, compadre. (...) Tenho dor nas costas, dor na virilha, dor na barriga, dor no nariz, dor na cabeça, dor no estômago e até aonde não posso explicar aqui nesse aparelho da Casa Edison. (...) O cumpadre de vancê, o meu Manoel das Cangaias tem estado escangaiado com uma doençarada em casa. Ah! Cumpadre. Vancê só vendo como anda isso por aqui é que poderá acreditar.

E as doenças eram fruto da sua vida itinerante, e, talvez, da pobreza e má alimentação:

A roça tá secando. O gado tá com febre ftosa. Os cavalos tão com garrotio. E o mano Metério tá magro como lombo de cavalo véio. Ah, cumpadre! Cumpadre, ??? como não estará isso por aqui.[46]

Há ainda, um último monólogo caipira, em que a voz masculina que tradicionalmente introduzia as gravações da Casa Edison, avisava o ouvinte: "Monólogo cômico, recitado pelo humorista Batista Jr.". Aqui, o caipira foi apresentado como avesso ao casamento e à família:

os senhores casado me discurpe do meu modo de falá. (...) Pois eu casei com duas muié que descascava mandioca. A primeira era uma praga. Tinha um gênio malvado. Me fazia comer o pão que o diabo amassou co rabo. Minha sorte foi ela morrer e não deixar filho mau. Morreu com a barriga enfaixada de tanto comer bacalhau.

---

45 *Carta de um caipira à sua mulher*. Carta, sem indicação de intérprete ou autor, disco Odeon nº 108465, lançada provavelmente entre 1907-1912.

46 *Carta de um caipira*. Monólogo gravado pelo Cadete, disco Odeon 120016, de autoria de Cadete, lançado provavelmente entre 1907-1912.

Sua segunda mulher,

> chegou um dia a me pedir que queria andá de ceroula. Ói, me deu uma reiva. Me deu uma bruta reiva da canaia. Imagine que tava (???) a ceroula por riba da saia. Foi bastante eu dizer: "Este mundo tá perdido".

Aí, então, nasceu seu primeiro filho:

> Só então me assosseguei quando nasceu o guri. Eu pensei que tava livre, mas entrei de novo em (???). Pra mim o pior martírio é carregá criança. Pra mim o pior de tudo, é quando começa a berrá. E o berro não é nada, imagina quando pega a vicejá. E quando ainda é pequeno, que mame na mãe, inda vai. O diabo é quando ele pega a mamá no borso do pai. Quando o pai (???) tem recurso e não faiz caso de dinheiro, o filho que aporveite porque fica como herdeiro. Agora, pobre como eu sou, se ando contrariado, o filho preciso mesmo que ajude ir lá no campo cercá gado. (...) Agora, oceis me descurpe, a senhorita já vai me chamar de maçante.

A gravação do *Monólogo Caipira* (◀*Faixa 54*)[47] permite escutar a imitação que o artista faz da fala acaipirada, que, de certa maneira, minimiza com humor o descaso do caipira e a rudeza da personagem. Revela também que existia certa dificuldade em realizar a imitação com naturalidade. Os monólogos – falados – eram quase "gritados" pelos intérpretes, especialmente em *A peste bubônica* (◀*Faixa 55*),[48] que faz parte das primeiras gravações mecânicas nacionais. Como comparação, sugere-se que o leitor ouça uma "prosa sertaneja", gravada pelo mesmo Batista Jr., em uma das primeiras gravações elétricas realizadas no estúdio da Columbia, em São Paulo, lançada em maio de 1929 (*Ô, de casa!* ◀*Faixa 56*).

— Ô, de casa! Bom dia, cumadre!

— Bom dia, cumpadre. Entre!

---

47 *Monólogo caipira.* Monólogo gravado pelo Batista Jr., disco Phoenix nº 140, de autoria de Batista Jr., lançada provavelmente entre 1913-1918.

48 Ver nota 46.

— A cachorrada num morde?

— Num morde não. Isso é só garganta essa pestaiada.

— Então com licença.

Bom dia, cumadre. Então como vamo tudo por aqui?

— Nóis vai bem. Sente. Então, como foi de passeio de capitar?

— Bem bom também. Mais, ô, cumadre, que terra de trapaiação. Que rebuliço de mundice de gentaiada misturada com máscara, cumadre, nossa! Mas a chuva escangaiô, coitado do carnavá, tão beleza de buniteza eu sinti...

— Que pena, não, cumpadre? Ué, que caixica bonitica é essa?

— Não é caixica. Essa é uma grafonólica linha colúmbica.

— Hum, dessas que canta, é?

— É isso mesmo. É encomenda de meu Maneco e eu derrubei no caminho e quebrô quase tudas chapas. Só ficô uma.

— Ô, que pena. Toca pra nóis iscuitá essa uma intão.

— Tem razão, cumadre. Vamo porvá outra veiz. Deixa dá corda primero, qué vê? Agora.

(Baixo cantando em italiano)

— Que voiz, cumpadre, parece bisoro!

— Num é, cumadre? Eu também pensei. O moço que vendeu disse que é voiz de baixo.

— Hum, é voiz de baixo, é? Intão, vira a chapa.

— É, do outro lado tem uma muié que canta, com voiz, assim, de soprano. Qué vê? Ó.

(Soprano cantando)

— Pára, pára. Porque parec'sê gato isprimido, noss'inhora! Quar, cumadre, moda bunita são só as nossa. A gente pega a viola numa noite de luá e começa assim.

(1) Marica Chiquinha bamo

(2) Pelo centro do sertão

(3) Que a barra do seu vestido

(4) Chega, não, chega no chão

(5) e as trança do seu cabelo

(6) Martrata meu coração

— Bom, cumadre, vô indo, a prosa tá boa mais vô indo.

— É cedo, cumpadre, espera o café.

— Não, té minhã, si deus quisé.

— Dá lembrança pra cumadre.

— Bem lembrado.[49]

A imitação de Batista Jr. se aproxima à fala caipira com mais naturalidade, pois a gravação elétrica evidentemente permitiu-lhe uma impostação mais apropriada da voz. Na época da gravação mecânica era impensável uma performance que incluísse imitações, pelo mesmo artista, de um diálogo entre uma voz masculina e outra feminina, de um rangido e do bater da porta, do latido dos cães, da manivela da "grafonólica", da voz de um baixo acompanhado por um piano muito distante e discreto. Além disso, o caipira também exibiu à "cumadre" a gravação de uma soprano, cuja voz caricata levou os caipiras a um profundo estranhamento: "Pára, pára. Porque parec'sê gato isprimido, noss'inhora!" Nem do chiado do disco antes do início da cantoria da soprano Batista Jr. esqueceu-se.

Através das palmas e dos sons vocais, ele consegue transportar o ouvinte até a porta da casa da "cumadre", que, provavelmente, estaria muito próxima à rua, dada a rapidez com que os personagens chegam até o local onde se sentam. Entre a casa e a rua, é possível que houvesse um pequeno quintal, onde estariam os animais, que rodearam o visitante, impedindo, por instantes, a sua entrada. Ali dentro, já sentado e longe da "pestaiada", eles iniciariam uma interessante conversa sobre a estada do "cumpadre" na "capitar" e sobre a "grafonólica" que ele trouxera daquela "terra de trapaiação". Mas a cidade não convenceu o caipira. Não havia "bisoro" nem "gato isprimido" que superasse aquelas suas "moda bunita". E interpreta o trecho da agradável toada que fala do amor do sertanejo pela Marica Chiquinha.

---

49   *Ô, de casa!* Prosa sertaneja gravada pelo Batista Jr., disco Columbia nº 5030-B, de autoria de Batista Jr., lançada em outubro de 1928.

Esta mudança na direção do diálogo causa grande efeito no ouvinte, acentuando a esquisitice da soprano e do baixo; revelando que a cidade é ainda mais atrapalhada e confusa; que a roça é ainda mais doce e prazerosa. A toada é compreensível no seu conteúdo melódico e poético, por conta de sua simplicidade, seu ritmo, seu idioma. A letra cantada em português assegura que o ouvinte compreenda que se trata do lamento de um caipira, que está apaixonado pela Marica Chiquinha; que a moça usa tranças no cabelo, deixando o pescoço e, talvez, o colo, descobertos; que a barra de seu vestido movimenta-se no ritmo da toada, e, por não chegar ao chão, permite que o caipira enxergue a parte inferior de suas pernas, enquanto ela caminha; que esses predicados se interiorizam de forma tão intensa no caipira, que só o ato de contemplação é suficiente para "martratá" seu coração.

Além do idioma, que facilita a compreensão da toada, a clareza de entoação e a melodia também asseguram o entendimento e a familiaridade do ouvinte. A interpretação de Batista Jr. não é lamuriosa, nem chorosa. Em "Marica Chiquinha bamo", em "Que a barra do seu vestido" e em "e as trança do seu cabelo", as sílabas são bem pontuadas e curtas, e, portanto, nada dramáticas. Além disso, a repetição de duas frases melódicas intercaladas nos seis versos, interpretadas por Batista Jr. de forma lenta e pausada, garante certo conforto ao ouvinte, que nunca é surpreendido pela alteração da melodia. A forma de cantar, totalmente distinta da soprano ou do baixo, revela resquícios da própria fala na canção: no primeiro verso, por exemplo, é possível sugerir que o caipira faz uma pergunta à Marica Chiquinha, já que o "*ba*" de "bamo" muda para um tom mais agudo, indicando um possível convite para que ela o acompanhe "pelo centro do sertão".

Nos versos ímpares (1, 3 e 5), o intérprete retira de algumas palavras a ênfase na sua sílaba mais forte, criando um ritmo envolvente para o ouvinte. No primeiro verso, o nome Marica ganha ênfase na última sílaba (Mari*cá*), mas o destaque da primeira sílaba do convite "*bamo*" é mantido; no terceiro verso, ocorre o mesmo em "barrá" e em "vestido"; no quinto verso, ocorre o mesmo com "trançá" e "cabelo". Já nos versos pares (2, 4 e 6) as ênfases são mantidas nas sílabas fortes das palavras, como em "Pelo centro do sertão". Isso faz com que os versos ímpares sejam mais marcados pelo ritmo e por uma melodia em suspensão, que requer um complemento: "bamo/pelo centro do sertão"; "barra do seu vestido/chega, não, chega no chão". Estes versos ímpares também não apresentam grandes diferenças de notas (que só muda em "bamo", em "vestido" e em "cabelo"). Já os versos pares são marcados pelas vogais (e, ão e a) e pela descendência melódica gradativa, do mais agudo para o mais grave. A mudança das notas ocorre na sílaba forte das palavras, como em "Pelo centro do sertão". É significativo constatar que os versos ímpares contêm as descrições mais "frias" de Marica Chiquinha (Marica, vamos/o seu vestido/as suas tranças), enquanto os versos pares são o resultado da interpretação do caipira, a revelação de seu sentimento: o coração (o centro) do sertão, o lugar ideal para a realização do seu amor, o corpo *pouco* visível da Marica Chiquinha, o coração maltratado.

Essa toada, simples e delicada, destoa da esquisitice da voz da soprano ou do baixo italiano. Ao explicitar a sua "preferência estética" pelas suas "moda bunita", o caipira aumenta a distância existente entre a sua vida caipira (viola, luar) e a cidade; acentua a simplicidade da toada e a estranheza diante da música reproduzida pela grafonola. A construção do diálogo é, portanto, elaborada para mostrar ao ouvinte que o caipira "teria razão" ao preferir sua moda: no início, o caipira é apresentado como um sujeito ingênuo e divertido, que gosta da "capitar", o que lhe garante a simpatia do ouvinte; em seguida, a prosa mostra o caipira lidando de maneira ambígua com fragmentos da cidade e da chamada "música erudita", para em seguida criticá-las e até torná-las caricatas, fazendo com que o ouvinte ache graça do seu próprio ambiente cultural; no final, o caipira valoriza a *sua* toada, que é apresentada de maneira delicada e singela. Ao ouvinte não resta outra opção, a não ser preferir a agradável toada caipira, que lhe transmite uma sensação de familiaridade e conforto.

A gravação da prosa caipira revela também que a grafonola não era novidade para a "cumadre". A "caixica bonitica" entra na conversa quando a "cumadre" desvia seu olhar para ela, que sabia que essa era uma maquininha "dessas que canta". A quebra dos discos no caminho de volta da cidade revela a falta de jeito do caipira em lidar com a novidade ("eu derrubei no caminho e quebrô quase tudas chapa"), ainda que ele soubesse manuseá-la ("Deixa dá corda primero, qué vê?"). A referência ao "bisoro" ou ao "gato isprimido" não é gratuita: é uma tentativa de tornar o objeto (música "erudita") reconhecível, através do *seu* modo de ouvir o mundo. A "grafonólica" funciona, assim, como um "elemento urbano", que se insere na realidade "rural" através da encomenda feita pelo Maneco. Ao trazer a grafonola da capital, o caipira traz um fragmento da cidade para dentro da roça, alongando, por todo o diálogo, a interação entre o "urbano" e o "rural" que já haviam sido explicitadas no início da gravação. Assim, o tom bem-humorado da prosa, além de ser produto da própria imitação da fala caipira, é também fruto da aproximação destes dois ambientes culturais, via aparelho leitor de discos. Sob este ponto de vista, a grafonola e a chapa não são apenas *mais uma* inovação urbana, porque vêm acompanhadas de um produto cultural, os registros sonoros.

Se o disco é uma "encomenda" que vem da cidade, a prosa que permaneceu gravada é o ponto de vista da cidade sobre o caipira. O que assegura o bom humor e a ingenuidade da prosa, é este distanciamento do autor, Batista Jr., diante daquilo que a gravadora considerava "canções típicas" e "cômicas".[50] A própria representação do caipira ingênuo, simples e atrapalhado, é uma ideia que deu certo na capital paulistana, vendendo discos e livros que a ele se referiam. Isso revela que o intenso

---

50   Anúncio Columbia. *Revista Phono-Arte*, nº 21, 15.06.1929, p. 2.

processo de urbanização da capital paulistana, que, entre outras coisas, gerou "ruídos incompreensíveis", "sem pé nem cabeça" – aproveitando as palavras do saudoso cronista do *Correio Paulistano*, acima citado –, não conseguiu destruir seus traços mais provincianos. Ainda havia, na São Paulo dos anos 1930, "animais de médio e grande porte disputando espaço com pedestres e veículos, as criações de pequenos animais nos jardins e quintais residenciais".[51] Havia também festas de São João comemoradas nas ruas ao som de quadrinhas tradicionais, e delicadas canções "regionais", entoadas com o característico "sotaque" caipira, que revelavam a transição "de uma sociedade regional com consonâncias universais para uma sociedade cosmopolita inteiramente provinciana".[52] Os jornais paulistanos somente se referiam a esse "cosmopolitismo provinciano" em pequenos artigos, muito esporádicos, já que direcionavam seus olhares ao Triângulo Central da cidade. Mas o já citado debate entre C. e Urbano já revelava que havia "sítios ermos", não muito distantes do movimentado centro comercial paulistano, como o alto da Lapa; o bairro da Mooca também era um lugar afastado, e foi escolhido como sede do estúdio de uma gravadora por ser mais silencioso, mesmo que boa parte das gravações fosse feita de madrugada, quando os ruídos diminuíam. As cadeiras nas calçadas aos finais de semana, a plantação de hortaliças nos quintais, o "bom-dia" matinal à vizinha pelas janelas das casas, que, nos bairros operários, estavam bem ao lado das grandes chaminés, dos bondes elétricos, ou do trilho dos trens, tudo isso revela que, em São Paulo, o contraste entre o urbano e o rural era parte integrante do cenário da cidade, e não um mero resquício que a "metrópole

---

51   Moraes, José Geraldo Vinci de. *Op. cit.*, 2000a, p. 22.

52   Morse, Richard. *Formação histórica da cidade de São Paulo (De comunidade à metrópole)*. São Paulo: Difel, p. 268, *apud* Saliba, Elias Thomé. *Raízes do Riso. A representação humorística na história brasileira: da Belle Époque aos primeiros tempos do rádio*. São Paulo: Companhia das Letras, 2002, p. 177.

do café"[53] derrubaria em breve, nem mesmo um descompasso temporal pouco habitual.

A gravação de *Ô, de casa!* foi lançada em maio de 1929, no suplemento das primeiras gravações do estúdio paulistano da Columbia. A ela somou-se uma série de outras gravações com imitações de caipiras, italianos, turcos, alemães, espanhóis, além de modas de viola, cururus, cateretês, sambas paulistas, cantos de trabalho, folias de reis. Estas gravações elétricas pouco tinham a ver com as antigas gravações mecânicas "caipiras", pois não foram realizadas no Rio de Janeiro, mas na cidade de São Paulo ou, no caso dos primeiros registros da Victor, em Piracicaba, através de um estúdio portátil. Os resenhistas da *Phono-Arte* não perceberam de imediato esta característica comum das gravações paulistanas: *Ô, de casa!* foi considerada um disco de "caráter cômico, um tanto antiquado"; as primeiras gravações de Cornélio Pires, da "série caipira" de selo vermelho, foram apressadamente classificadas como "Miscelânea", ao lado de Edmundo André, um outro artista cômico que conseguia fazer "imitação de várias vozes":

> A Columbia continua a explorar fartamente o repertório cômico e humorístico. A quantidade de discos, que a fábrica nacional da grande empresa vem oferecendo ao público, já chega a ser avultado. Desta vez, apresentou-nos a Columbia, uma série humorística e folclórica, sob a direção de Cornélio Pires, série esta que mereceu as honras do selo vermelho da fábrica, categoria pouco acima da série comum de selo preto, que caracteriza o gênero popular.

Os jornalistas haviam escutado quatro discos, contendo anedotas contadas pelo próprio Cornélio Pires, e um último que trazia um *Desafio entre caipiras* e *O verdadeiro samba paulista*. Segundo eles,

---

53   Bruno, Ernani Silva. *História e tradições da cidade de São Paulo*. Vol. II, São Paulo: Hucitec/Prefeitura do Município de São Paulo, 1984.

> Os três primeiros discos, pertencem à série humorística propria-
> mente dita, enquanto que os restantes, visam mais de perto o
> cunho regional, pertencendo à série folclórica.[54]

Meses depois, a Columbia encaminhou um outro suplemento à revista, apresentando novos discos de Cornélio. As resenhas permaneceram na coluna "Discos cômicos", mas já revelavam certa dificuldade de
classificação, pois os jornalistas acabaram criando outras especificações
para além de "gravações humorísticas":

> A Columbia, continuando suas gravações com o humorismo salutar
> e fino do nosso Cornélio Pires, enviou-nos esta quinzena mais os
> seguintes discos (...):
>
> 20006 – Como cantam algumas aves, imitação, e *Jorginho do sertão*,
> moda de viola (da Série Regional).
>
> (...) 20009 – *No mercado dos caipiras*, Anedota (da Série Humorística)
> e *Triste abandonado* (da Série Regional).[55]

Neste segundo suplemento, a maior parte dos discos continha uma
imitação e uma gravação da "série regional" em seu lado "B", o que indica
que as duas modas de viola, apresentadas no primeiro suplemento, provavelmente tiveram êxito. Além destas, houve também modas de viola
gravadas pela "Turma Caipira Victor", anedotas gravadas pelo Plínio
Ferraz, que seriam lançadas ao mercado alguns meses depois, a partir
de dezembro de 1929. A Odeon e, em menor quantidade, a Parlophon,
também distribuiriam uma série de gravações de modas de viola, canções cômicas ou anedotas, a partir de maio de 1930.

Mas, diferentemente do que ocorreu com Stefana de Macedo ou
Paraguassu, estas modas de viola não eram "imitações", não reinventa-
vam uma dicção "caipira", nem davam novas roupagens à instrumentação através de arranjos. E, diferentemente da rusticidade quase grosseira

---

54   "Os novos discos". *Revista Phono-Arte*, nº 20, 30.05.1929, p. 32 e 38.

55   "Os novos discos". *Revista Phono-Arte*, nº 30, 30.10.1929, p. 22.

das gravações mecânicas, as anedotas e canções cômicas gravadas pelo processo elétrico, recriaram com mais precisão a fala acaipirada, e mostraram o lado astuto, divertido e simples do caipira paulista.

Música dos paulistas

> (...) a todo instante, eles falavam em "modinhas" (...). Era simplesmente a precisão de carinhar (...) e substituir "moda" pelo seu diminutivo, mais delicado e caricioso![56]

Lavrador em Piracicaba, José Olegário de Godoy, aos 41 anos mudou-se para a cidade de São Paulo para trabalhar em fábricas, na hípica paulistana, em uma loja de departamentos, e ainda arrumou tempo para fazer uma série de gravações da música que cantava, tocava e dançava em sua cidade natal. Aos oitenta e seis anos, estava ao lado de sua filha Maria Imaculada da Conceição, no Museu da Imagem e do Som de São Paulo (MIS-SP), para gravar uma entrevista. Os responsáveis pelas perguntas eram o historiador José Ramos Tinhorão que, ao lado da Casa Lomuto, possuía o maior acervo de gravações realizadas em São Paulo, hoje vendido ao Instituto Moreira Salles; Biaggio Baccarin, especialista em direitos autorais e então diretor da área sertaneja da gravadora Chantecler; e Rita de Cássia Trindade, na época funcionária da gravadora Continental.[57]

Ao que tudo indica, esse é o único registro biográfico de um integrante das duplas caipiras que participou dos primeiros registros de modas de viola em gravações elétricas. Boa parte das informações existentes nos poucos livros sobre o assunto foi extraída desse depoimento.[58] A imprensa da época, quando não silenciou, estranhou aquelas

---

56   Andrade, Mário de. "Terminologia musical". In: *Op. cit.*, 1963, p. 57-58.

57   Depoimento de Sorocabinha, MIS-SP, fita nº 113.2-4. Todas as falas de Sorocabinha transcritas a seguir foram extraídas da mesma fita.

58   Ferrete, J. L. *Capitão Furtado. Viola caipira ou sertaneja?* Rio de Janeiro: Funarte/INM, 1985; Freire, Paulo de Oliveira. *Eu nasci naquela serra. A história*

vozes anasaladas e acaipiradas dos cantadores. Alguns dos jornalistas que valorizaram as gravações, apenas colocaram em evidência o nome de Cornélio Pires, que promoveu e possibilitou a realização da primeira leva de registros caipiras feitos pela Columbia, a partir de 1929. Ele sim, conta com três biografias, alguns artigos nos periódicos da época, livros que ele mesmo escreveu, e, sua cidade natal, Tietê, mantém sua memória preservada por meio da *Semana Cornélio Pires e Zico Pires*, que ocorre todos os anos, na última semana de agosto.[59]

Fora essas poucas – e, algumas vezes, duvidosas – informações, existem apenas discos, às centenas, produzidos desde 1929 até o início dos anos 1940. A presença de Baccarin e Rita Trindade na entrevista de Sorocabinha, no início dos anos 1980, aliás, revela que a música caipira foi um filão importante para a indústria do disco ao longo de todo o século XX, permanecendo, em especial, no repertório da Continental (marca criada pela empresa Byington quando a Columbia deixou de gravar discos no Brasil) durante os anos 1940 e 1950, e no início dos anos 1960, quando os selos California e Orion (este último, uma subsérie da Odeon), especializados no gênero, produziram mais de 600 matrizes de música sertaneja ou caipira.[60]

de *Angelino Oliveira, Raul Torres e Serrinha*. São Paulo: Paulicéia, 1996. Mais voltado para a indústria cultura e vinculado à academia, ver Caldas, Valdenyr. *Acorde na aurora. Música sertaneja e indústria cultural.* São Paulo: Companhia Editora Nacional, 1977. Ver, também, a documentação inédita levantada pelo recente estudo da jornalista Rosa Neponucemo, *Música caipira. Da roça ao rodeio.* São Paulo: Ed. 34, 2005.

59   Biografias de Cornélio Pires: Luzzi, Roque. *Rapsódia Caipira. Cornélio Pires, seu mundo, seus seguidores.* São Paulo: Pannartz, 1984; Veiga, Joffre Martins. *A vida pitoresca de Cornélio Pires.* São Paulo: Edições O Livreiro, 1961; Dantas, Macedo. *Cornélio Pires. Criação e riso.* São Paulo: Duas Cidades/Secretaria de Ciência e Tecnologia, 1976; Cardoso Jr., Abel. "Cornélio Pires. O primeiro produtor de discos independente do Brasil", Sorocaba, Delegacia Regional da Cultura, Fundação Ubaldino do Amaral, 1986.

60   Levantamento realizado na *Discografia brasileira 78 rpm*, vol. 5.

Mário de Andrade foi um dos poucos ouvintes que se interessou em registrar suas impressões sobre as "modinhas" de viola gravadas em discos, em passagens nos artigos que escreveu, e, principalmente, em inúmeros papeizinhos e rápidas anotações, que ele tomava quando ouvia uma toada, alguma mudança rítmica, uma coreografia desconhecida, dançada, cantada ou tocada, por aqueles que ele considerava como os "representantes do folclore nacional". Foi ele, aliás, quem identificou que a palavra "toada" não era, no interior paulista, um gênero musical: "Não sei a toada dessa moda" foi uma frase que ouviu de um violeiro em Mogi-Guaçu, anotada em sua caderneta e cuidadosamente guardada no envelope "toada" de seus manuscritos. Segundo Mário e o violeiro de Mogi-Guaçu (e também Sorocabinha), a toada paulista era apenas "a linha melódica, não o conjunto da peça". Além de conversar com violeiros em suas "expedições folclóricas", o intelectual também ouviu as primeiras gravações de modas de viola, com a atenção de quem vê uma parte de um imenso projeto começando a se materializar:

> As gravações de música popular sempre tiveram entre nós finalidade comercial. Acontece porém, que algumas destas gravações são estritamente científicas. Estão neste caso, especialmente as Modas dos caipiras de São Paulo, bem como algumas manifestações da feitiçaria do Rio de Janeiro.[61]

Por outro lado, as poucas referências da imprensa às modas caipiras, perdiam-se em termos genéricos e imprecisos. As "modinhas" de viola seriam um "gênero apreciado por seu regionalismo", feito por "intérpretes especializados", que teriam produzido eventualmente um "número curioso", que se tornara "atraente por seu caráter típico".[62] O regionalismo ao qual a revista se referia emergiu como sonoridade "tí-

61   Andrade, Mário de. *Manuscritos*. Envelope "Toada" e *ibidem. Ensaio sobre a música brasileira*, p. 169-170.

62   "Discos Brasileiros". *Revista Phono-Arte*, nº 45, 30.07.1930, p. 24 e "Discos Populares". *Revista Phono-Arte*, nº 46, 30.08.1930, p. 45.

pica" quando as gravadoras passaram a revelar, aos ouvidos dos jornalistas, que também havia sons e ritmos fora da capital cultural do país.
Daí certa curiosidade e atração pelo "folclore paulista", mas também o
equívoco em denominar lavradores ou pequenos funcionários de "artistas especializados" em tocar e cantar modas de viola.

Pelo que informa a *Phono-Arte*, as gravações caipiras foram vendidas
inicialmente no estado de São Paulo. Em alguns meses, começaram a ser
divulgadas em grandes anúncios nas páginas da revista, e passaram a ocupar mais espaço em suas resenhas. Em janeiro de 1930, quase um ano depois das primeiras séries terem sido lançadas, a *Phono-Arte* afirmou:

> O nosso inconfundível "rei do humorismo", profundo conhecedor
> de nosso folclore regional, tem, sem dúvida, feito a Columbia ven-
> der discos em penca, pois é um gênero, que conta com imenso pú-
> blico. São chapas, que desopilam os apreciadores desta forma de
> rir e que servem para muitos sentirem de perto a inteligência e a
> manha de nosso sertanejo, geralmente, através, de interessantes
> anedotas caipiras. Uma nova série de Cornélio incluiu a Columbia
> nacional no suplemento deste mês, e, como se sabe, sob a etiqueta
> vermelha correspondente à série 20000.

E, em agosto do mesmo ano, a revista voltou a lembrar seus leitores
acerca das gravações caipiras:

> Mais quatro discos desse popularíssimo artista, que São Paulo apre-
> cia muito particularmente, conforme se pode deduzir da vendagem
> verdadeiramente extraordinária no estado vizinho.[63]

Cornélio Pires teve, de fato, uma grande importância para que as
gravações caipiras fossem realizadas e comercializadas pelas empresas
fonográficas. Não foi à toa que Sorocabinha iniciou sua entrevista ao
MIS-SP lendo uma carta, que escrevera previamente, especialmente
para a ocasião, em cuja primeira frase, afirmou:

63   "Discos populares". *Revista Phono-Arte*, nº 46, 30.08.1930, p. 25.

Aos ouvintes o que eu quero dizer, sempre é lembrar – lembro e
tenho saudades do saudoso Cornélio Pires. O rei dos caipiras e pai
dos sertanejos.

Observador da cultura caipira desde a infância, Cornélio Pires publicou seu primeiro livro em 1910, *Musa Caipira*, escrito em "dialeto
caipira".[64] Ao longo dos anos 1910 e 1920, ele publicaria uma série de outros
livros em poesia "dialetal", que sempre exigiam reedições, dada a relativa
alta vendagem de exemplares. Em uma conhecida passagem da vida de
Cornélio, quando o tieteense mostrou seus primeiros versos ao primo
Amadeu Amaral, membro da Academia Brasileira de Letras, poeta, filólo-
go e folclorista, ele lhe respondeu: "Muito bem! Você descobriu um filão
a explorar e que está inteiramente abandonado. Continue: escreva um livro". Pouco tempo depois, Cornélio foi "à redação do *Correio Paulistano*,
onde trabalhava Amadeu" e mostrou-lhe *Musa Caipira*. Assustado com
a rapidez com que o primo produzira o livro, franziu o cenho, leu os
primeiros poemas, mas aprovou. Um dos biógrafos de Cornélio Pires
ainda acrescentou, na tentativa de comparar a obra de Cornélio com os
textos do "criador da literatura regional no Brasil", Valdomiro Silveira:
"[Cornélio] passou então a dedicar-se à poesia caipira, pondo em verso o
que Valdomiro Silveira vazava admiravelmente em prosa".[65]

---

64   Pires, Cornélio. *Scenas e paisagens da minha terra (Musa Caipira)*. São Paulo:
     Monteiro Lobato, 1921.

65   Dantas, Macedo. *Op. cit.*, p. 55. Nascido em 1873, na atual cidade de Cachoeira
     Paulista, Valdomiro Silveira viveu em Casa Branca a partir dos oito anos,
     onde começou o "aprendizado das coisas brasileiras." Veio estudar Direito
     em São Paulo, transferiu-se novamente ao interior para exercer o cargo de
     promotor público, onde acompanhava as festas e os "pagodes" para os quais os
     caipiras lhe convidavam. Foi deputado federal por São Paulo, mas, tendo sido
     convidado por Armando Sales de Oliveira para ser Secretário da Educação e
     da Saúde Pública do estado, acabou por renunciar à atividade de deputado
     para servir no executivo paulista. Recusou-se a fazer parte da Academia
     Brasileira de Letras, mas ajudou a fundar a Academia Paulista de Letras,
     nela ocupando a poltrona nº 29. Gonçalves, Júnia Silveira. "Notas biográficas

O "marco" inicial, que inaugura a "prosa dialetal" de Valdomiro, teria sido um poema intitulado "Rabicho", que apareceu nas páginas d'*O Estado de S. Paulo* em 1894.[66] Nos livros publicados em vida, Valdomiro limitava a forma dialetal aos diálogos, embora já procurasse incorporar a sonoridade da fala caipira nas palavras do narrador:

> Pois era isso mesmo, desde que ele pensava isso: moça, chita e fita, não há feia nem bonita. Tudo vai de quem olha, e da hora.[67]

Em *Leréias*, livro póstumo, é o próprio caboclo quem conta suas "conversas fiadas" ao leitor, e representa a forma mais acabada da "prosa dialetal" do escritor:

> Botei meu soccado novo no burrinho estello, cheguei-lhe nas ancas o par de chilenas, 'tou de retirada: vou-me embora, num átimo, pr'esse mundão de meus pecados. Não posso mais aguentar os piques e as fusquinhas que nha Maruca me faz.[68]

Daí o subtítulo de *Leréias*: *Histórias contadas por eles mesmos*.

Diferentemente de Valdomiro, Cornélio não era afeito aos livros, escrevia em mau português, e produziu seus textos com tanta rapidez, que foi, inclusive, advertido pelo primo poeta ao ler alguns dos seus versos: "Muito bem! Mas, poderia ser melhor, se você não fosse tão desleixado como é…".[69] Mas Cornélio tinha certa consciência do lugar que ocupava, como compilador de aspectos de uma cultura que – julgava-se na época – estava em vias de desaparecimento. Nos seus textos escri-

---

sobre Valdomiro Silveira". In: Silveira, Valdomiro. *Os caboclos*. Rio de Janeiro: Civilização Brasileira, 1975, p. IX-XIV.

66   Carta de Agenor Silveira a Monteiro Lobato. In: *idem, ibidem*, p. XV-XVII.

67   Silveira, Valdomiro. *Os caboclos*. Rio de Janeiro: Civilização Brasileira, 1975, p. 4.

68   *Idem. Leréias*. São Paulo: Martins, 1945, p. 151.

69   Amadeu Amaral, depois de ler os primeiros versos de *Musa Caipira, apud* Dantas, Macedo. *Op. cit.*, p. 57.

tos em prosa, à semelhança de Valdomiro, a forma dialetal limitava-se aos diálogos. Muitas das suas anedotas, registradas em livros, contavam com uma "introdução", na qual ele lançava ao leitor uma situação concreta, que preparava o leitor para alguma intervenção do caipira. De início, ele procurava atribuir qualidades ao matuto:

> O caipira paulista é gentil por natureza, concordando com tudo quanto dizemos, para não nos contrariar, ainda que estejamos proferindo as maiores asnices ou defendendo os maiores absurdos. Acham eles que opor uma objeção a "gente da cidade" é grosseria, e, por isso, concordam sempre.

Em seguida, começa a narrar o "causo":

> Estávamos em Bragança (...) no escritório do nosso ótimo amigo advogado (...) quando chegou, todo encolhido e tímido, um desses caipiras de barbicha rala. Pondo o chapéu embaixo da cadeira, sentou-se, firmando o calcanhar direito na beirada do assento.

E o diálogo, capturado pelos atentos ouvidos de Cornélio Pires, fluía, criando no leitor certa expectativa pelo "solavanco mental" da piada:[70]

> Conversava-se sobre a "cabeçada" que um "sitiante" amigo do Vicente, estava "querendo" dar: – vender um pedaço de seu sítio, na cabeceira do ribeirão;
>
> Dizia um da roda ao advogado Guilherme:
>
> — Não deixe o Simplício fazer isso...
>
> — É... Num déve dexá... Concordava o caipira.
>
> — Ele ouve muito seus conselhos...
>
> — Ah! Isso óve... Intervinha o caipira.
>
> — O sítio vale 150 contos...
>
> — Inté duzentos...
>
> — Se ele vender o pedaço do sítio por 30 contos, não achará quem dê 90 pelo resto...
>
> — Nem trinta... Insistia o "mandy", aprovando as ideias do moço e estimulando-o na defesa da sua causa.

---

70   Saliba, Elias Thomé. *Op. cit.*, 2002, especialmente p. 15-36.

> Sentindo-se amparado pelo caipira, o moço se entusiasmou e encerrou suas argumentações:
>
> — Isto que estou dizendo é a pura verdade! O sítio é um terrão de ouro!
>
> E, voltando-se ao caipira:
>
> — Está aqui! – O senhor conhece o sítio!
>
> E o caipira, afagando o cavanhaque:
>
> — De que banda fica?[71]

Nas anedotas gravadas em discos, ele transpõe essas mesmas "partes" existentes nos livros: a caracterização inicial e o informe da "situação", mas o diálogo ganha a sonoridade espirituosa da imitação de Cornélio. É provável que um dos especialistas em "cultura caipira", Antonio Candido, não tenha ouvido as gravações de Cornélio, mas ainda se lembrava das conferências humorísticas do tieteense, às quais assistiu ainda menino em Poços de Caldas, quando escreveu o Prefácio para o livro de Macedo Dantas sobre a vida de Cornélio Pires. Nele, o sociólogo afirmou sobre Cornélio: "Meio escritor, meio ator, meio amador; generoso, combativo, empreendedor, simpático, – a sua maior obra foi a ação nos palcos, nas palestras, na literatura falada, que perde bastante quando é lida. Como os oradores, certo tipo de poetas, como os repentistas e os velhos glosadores de morte, a dele foi uma literatura de comunhão, feita para o calor do momento e a comunicação direta, com o público".[72]

Quanto ao assunto, selecionamos para audição o trecho inicial da gravação *Qui-pro-quó* (◀*Faixa* 57), em que Cornélio narra, como nos livros, a "introdução":

> Os caipiras geralmente são religiosos sem fanatismo, e transformam em verdadeiras festas os cumprimentos de seus votos ou promessas. Passam meses a ensaiar a viagem ao Bom Jesus do Pirapora, em preparativos muito anunciados pela vizinhança.

---

71   Pires, Cornélio. "De que banda?". In: *Patacoadas*. Itu: Ottoni, 2002, p. 36-37.

72   Candido, Antonio. "Prefácio". In: Dantas, Macedo, *Op. cit.*, p. 12.

A "situação" montada pelo "rei do humorismo" foi a seguinte:

> Uma família de surdos foi cumprir a sua promessa. Nhô Manduca, barbadão, surdo que não tinha jeito. Inhana, extra-surda. A Chica, super surda. O João, surdo como uma teipa. Iam a cavalo encordoados pelo caminho, escoltando burro com seu cargueiro, de cangalha velha. Cada qual pensava em realizar nessa viagem qualquer coisa do seu ideal.

O "causo", que prepara para a intervenção da fala do caipira, dizia:

> Chegados a Pirapora, aboletaram-se num apartamento. Sala, quarto e cozinha. Um desses apartamentos alugados por certo negociante, estabelecido na esquina fronteira. Arrancharam-se o casal de surdos e os filhos, soltaram os animais, e foram logo à Igreja fazer suas orações.
>
> No outro dia, muito cedo, já estava o barbudão de pé na porta, quando viu o negociante que, de mão às costas, passeava de um lado para o outro. O dono do apartamento ao ver o caipira, cumprimentou:
>
> — Bom dia! Como passou a noite?
>
> Indignado, o surdo foi para dentro dirigindo-se à sua mulher:
>
> — Inhana! Ô, Inhana! Nem bem tcheguemo já tá cobrano luguéis.
>
> — Pois se fô gordo compre!
>
> E dirigiu-se à filha na cozinha:
>
> — Chica! Ô, Chica! Seu pai vai compá um porco.
>
> — Se fô boazinha, bonitinha, dos zóio azul, tá muito bão.
>
> E correu em busca do irmão, que estava no quintal limpando cangalha.
>
> — João! Ô, João! Pai vai arranjá noiva pocê!
>
> — Se fô mansa de arreio, i certa de boca, tá muito bão. Tô bem servido.[73]

As pausas em "barbadão", a entonação em "super-surda", "extra--sruda", a ênfase em "surdo como uma teipa" e, evidentemente, a sonoridade da fala acaipirada, transformam o "causo" caipira em uma anedota divertida, liberando o leitor da penosa tarefa de idealizar as cenas e recriar, em sua imaginação, o som das palavras. Por conta da

---

73 *Qui-pro-quó.* Anedota gravada pelo Cornélio Pires, disco Columbia nº 20047-B, sem indicação de autoria, lançada provavelmente em 1930.

imitação, o diálogo entre os surdos retira a necessidade de especificar os personagens que estão prestes a falar, tornando-o mais ágil. Por isso mesmo, o que já tinha múltiplos sentidos torna-se quase absurdo, já que não permite que o ouvinte volte "os olhos" à fala anterior, como poderia ocorrer com as linhas escritas. A agilidade do diálogo dificulta ao ouvinte a compreensão dos novos sentidos que os surdos atribuem àquilo que eles – não – escutam, mas impede que o ouvinte perca a noção do inusitado do diálogo. E, exatamente por João se referir, na última fala da anedota, ao animal a ser comprado no feminino, o irmão deixa "no ar", e com clareza para os ouvidos de quem escuta, a hipótese de estar, de fato, se referindo à noiva anunciada pela Chica. Esse entendimento é o que assegura o fim bem-sucedido da anedota. Através da palavra falada, as narrativas de Cornélio evidenciam ainda mais ao ouvinte aquele "gesto invisível" do disco. Uma vez recriados os lugares (apartamento com sala, quarto, cozinha e um quintal empoeirado pela limpeza da cangalha) e os tipos (barbudo, surdos), Cornélio provoca o riso com a sonoridade das infinitas situações descabidas que sua habilidade em imitar poderia criar.

Por mais que Cornélio tenha aparecido ao público através de seus livros, escritos apressadamente, e de suas "conferências", ele também foi considerado o criador e divulgador de um "gênero literário". Ele conseguiu se aproveitar disso, ganhando algum dinheiro com a venda dos livros, mas estava definitivamente inserido na tradição oral caipira. Quando compilava "causos", registrando, "sem método", em seu caderninho, o que ouvia o caipira falar, passou a participar da tradição escrita, mas não conseguia se desvincular das suas "palestras", "conferências", gravações ou atuações em programas de rádio. Por outro lado, "não se vestia como caipira. Apresentava-se impecável no traje – terno, gravata, chapéu – e exato no português, tanto quanto nas articulações das palavras, com todos os esses e erres",[74] não fazendo parte, também, do universo dos matutos da roça. É significativo lembrar que era dele a voz nas introduções faladas, existente em quase todas as gravações da série 20000. A audição de suas gravações vinha acompanhada por essa marca, como nos primeiros tempos da gravação nacional, em que Casa Edison anunciava: "Disco da Casa Edison, Rio de Janeiro!". Em *Mecê diz que vai casá*, ele fez o preâmbulo, em "português perfeito": "Moda de viola. Regionalismo caipira". Em *Bigode raspado*, informou o ouvinte: "Moda de viola caipira".[75] Assim, Cornélio Pires tornou-se não apenas um excelente contador de "causos", mas também associou indelevelmente seu nome e sua voz às gravações de modas de viola para os ouvintes da época ou, posteriormente, para os pesquisadores interessados em seus discos. Por conta disso, talvez pelas poucas informações existentes sobre o gênero, a imprensa da época acabou criando a falsa ideia de que Cornélio era também o "mestre das modas de viola". Alguns até mesmo entendiam que ele era cantor, pois teria sido "secundado por Mariano e Caçula [em *Toada da Cana-verde*] e na segunda [gravação, *A minha garcinha branca*], por Antonio Godoy e sua mulher".[76] Não há dúvida de que essa era, de certa forma, intenção de Cornélio. Nas gravações em que constam imitações de animais, especialmente pássaros, tudo indica que fossem feitas por Arlindo Santana, embora seu nome não aparecesse no selo do disco.

---

74 Cardoso Jr., Abel. *Op. cit.*, p. 4.

75 *Mecê diz que vai casá*. Moda de viola, gravada pelo Cornélio Pires, disco Columbia nº 20008-B, sem indicação de autoria, lançada em outubro de 1929. *Bigode raspado*. Moda de viola gravada pelo Mariano e pelo Caçula, disco Columbia nº 22022-A, sem indicação de autoria, lançada em junho de 1930.

76 "Discos populares". *Revista Phono-Arte*, nº 45, 30.07.1930, p. 30.

Cornélio Pires apresentava-se impecável no traje, e destoava dos "caipiras legítimos" não só pela aparência e sotaque, como também pelo riso despreocupado e confortável diante da câmera fotográfica.

"Turma Caipira Cornélio Pires". Em pé, da direita para a esquerda: Ferrinho, empunhando a puíta, Sebastiãozinho, Caçula e Arlindo Santana. Sentados, da direita para a esquerda: Mariano, Cornélio e Zico Dias. Disponível em http://valedocaipira.blogspot.com.br/2011_07_01_archive.html.

Talvez por conta do relativo sucesso obtido com suas performances de "orador" e "escritor", e por ter a simpatia do público intelectualizado e dos simples roceiros, ele tenha apostado tanto nas suas "palestras" e "conferências", e no êxito de suas gravações, que realizaria a partir de 1929, pela Columbia.

Não há dúvida de que estas características das gravações estavam também presentes em suas "palestras" e "conferências" humorísticas. A partir dos anos 1920, ele incrementou suas noites de anedotas (e, posteriormente, também as gravações) convidando caipiras de Piracicaba para encenarem, a seu lado, aspectos "típicos" da "roça". Entre esses matutos, estava Sorocabinha, que narrou o que segue:

> O Cornélio Pires me conheceu em 1924, apresentado pelo violeiro Nitinho Pintor. Ele chamou para fazer um show aqui na capital de São Paulo, no Cine República. E quar eu fui convidado para se apresentar ao público.

Nessa ocasião, José Olegário tornou-se "Sorocabinha", nome artístico criado pelo próprio Cornélio Pires, que lhe inventou o apelido depois de ser informado por Olegário que seu pai era conhecido por José Sorocaba. Batizado "Sorocabinha", ele contou como veio pela segunda vez à capital para fazer apresentações, em 1929:

> outra vez o Cornélio Pires em Piracicaba, a fim de organizar uma turma de violeiros para uma temporada aqui em São Paulo, no bairro de Vila Mariana, no Cine Paulistano. Queixava o Cornélio que naquela década, aqui na capital, estava invadida pela música argentina (o tango). O Cornélio, com sua inteligência, resolveu fazer uma demonstração do nosso folclore paulista aqui na capital. Com essa, com nós, ele encontrou tudo o que queria e bem ensaiado, samba paulista, cateretê, caninha verde, cururu, toada de mutirão e até rezas, e moda de violas e danças caipiras. No qual eu tinha uma especialidade, num número especial pra mim dançar. Tudo saiu direitinho. A gente fomos pro centro, espetacular como ninguém esperava.

E assim, Sorocabinha, Cornélio, e a "turma de violeiros", foram

> sempre dando shows até que ele [Cornélio] conseguiu uma gravadora (Columbia) para gravar a nossa representação sertaneja. De sertanejo, nós fomos os primeiros a gravar no ano de 1929, que foi eu – Sorocabinha –, o Arlindo Santana, Mariano e Caçula, o Ferrinho, o Zico Dias e Bastiãozinho Ortiz de Camargo.

Uma das primeiras destas gravações da Columbia com os caipiras, "supervisionada" por Cornélio Pires, gravada por Mariano e Caçula (*Sô cabocro brasileiro*), iniciava-se com uma intervenção falada de

Cornélio, desta vez com fala acaipirada, menos acentuada do que o sotaque dos matutos:

> Ê moçada! Vamo vê uma moda aí, mai bem brasilera. Uma moda gostosa de se escutá.

Ao som das violas, Mariano e Caçula, entoaram quadrinhas que falam da grandiosidade do "Brasir", das belas cores da bandeira nacional, e que, depois de terem conhecido a "capitar", tinham intenção de conhecer outros estados e até o estrangeiro, sempre levando sua "viola/ Pra mostrá o que é brasilêro":

> Eu inventei esta moda
> Pra a verdade eu falar
> Eu sou mesmo brasilêro
> Não nego meu naturar
>
> A lei diz que sou paulista
> Sô cantador regioná
> Eu tive grande prazer
> De conhecê'a capitar
>
> Agora tô resorvido
> Conhecê o Brasir intêro
> Agora tô em São Paulo
> Mas vô pro Rio de Janero
>
> Depois que estiver no Rio
> Eu sigo pro estrangeiro
> Eu levo a minha viola
> Pra mostrá o que é brasilero.[77]

O disco que continha essa "modinha" de viola foi muito mal conservado, mas é possível escutar suas próximas quatro estrofes na ◀Faixa 58 (Sô cabocro brasileiro). Estas primeiras quadrinhas transcritas já revelam o que de fato iria ocorrer com esses violeiros e cantadores "regionais" ao

---

77   Sô cabocro brasilero. Moda de viola gravada pelo Mariano e pelo Caçula, disco Columbia nº 20015-B, sem indicação de autoria, lançada, provavelmente, em fins de 1929, início de 1930.

longo de toda a década de 1930. Muitos integrantes da Turma de Cornélio, que fizeram gravações em 1929 para a Columbia, foram convidados posteriormente pela Victor, para fazer gravações de música regional, integrando a Turma Caipira Victor. A Turma da Victor, no entanto, realizou apenas três gravações com esse nome: um *Cateretê paulista* (disco 33235-A), um *Samba* (disco 33234-A) e um *Cururu* (no disco 33236-A).[78]

Porém, a gravadora não desistira das "modinhas" de viola, dos cateretês, dos "sambas" ou dos "cururus". Desmembrou a Turma logo nas primeiras gravações e convidou os violeiros para gravarem em duplas. Entre outubro de 1929 e junho de 1935, passaram pelos estúdios da Victor, as duplas da Turma desmembradas, como Olegário e Lourenço, Zico Dias e Ferrinho, além de Lázaro e Machado, e Laureano e Soares, que registraram modas de viola, sambas paulistas, toadas, desafios, caninhas-verdes. Curiosamente, em 1936 a Victor não contratou dupla alguma para realizar gravações. A partir de 1937, as duplas que passam a predominar no repertório da gravadora eram outras: Capitão Furtado com Alvarenga e Ranchinho, Raul Torres e Serrinha, Irmãos Laureano, (Arlindo) Santana e Vila Nova, Mariano e Laureano, e Mariano e Joanico.

A gravadora Odeon, muito mais que a Victor, interessou-se pelas duplas, embora tenha gravado, majoritariamente, entre 1933 e 1940, as vozes de Raul Torres (sozinho ou com sua Embaixada, seu Conjunto, ou com Nestor Amaral e Joaquim Vermelho), e de Mandi e Sorocabinha (os mesmos Lourenço e Olegário que gravaram para a Victor, sem o pseudônimo, utilizado pela Odeon). É possível, inclusive, que quando Sorocabinha informou, em seu depoimento, que ia ao Rio de Janeiro realizar gravações, ele se referisse aos estúdios da Odeon, não aos da Victor, já que esta última possuía um estúdio na capital paulistana. Porém antes deles, a Odeon tentou algumas poucas gravações com

---

78   *Discografia brasileira 78 rpm*, vol. II, p. 149.

José Cornélio e Rodolfo Leite, em 1930; um pouco depois, com Poly e Ferreira, em 1934; e, finalmente, com os Irmãos Laureano, em 1938.

A Arte-fone também registrou as vozes de Laureano e Soares, de Raul Torres e Seu bando de Baitacas, de Florêncio, e de Noêmia e Basílio Monteiro. A Ouvidor, ao que tudo indica, editava três séries simultaneamente. Uma delas, a "série caipira", da qual somente se tem notícia de dois discos gravados por Luís Dias da Silva: um jogo de futebol (em duas matrizes), uma aula caipira e uma entrevista amorosa, intitulada *Namoro Caipira*.

De qualquer forma, foi a Columbia quem deu o pontapé inicial para as gravações com "caipiras paulistas", com Cornélio Pires à frente de todas elas. A série 20000, de selo vermelho, contou com cerca de 50 discos duplos, entre modas de viola, cururus, cateretês, contra-danças, algumas valsas e choros, e muitas anedotas contadas pelo próprio Cornélio Pires. Quando deixou de imprimir as chapas de Cornélio, a Columbia diminuiu a quantidade de lançamentos "caipiras", mas não ficou muito para trás. Contratou Laureano e Soares, Mariano e Caçula, Raul Torres, Arlindo Santana, Mandi e Sorocabinha, que voltaram à gravadora a partir de 1934. Em 1939, a gravadora passou a se interessar sobremaneira pelas duplas, mantendo Mandi, Sorocabinha, Raul Torres, Mariano e Arlindo Santana em seu *cast*, ampliando o número de gravações e criando novas duplas: Flauzino e Florêncio ou Flauzino e Hortênsio, Mariano e Cobrinha ou Mariano e Luizinho, Nhô Nardo e Cunha Júnior, Nhô Fio e Tonico, e Zé Mané e Zé Pagão.[79]

A proliferação e diversificação das duplas caipiras se deu a partir de 1935-36 e, segundo o próprio Sorocabinha, foi "com o rádio que começa[ram] as duplas", que iam às emissoras em busca de cachê e notoriedade. Ele próprio contou que foi ao rádio "para ganhar um dinheirinho a mais", mas era sempre rejeitado, embora tenha feito, por algum

---

79   Ver levantamento realizado na *Discografia brasileira 78 rpm*, vol. II.

tempo na Rádio Difusora de São Paulo, o "Programa Imperial" junto com sua família, que ia ao ar todas as terças e sextas-feiras, das 11h30 da manhã ao meio-dia. Ali, conta, ele fazia a divulgação dos seus discos.

Sorocabinha demarca, assim, uma "primeira fase" das duplas caipiras, que vai até a consolidação das rádios. Até então, a divulgação das duplas era feita basicamente através dos discos, Columbia e Victor, e teve como núcleo central os mesmos violeiros trazidos por Cornélio Pires de Piracicaba, que formaram a Turma Caipira Cornélio Pires e a Turma Caipira Victor. Na fase seguinte, estas mesmas duplas se dividiram pelos estúdios das gravadoras que atuavam no país, e permaneceram registrando modas de viola, cateretês e cururus. Tiveram, no entanto, que dividir espaço com as "novas duplas", responsáveis pela criação de um novo formato que, além de caber nos três minutos dos 78rpm, também alimentaram a programação radiofônica.

A princípio, o que as gravações dessas duplas "pioneiras" deixam transparecer, é que, diferentemente do que ocorreu com as demais gravações analisadas nos capítulos anteriores, houve uma tentativa de registrar, com "fidelidade", aquilo que se ouvia na "roça". Uma curiosa – e monótona – gravação de Arlindo Santana, feita pela Columbia provavelmente em 1936, registrou uma viola e, por incrível que pareça, também uma "dança" – os sons dos pés do dançarino coreografando um bate-pé no estúdio. As falas iniciais procuravam, sem muito sucesso, mostrar o início de um cateretê na roça. A gravação intitulava-se exatamente *Um cateretê na roça* (◀*Faixa 59*):

> Pois é compadre. Mecê fi que é meio bão merm no pé, intão eu fiz uma função aqui hoje e mandei chama mecê. Quer vê si mecê é bão memo.
>
> Mas eu vim distinado hoje, compadre.
>
> Veio distinado? Foi que mecê engraxô suas canela memo onti?
>
> Pois é, eu venho pá nóis combatê até amanhã cedo, compadre.

> Pois então bate, quero vê se mecê é bão memo.
> Então, nói'exprementa.[80]

E o visitante começa uma longa coreografia com os pés, batendo palmas, ao som da viola de Arlindo Santana. As intervenções do violeiro limitavam-se a um "Pode vê que ele é bão memo!" ou "Cabocrada do bairro do Aturi é duro no pé memo."

É difícil afirmar qual fora o interesse da Columbia em registrar um bate-pé como esse. Mais difícil ainda, é compreender as razões pelas quais um disco como esse seria comprado e ouvido, na roça ou na cidade. No entanto, embora a *Phono-Arte* não circulasse mais no ano da gravação de Arlindo Santana, é possível que os jornalistas nos surpreendessem com um comentário de aprovação: "interessantíssimo disco, no qual um sertanejo dança – pois ouvimos seus pés coreografando – uma dança típica regional".

Além do cateretê, os caipiras também animavam suas festas com o cururu, dança coreografada ao som de violas e de quadrinhas provocativas entoadas por dois cantadores. A Victor deixou registrado um *Desafio*, lançado em maio de 31, nas vozes de Laureano e Soares.[81] A gravação começa com um diálogo entre um violeiro caipira e um cantador da cidade, prossegue com versos insultuosos, e quase descamba em uma briga com facão, não fosse a intervenção de uma voz masculina acaipirada para acalmar o ânimo dos cantadores (*Desafio* ◀*Faixa 60*):

---

80 *Um cateretê na roça*. Bate-pé gravado pelo Arlindo Santana e dançador, disco Columbia nº 8204-A, de autoria de Arlindo Santana, provavelmente lançado em 1936.

81 Oschelsis Aguiar Laureano nasceu em Piracicaba em 1909, e era considerado um dos melhores violeiros de sua época. Ferrete, J. L. *Op. cit.*, p. 56. Não foram encontrados dados biográficos de "Soares".

Caipira
Homi, faiz tempo que eu num pego mais na viola. Deixa ver se eu ainda sei
argumas coisinha do canto do bão.
"Num sei o que tem o pobre... ai, ri, la-rai."

Cantador
Pára, pára. Porqueira de viola.

Caipira
Você manda para porque mecê não sabe nem cantá e nem pinicá uma viola.

Cantador
Não é que não sabe. Quer fazer um bate-bate?

Caipira
Vamo embora.

Voz
Isso mesmo. Vamo ver quar dos dois é o milhor. O peru das nossas banda
ou o cantador da cidade.

Caipira
Eu num nego mesmo.

Caipira
Vancê mesmo porvocô
Pra nóis dois cantar agora
Cantadô quano é bão
Não escoie dia nem hora

Cantador
Da família tira prosa
Eu sou o filho primeiro
Pra cantar um bate-bate
Não encontrei companheiro

Caipira
Se vancê é cantador bão
Vancê vai me responder
O que é uma coisa que pula
Sem a gente aperceber

Cantador
Dessa pergunta de bobo
Eu já conheço bastante
Eu sei que o tico-tico
Pula pra trás e pra diante

Caipira
Andá pra trás i pra diante
O caranguejo tamém anda
Acho mais interessante
O caranguejo andá de banda (...)

Caipira
Puis essa vossa prigunta
É fácil de decifrar
É seu pai cumeno frango
Que robô no meu quintar

Cantador
Não vou ir com a sua família
Vou ter co'a minha premero
Cêis tamém tem dedo novo
Que nem chifre inda nasceu

Caipira
Vancê tem os olho de gato
E cabeça de balaio
Oreia iguá de lafante
I nariz de papagaio

Cantador
Você é mesmo caipira
Criado bem no sertão
Você nunca foi na escola
Nunca teve iducação

Caipira
Cresci com a viola na mão
Do jeito que vancê vê
Também tenho inducação
Pra repartir com vancê

Cantador
Olha aqui, eu já estou a ponto de brigar.

Caipira
Eu tava cantando quieto
Vancê veio porvocá
Se quisé pede um facão
E vamo vê o que que dá

Voz
Deixamo de briga, deixamo de briga.
Vamo tomar uma pinga que é milhor.

Caipira
Ói, se num é me trapaiá eu brigava com esse sujeito.[81]

Uma das características do desafio era ridicularizar o oponente, como fez o caipira com o cantador da cidade e sua família, o que os levava à briga, muitas vezes seguida de intensa violência e morte.[83] Nas

---

82   *Desafio.* Desafio gravado pelo Laureano e pelo Soares, disco Victor nº 33441-A, de autoria de Laureano e Soares, lançado em maio de 1931.

83   Ver, a esse respeito, *Simplicidades caipiras.* Anedota gravada pelo Cornélio Pires, disco Columbia, 20002-A, sem indicação de autoria, lançada em maio de 1929; Silveira, Valdomiro. "Brutto Canélla!". In: *op. cit.,* 1945, p. 136; Franco, Maria Silvia de Carvalho. *Homens Livres na Ordem Escravocrata.* São Paulo: Ática, 1974, especialmente p. 20-59.

festas dos bairros caipiras, era de bom tom que o anfitrião convidasse os cururueiros (cantadores) para iniciar o desafio, que, sempre de pé, iniciariam a cantoria. Muito vinculado ao movimento do "bate-bate", uma coreografia dançada ao som do desafio, o cururu gravado acabou se transformando no gênero do "desafio" das gravadoras, que se referia apenas às estrofes inventadas durante a festa, e que podiam ser registradas pelo microfone no estúdio. É evidente que não se pode precisar quais eram os elementos que compunham um desafio "legítimo" ou a dança do cururu unicamente a partir da audição do disco. No entanto, não resta dúvida de que a gravação procurava transportar, na medida do possível, uma parte do cururu praticado pelo caipira até o estúdio de gravação.

Talvez porque a dança e a música formassem um conjunto quase inseparável, a *Revista Phono-Arte*, em um de seus curtos comentários nas resenhas das gravações do "nosso folclore regional", afirmou que aqueles discos "não passa[va]m de uma modalidade do desafio dos caboclos nortistas, conquanto ao nosso ver mais monótono e menos colorido".[84] Mais simpático às peculiaridades dos gêneros "populares" paulistas do que a revista, Mário de Andrade afirmou que o desafio era um "canto lírico alternado, entre duas ou mais pessoas, de uso quasi universal" e que, "assumiu no Brasil uma importância enorme",[85] e percebeu as diferenças entre os cantadores do norte e os de São Paulo:

> Os desafios do povo paulista são mais cheios de lirismo e menos brincalhões do que os do nordeste.[86]

A monotonia do desafio paulista era seguramente contrabalançada pela dança do bate-bate, mas a gravação não conseguia captar a animação do conjunto música-dança. Houve, no entanto, uma gravação que

---

84 "Discos Brasileiros". *Revista Phono-Arte*, nº 47, 30.07.1930, p. 26.

85 Andrade, Mário de. *Manuscritos*. Envelope "Desafio".

86 *Idem, ibidem*. Envelope "Moda".

procurou apreender de maneira mais entusiasmada os festejos caipiras, incluindo o bate-pé, as palmas e a percussão. O *Cateretê* (◀*Faixa 61*), registrado pelos integrantes da Turma Caipira Victor, conta com uma parte inicial cantada, que é substituída por um batuque, pelo "bate-pé", e pelas palmas dos que estavam presentes no estúdio, acompanhados pelos violeiros.

> E cumpadre Bastião, vamo batê o pé um bucadinho?
> Vão vê, cumpadre!
>
> Tomara que amanheça,
> Quero ver a madrugada
> Quero ver a moreninha, ai, ai
> É quando for de arretirada
>
> Se despede vai s'imbora
> Com o caminho aporvaiado
> Suspende a saia de riba, ai, ai
> Pra aparecer a saia bordada
>
> Ela ainda oiá pra trás
> Ai, com os olhos descontrolado
> Só lembrando da função, ai, ai
> Onde deixou-me enamorado
>
> Deita na cama e não dorme
> Amanhece acordada
> Só pensando nos violeiro, ai, ai
> Ai, que são de Piracicaba.[87]

"Bastiãozinho" citado no início da gravação era, provavelmente, Sebastião Ortiz, natural de Piracicaba,[88] citado por Sorocabinha em seu depoimento. O registro de suas vozes e violas nos remete à dança da catira ou do cateretê que, para Sorocabinha, era como os "da cidade" chamavam o "bate-pé" da roça. Segundo ele, o bate-pé era obrigatório nas

---

87   *Cateretê*. Dança Típica gravada pela Turma Caipira Victor, disco Victor nº 33235-A, de autoria de Olegário de Godoy (Sorocabinha), lançada em dezembro de 1929.

88   Dados biográficos desconhecidos.

festas caipiras, especialmente na comemoração mais celebrada pela sua família em Piracicaba: a festa de São João. Na comemoração, havia uma fogueira no terreiro e, depois da reza, a "turma da cantoria", composta por "sete ou oito pessoas tocando", "tirava licença do santo", rodeando o altar. Cumpriam-se promessas em versos, ao som de pandeiro, puíta (cuíca) e reco-reco.

> Depois da louvação, cobria o altar do santo, aí iniciava o desafio (o cururu) que ia até meia-noite. (...) Daí, o bate-pé, daí a moda de viola até o amanhecer. Era a parte mais animada. (...) Quando acabava uma moda, começava o bate-pé, e assim por diante.

No entanto, por mais que as festas e as danças constituíssem parte fundamental da vida do caipira,[89] boa parte das músicas por eles entoadas era melancólica e monótona. A moda de viola *Triste festa de São João* (◀*Faixa 62*) relata como a animada comemoração junina acabara em tragédia, talvez por conta de um desafio apertado e enfezado entre Zé e Joãozinho, pelo amor de uma "caboquinha triguera", enquanto ela cantava e dançava ao som da viola do "Joãozinho".

Na casa do João Riguero
Tu' pertadinho di gente
É só toque de pandêro
Tudo tava bem contente

É festa de São João
Tudo tava acostumado
Tem samba e tem função
E o cururu apertado

Na (???) é vaga-lume
Te trago co'a festa intera
Pra mór de o mardito (???)
Na caboquinha triguera

---

89   Candido, Antonio. *Os parceiros do Rio Bonito*. São Paulo: Duas Cidades, 1977. Ver, especialmente, o capítulo IV da 1ª parte: "Formas de Sociabilidade", p. 67-78.

Pra mór de a moça cantá
Muitas vezes siguida
Foi o Joãozinho cangaiá
Ficô danado da vida

Todo bairro já sabia
O Joãozinho tinha fama
Que tuda festa quiria
Namorava a melhor dama

(???) os óio mortêro
Que a moça estava fazeno
E seu corpinho manêro
Dançano estava sereno

Quano foi de madrugada
O Zé não aguentou mais
Deu tiro na namorada
E fez revirá pra trais

O Joãozinho aproveitô
A mocinha desse jeito
(???) apertô
A moreninha no peito

A moça já deu suspiro
Quano viu esse agrado
E o Zé deu mais um tiro
Travessô os dois abraçado

As flor que na sala estava
Que era só pra alegria
Pra tristeza agora estava
No corpo de João e Maria

E os morto foro interrado
E o Zé foi lá na prisão
E os morto furo interrado
E o Zé foi lá prisão
E o (???) assombrado
Triste festa de São João[89]

Como se pode notar nessa e em outras gravações do "nosso folclore regional", a disputa entre caipiras pelas "melhores damas" dificilmente acabaria com um dos desafiadores se conformando com a perda da moça, como ocorreu com Gaúna, na gravação *Festa de São João* (◄*Faixas 45 e 46*), citada no início do capítulo. As duas vozes lamentosas, afinadas em terças, tão características das modinhas de viola, o acompanhamento e a melodia monótona, só alterada na última estrofe, induzem o ouvinte a prestar atenção à narrativa, ao desenrolar dos fatos ocorridos na festa. Mário de Andrade já havia notado que a "modinha" era "desoladoramente monótona e tristonha" e que "o seu acompanhamento nas violas de cordas duplas, também interessa[va] pouco".[91] No caso dos desafios, em que só uma voz entoa os versos, o acompanhamento da

90   *Triste festa de São João*. Moda de viola gravada pelo Olegário e pelo Lourenço, disco Victor n° 33922-B, de autoria de M. R. Lourenço, lançada em abril de 1935.

91   Andrade, Mário de. *Manuscritos*. Envelope Moda.

viola, em terças em relação à melodia, preenche aquilo que, na moda entoada a duas vozes, é feito pelo segundo cantador. Havia, sem dúvida, alguma liberdade rítmica, como em *Pra que sodade* ou *Bigode rasgado*.[92] Em *Pra que sodade*, Mário de Andrade atentou que "o canto está sistematicamente em compassos ternários, e binários alternados, e o *refrain* instrumental só em binário",[93] como se pode ouvir no trecho da moda, na ◀*Faixa 63*. Em *Bigode raspado*, a primeira parte da moda é cantada de forma rápida e mais animada. O ritmo da segunda parte, contudo, é levado pelos caipiras numa espécie de "rallentando", como se pode ouvir no trecho selecionado, na ◀*Faixa 64*. O efeito obtido, especialmente em *Pra que sodade*, é uma menor monotonia da melodia. Nos dois casos, a melodia, entoada pelas vozes em intervalos de terças, é que determina o ritmo ou suas alterações ao longo da moda.

Dada a simplicidade no acompanhamento e o predomínio completo da melodia e do canto sobre a instrumentação, Mário de Andrade acabou por enfocar suas análises na fala dos cantores, fosse ela entoada em modas ou desafios. Sobre *Triste Festa de São João*, ele anotou:

> Do nasal caipira, tão diverso do carioca e do nordestino, a discografia nacional nos oferece ótimas e numerosas provas. (...) os cantadores Olegário e Lourenço na moda *Triste Festa de São João* são bons exemplos deste nasal caipira que se manifesta especialmente no canto.[94]

---

92   *Pra que sodade*. Moda de viola gravada pelo Basílio Monteiro e pela Noêmia Monteiro, disco Arte-fone, n° 4124, de autoria de Basílio Monteiro, lançada entre 1931 e fins de 1932. *Bigode raspado*. Moda de viola gravada pelo Mariano e pelo Caçula, disco Columbia n° 22022-A, sem indicação de autoria, lançada em junho de 1930.

93   Resenha de Mário de Andrade às músicas *Pra que sodade* e *Prende os cabritinho*, por Basílio e Noêmia Monteiro, disco Arte-fone 4124. In: Andrade, Mário de. *Op. cit.*, 1986, p. 201 e *Prende os cabritinho*. Moda de viola gravada pelo Basílio e pela Noêmia Monteiro, disco Arte-fone 4024-A, sem indicação de autoria, lançada entre 1931 e fins de 1932.

94   Resenha de Mário de Andrade às músicas *Minha noiva* e *Triste Festa de São João*, por Olegário e Lourenço, disco Victor n° 33922. In: *idem, ibidem*, p. 223.

Ele inclusive escutou a entonação característica do nasal caipira na voz de Basílio e Noêmia Monteiro, na gravação *Prende os cabritinho*, da Arte-fone, especialmente nos últimos versos, cujo trecho o leitor pode acompanhar pela ◀*Faixa 65*: "Fica memo u'a gracinhã" ou "Eu gosto das magra e também das gordinhã/Eu gosto das mulata e também das pretinhã".[95]

Como o próprio Sorocabinha lembrou, em uma passagem já citada, Cornélio Pires, ao chegar em Piracicaba, encontrou tudo o que precisava: violeiros, cantadores e dançadores, "tudo bem ensaiado". Ao que parece, as "modinhas" de viola, os sambas paulistas, os cururus ou os cateretês, eram gêneros infensos à intervenção da gravadora, seja com relação aos artistas, seja no estúdio, ou mesmo fora dele, como assinalamos anteriormente com o exemplo de *Babaô Miloquê*. Os artistas eram recrutados "diretamente" do interior de São Paulo, faziam "tudo bem ensaiado" no estúdio, exatamente da forma que costumavam fazer em suas festas, e as gravações, sempre realizadas com poucos cantores, no máximo com duas violas, e com sonoridades bastante semelhantes entre si, talvez dessem pouco trabalho ao engenheiro de som ou ao diretor artístico da gravadora.

Como assinalamos anteriormente, Cornélio Pires, ao anunciar algumas modas de sua série, usava termos como "regionalismo paulista" ou "danças regionais paulistas". Em *Moda do pião*, a segunda moda de viola editada pela sua série, e uma das primeiras registradas em discos brasileiros, Cornélio fez sua introdução, talvez na tentativa de informar o ouvinte desavisado a respeito do que estava prestes a escutar:

> Moda de viola cantada por dois genuínos caipiras paulistas. Este é o canto popular do caipira paulista em que se percebe bem a tristeza do índio escravizado; a melancolia profunda do africano no cativeiro e a saudade enorme do português, saudoso de sua terra distante.

---

95   Resenha de Mário de Andrade às músicas *Pra que sodade* e *Prende os cabritinho*, por Basílio e Noêmia Monteiro, disco Arte-fone 4124. In: *idem, ibidem*, p. 201.

Criado, formado nesse meio, nosso caipira, a sua música é sempre dolente, é sempre melancólica, é sempre terna.[96]

Além de informar o ouvinte, Cornélio Pires também imprimia uma característica marcante às modas de viola: dolência, ternura, melancolia. E era isso que se ouvia, daqueles "genuínos caipiras paulistas", trazidos da roça ao estúdio, com uma melodia monótona em mente para ser entoada ao som da viola.

O estúdio da Columbia, de acordo com Sorocabinha, era uma sala "não muito grande", com paredes forradas de lona e, como sabemos, apenas um microfone. Aparentemente, a única forma de interferência da gravadora no registro sonoro seria cortar algumas quadrinhas, para que a canção coubesse nos três minutos do disco, e exigir que o caboclo permanecesse parado diante do microfone: "não podia virar, tinha que ficar de um jeito só." Ele, no entanto, percebeu uma diferença entre ele e os "outros", que vieram "depois":

> Pra encurtar a história: a música sertaneja fez na década muito sucesso, que, abafou mesmo. Depois que acabou, que eu voltei pra lá [em 1936], então entrou o Torres [Raul Torres]. Que o Torres não largava de nós. Até aquela década não tinha violão. Que o violão é um instrumento da cidade. Na cidade que faziam a seresta e cantavam em dueto. Era uma coisa linda!
>
> Agora tá toda viola era sertanejo. De forma que na minha opinião, acho que aqui por todo lugar tem música sertaneja, mas a verdadeira mesmo é muito pouco que eu conheço. (...) Mas por fim, casou, misturou tudo (viola, violão e mais coisa).

Além de Raul Torres, ele também lembrou de Flauzino e Florêncio, uma outra "nova dupla". Preferiu até mesmo, retirar a família das rádios, "porque achava que o meio estava se transformando", e que começara aquela "misturaiada toda". Era um "problema moral", que um caipira

---

96 *Moda do pião.* Moda de viola gravada por Cornélio Pires, disco Columbia n° 20007-B, sem indicação de autoria, lançada em outubro de 1929.

como ele, "não aceitava". A mistura à qual Sorocabinha se referia não dizia respeito apenas à introdução do violão, mas a uma recriação da moda de viola e dos desafios caipiras, que foram cada vez mais sendo misturados a outros gêneros nordestinos, especialmente no caso de Raul Torres, o principal intérprete da chamada "cultura regional" ou "típica do Brasil". Trata-se de um assunto ainda a ser estudado com mais cuidado, mas não há dúvida de que esse novo formato foi o incorporado pelo rádio, e difundido insistentemente pelos seus amplificadores elétricos.[97]

Existem inúmeras outras gravações de modas de viola, desafios, contradanças, que poderiam ser cansativamente analisadas nas suas peculiaridades rítmicas, melódicas ou de entonação. Embora a sonoridade das modas de viola permanecesse quase sempre a mesma, pequenas variações eram sempre permitidas e bem-vindas. Às vezes, o objetivo era simplesmente quebrar a monotonia melódica; outras vezes, enfatizar o assunto a ser tratado ao tornar a canção um pouco mais lenta; outras vezes, ainda, modificar a cadência dos versos inserindo um "nari na rai" ou "oai" ao final de cada um deles.

Não existem registros escritos que se contraponham satisfatoriamente à ideia preliminar de que a principal característica dessa "duplas pioneiras", cujo núcleo central foi a Turma Caipira de Cornélio e a da Victor, seja o registro "fiel" daquilo que os caipiras comumente realizavam na "roça". A audição das centenas de gravações também não permite afirmar com segurança se houve uma operação para transformar as gravações das "modinhas" de viola em discos 78rpm em algo mais palatável ao ouvinte. Seguir à risca o que a documentação da época enfatizava, seja no depoimento de Sorocabinha, nas anotações de Mário de Andrade ou nos poucos comentários da *Revista Phono-Arte*, não é suficiente para qualquer afirmação categórica a esse respeito. No entanto, podem servir como indicações de como as gravações caipiras foram vistas e sentidas pelos artistas e ouvintes daquela época, suscitando outras hipóteses um pouco menos imprecisas.

---

97   Ver programação radiofônica do *Correio Paulistano*, entre 1934-36.

Diferentemente dos cateretês e desafios, as "modinhas" de viola constituíam verdadeiros "romances", narrativas de casos, por mais que "o nosso caipira [fosse] muito mais casmurro e pouco amigo da fala", se comparados à "verborragia nordestina" dos cantadores de desafios ou emboladas.[98] Quanto ao assunto, é possível entrever, em uma anedota registrada por Cornélio Pires, em sua série humorística, registrada pela Columbia, que essa casmurrice podia, também, levar ao riso (trecho de *Rebatidas de caipiras,* ◀*Faixa 66*). Na cena, Cornélio estava à pé, em viagem até Cruz das Almas. "Não conhecendo o caminho, ao avistar um caipira que amarrava uma cerca", perguntou:

— Ô, patrício.

— Siôr.

— Sabe onde é Cruz das Almas?

— Sei, nhôr, sim.

— Sabe onde é a casa do Maluf?

— Ah, tô cansado de sabê.

— Sabe me dizer em quanto de tempo eu irei daqui até lá?

— Num sei.

Fiquei indignado com a secura do caipira.

— Então o senhor que mora aqui, que sabe onde é Cruz das Almas não sabe me dizer onde é (...) em quanto de tempo eu irei daqui lá?

— Hom'iss'eu num sei.

Fiquei indignado e segui a passos largos e rápidos. Ia já distante quando o caipira gritou:

— Ô moço! Faç'o favô um pouco.

— Voltei.

E ele, com ar mais sério deste mundo, foi logo me dizendo:

— Nesse andá você vai em mea hora.[99]

---

98   Andrade, Mário de. "Terminologia musical". In: *op. cit.*, 1963, p. 57-8.

99   *Rebatidas de caipiras*. Anedota gravada pelo Cornélio Pires, disco Columbia nº 20001-A, sem indicação de autoria, lançada em maio de 1929.

Para além da habilidade de Cornélio Pires em imitar com graça a fala do caipira, a anedota revela que o caipira preferiu observar o passo do narrador, antes de dizer-lhe em quanto tempo chegaria a Cruz das Almas. Não passou pela cabeça do caipira que, talvez, ele pudesse perguntar ao narrador se ele andava rápido ou devagar, já que a resposta dependeria de uma avaliação particular e subjetiva da velocidade do caminhar. O caipira talvez pudesse, também, ter explicado ao narrador que sua resposta dependeria da velocidade de suas passadas, mas isso exigiria uma longa sentença explicativa e, mesmo assim, não seria um cálculo exato. Curioso, e por isso mesmo engraçado, o ponto de vista do caipira corneliano é perfeitamente lógico, e revela que ele, quieto e silencioso, via o mundo a seu redor a partir da sua experiência concreta e visível, como a observação do ritmo das passadas de quem lhe pedia informações.

Mário de Andrade entendia que essa "casmurrice" dos caipiras revelava-se sobretudo no tamanho das modas que eles construíam, mais curtas do que os "romances cantados e rurais" nordestinos.[100] Todas estas modas, gravadas ou não, como revela o depoimento de Sorocabinha, tinham por costume contar uma história. "Sempre", enfatizou o entrevistado. É possível que a comunicação de um fato, ou o carinho dedicado à viola e a languidez das "modinhas" por eles entoadas, tenha ligação com esse silêncio diário, e com a solidão em que vivia no roçado, salvo em dias de festas, quando reuniam-se com os caboclos do bairro e dos arredores. É também provável que a devoção à mulher amada, única companheira do violeiro, tenha relação com esse fato, mesmo que o "amor do caboclo" durasse por pouco tempo.

Em *O cravo*, gravado pela Arte-fone de São Paulo, Laureano e Soares contaram a conhecida história do "cravo e da rosa", mas de um jeito diferente da cantiga folclórica. Embora tenha sido mal conservada, é possível escutar quase todos os versos com nitidez e compreender a narrativa completa da "versão caipira" para a cantiga (◀*Faixa 67*).

---

100   Andrade, Mário. "Terminologia". In: *op. cit.*, 1963, p. 57-8.

1ª parte

(Alto da moda-Conteúdo simbólico)
Meu coração tá bateno
Bateno bem compassado
De alegria bate (???)
De paixão bate apressado

(Conteúdo real)
Num jardim florido um cravo morava
Ai, rai
Num jardim florido um cravo morava
Perto de uma rosa que as flor invejava
Gemiam cedinho quano vento dava
Pra cumprimentarem os dois se invergava
Ai, rai

(Reconto)
O cravo ca rosa
Os dois se amava
Se a rosa gemia
O cravo chorava
Ai, lai rai lai rai rai rai

(Conteúdo real)
Um cuitelo vinha voano mansinho
Ai, rai
Um cuitelo vinha vuano mansinho
Passeá no jardim tudo os dia bem cedinho
Beijando a flor, cunversano um poquinho
Sentava nos gaio estralando o biquinho
Ai, rai

(Reconto)
Pro cravo e pra rosa
Trazia apretadinho
O recado de amor
E falava baixinho

Ai, lai rai lai rai rai rai

(Conteúdo real)
O tempo passou e a rosa aborreceu
Ai, rai
O tempo passou e a rosa aborreceu
Desprezô o cravo e dele se esqueceu

Com aquele desprezo o cravo entristeceu
De tanta tristeza quase que morreu
Ai, rai

(Reconto)
Inté o prefume
O cravo perdeu
E também o cuitelo
Desapareceu
Ai, lai rai lai rai rai rai

(Retorno ao alto da moda-Conteúdo simbólico)
E o coração tá gemeno
Sua tristeza ninguém sabe
Num tem bem que dure sempre
Nem mar que nunca se acabe

2ª parte

(Conteúdo real)
No jardim das flor o cravo encontrou

Ai, rai
No jardim das flor o cravo encontrou
U'a rosinha miuída e se apaixonou
Já falô de amor e a rosinha aceitou
Um suspiro o cravo sortô
Ai, rai

(Reconto)
De triste que andava
Inté se alegrô
E também o cuitelo
No jardim vortô
Ai, lai rai.[101]

A primeira parte da moda revela uma evidente aproximação do caipira com a natureza, pela personificação do homem e da mulher nas
flores, tendo o cuitelinho como intermediário, e que, por mais que se
gostassem, o cravo e a rosa estavam a certa distância intransponível, só

---

101 *O cravo.* Moda de viola gravada pelo Laureano e pelo Soares, disco Arte-fone
     nº 4019, de autoria de Ochelsis Laureano, lançada entre 1931 e fins de 1932.

diminuída pela força do vento, e pelos recados que o pássaro levava e trazia. A segunda parte da narrativa, no entanto, seria bem humorada, não fosse a melodia e acompanhamento tristonhos e chorosos. A rosa, aborrecida, teria abandonado o cravo que, depois de algum tempo, encontra outra "rosinha miúda" que por ele se apaixonou, trazendo, novamente, o cuitelo ao jardim e preenchendo-o de alegria.

Para além do texto, Mário de Andrade deixou registrada uma breve nota a respeito da forma de *O cravo*. Ele escreveu, na capa de cartolina, que envolvia os discos de sua discoteca particular, que "a forma do cravo é notável". Segundo ele, o "Alto da moda", indicado na transcrição acima, seria "a parte inicial que às vezes difere como forma estrófica e como melodia do resto da moda". E complementou: "Não é", ou pelo menos, não deveria ser, "repetido na canção inteira". Um dos motivos para a "notabilidade" de *O cravo* era o fato de que o "alto da moda", como forma estrófica e melódica, era repetida no meio da canção. Além disso, ele percebeu a divisão silábica dos versos, notou o esquema das rimas e percebeu que havia uma relação simbólica entre o alto da moda e aquilo que ele chamou de "reconto". Às demais estrofes, ele deu o nome de "conteúdo real", em oposição ao "conteúdo simbólico" do alto da moda.[102] No caso de *O cravo*, a dolência das estrofes, entremeadas pelo "conteúdo simbólico" do alto da moda, pessoalizam a história do cravo no cantador, e os altos da moda permitem que o ouvinte não se surpreenda com a narrativa entoada no "conteúdo real". No primeiro alto da moda, o violeiro anuncia uma paixão; no retorno ao alto da moda, ele avisa que "Num tem bem que dure sempre/Nem mar que nunca se acabe". O resultado é uma narrativa sem surpresas e um lirismo reservado a poucas estrofes, diferentes do restante da peça, na métrica e na melodia.

Aparentemente, Mário criou o "conceito" do alto da moda ao ouvir um disco Victor que continha as modas de viola *Revolução Getúlio*

---

102 Resenha de Mário de Andrade às músicas *Muié sapeca* e *O cravo*, por Laureano e Soares, disco Arte-fone nº 4019. In: Andrade, Mário de. *Op. cit.*, 1986, p. 195.

Vargas e *A morte de João Pessoa*, gravadas por Zico Dias e Ferrinho, e lançadas pela Victor dois anos antes de *O Cravo*, em dezembro de 1930. No lado B (*Morte de João Pessoa*, ◀*Faixa 68*), a cantoria é quase entediante, e o acompanhamento de violas, muito tímido enquanto a dupla entoa os versos. É somente nas pausas dos cantores que se pode notar a viola com um pouco mais de clareza e intensidade.

(Alto da moda)
Pra cantar essa modinha
Licença eu peço primero
Pra contar de certos causo
Que houve c'os brasileiro

João Pessoa morreu,
Mas deixou recordação
Os tenente do Isidoro
E o ódio do Washingtão
Mas o povo revortado
Ai, fizeram revolução
Ai, ni narai

O mundo inteiro abalô
No dia que ele morreu
Os lugar infumaciô
Nem o sor apareceu
Mas o Brasir revortô
Ai, por perder um filho seu
Ai, ni narai

Viva ai Juarez Tavóra
Esse oficiar revortado
E viva esse grande exército
Desse Brasir afamado
Da morte de João Pessoa
Ai, nós já estamo vingado
Ai, ni narai

Ai, quem matou João Pessoa
Que cumpriu esse mandado
Mas o povo revortaro
E mataro esquartejado
Pela notícia que corre

Ai, que o jornal tem me contado
Ai, ni narai

Viva ai Juarez Tavóra
Que do norte é o primeiro
E viva o Isidoro Lopes
Que é um grande brasileiro
O generar Miguer Costa
Ai que é da terra dos violeiro
Ai, ni narai[103]

Para além da temática política – curiosamente recorrente nas modas de viola e que mereceria estudo mais detalhado – a gravação apresentava o "modelo" de moda de viola adotado por Mário de Andrade:

> Disco admirável. Boa gravação e as duas vozes bem equilibradas e características. As músicas muito características também, especialmente a face B, em que a moda aparece na sua forma mais rica, com introdução vocal (Alto da Moda) (...). Notar ainda o neuma "Ai-ni-na-rai" que é raro. Enfim, um exemplar que apresenta a monótona moda caipira na sua expressão mais rica, mais evoluída.[104]

Foi Mário quem provavelmente insistiu para que Zico Dias e Ferrinho continuassem gravando na Victor, como se pode ler em duas cartas escritas pela dupla (na grafia de Zico Dias) a Paulo Ribeiro de Magalhães, funcionário da Victor, que presenteou o amigo com as cartas. Na primeira delas, datada de 20 de novembro de 1930, Zico Dias pede a Paulo Ribeiro avise Mário de Andrade que ele e Ferrinho estavam fazendo uma moda dedicada ao intelectual, justificando que se sentiram "muito felizes em ficar conhecendo o grande crítico brasileiro". Mais uma evidência daquela transposição dos "biombos culturais"

103   *A morte de João Pessoa*. Moda de viola gravada pelo Zico Dias e pelo Ferrinho, disco Victor nº 33395-B, de autoria de Zico Dias e Ferrinho, lançada em dezembro de 1930.

104   Resenha de Mário de Andrade às músicas *Revolução Getúlio Vargas* e *A morte de João Pessoa*, por Zico Dias e Ferrinho, disco Victor nº 33935. In: Andrade, Mário de. *Op. cit.*, 1986, p. 145.

através da música.[105] A moda, que veio escrita na carta seguinte, revelava que ocorrera uma espécie de "sarau" em casa de Paulo Magalhães
Ribeiro, com a presença do "maior crítico brasileiro":

> Eu tive grande prazer
> De cantar em casa de seu Ribeiro
> Pois eu nasci nesta terra
> Com sina de se violeiro
> Cantei pro Mário de Andrade
> Os meus versos derradeiro
> Eu tive o gosto em cantar
> Pro maior crítico brasileiro.[106]

Se Mário relata, em artigos e cartas, sobre as suas expedições em
busca do "delicado" e "altamente contaminável" folclore brasileiro, agora
era o "folclore" que saída da "roça" e vinha até ele e ao estúdio. Sob o seu
ponto de vista, se tivessem permanecido em discos, catalogados e classificados, tanto melhor; mas, mesmo nesses registros sonoros, a diversidade do "folclore nacional" surpreendia o intelectual. Teimosamente,
algumas modas não seguiam os padrões que ele criava para classificá-las
e entendê-las. Não foi apenas *O cravo* que fugia aos conceitos criados,
mas também aquela que é considerada a primeira moda de viola registrada em discos no Brasil: *Jorginho do sertão* (◀*Faixa 69*).

---

105 Wisnik, José Miguel. "Getúlio da Paixão Cearense. (Villa-Lobos e o Estado
Novo)". In: Squeff, Enio e Wisnik, José Miguel. *O nacional e o popular na
cultura brasileira. Música.* São Paulo: Brasiliense, 1982, especialmente, p. 153
e seguintes.

106 Andrade, Mário de. *Manuscritos.* Envelope "Toada".

(Alto da moda – 6 versos)
"Ajudai meu companheiro (A)
Ai, ai, ai, ai
No meio deste salão (A)
Ai, ai, ai, ai
Que nós dois cantando junto, (B)
Faiz chorar dois coração

O Jorginho do sertão
Rapazinho inteligente
Ni uma carpa de café
Ele injeitô treis casamento

Ele acabou seu serviço
Tão alegre tão contente
Veio dizer pro seu pastrão
Eu quero a minha conta corrente

Jorge, a conta não lhe dou
Pro vosso procedimento
Tenho três filha solteira
Eu lhe ofereço em casamento

Logo veio a mais velha
Porque a mais interesseira
Jorge case comigo
Que eu sou a mais trabalhadeira

Logo veio a do meio
Cheia de tope de fita
Jorginho case comigo
Que eu das três sou a mais bonita

Logo veio a mais nova
Vestidinho amarelo
Jorginho case comigo
Que eu das trêis sou a flor da terra

O Jorginho do sertão
É rapaz de pouca luma
Não posso casar com a três
Ai, eu não caso com nenhuma

(Alto da moda – quadra)
Na hora da despedida (A)
Ai, ai, ai, ai
É que a moreninha chora (A)
Ai, ai, ai, ai

Jorge pegou seu cavalo
Lhe enfiou na mesma hora
Fez dizer pra morenada
Ai, adeus que eu já vou
m'embora.[107]

Quanto a ela, Mário anotou:

> No exemplo   interessantíssimo de *Jorginho do sertão* (disco Columbia
> 20006-B) o Alto da Moda em 6 versos, de 3 frases musicais (A+A+B) é
> curiosamente repetido depois da série de quadras, pra acabar, mas só em
> quadras (A+A) sem repetição do elemento B. E a peça termina com uma
> última e única repetição da estrofe melódica que faz o corpo da moda.[108]

---

107 Jorginho do sertão. Moda de viola gravada pelo Cornélio Pires, disco Columbia
nº 20006-B, sem indicação de autoria, lançada em outubro de 1929.

108 Resenha de Mário de Andrade às músicas Jorginho do Sertão e Como cantam
algumas aves, pelo Cornélio Pires, disco Columbia nº 20006. In: Andrade,
Mário de. *Op. cit.*, 1986, p. 85.

Para além do esquema das frases musicais do alto da moda, que se referiam à melodia e não ao esquema de rimas, e da melodia repetitiva das quadras, é interessante notar a forma leve e divertida da relação entre Jorginho e as filhas do patrão. A relação entre o homem e a mulher caipiras é às vezes desapegada, como em *Jorginho...*, às vezes muito intensa, como em *Ô de casa!*, e, normalmente, de curta duração, como em *O cravo*. Essa forma de tratamento entre os parceiros é recorrente nas modas de viola.[110] Dificilmente vemos o caipira lamentando, ou evocando, por muitas quadrinhas, sua "dor de amor". Em *O cravo*, uma vez aborrecida, a rosa vai-se embora. No caso da moça, talvez volte à casa dos pais ou vá ao rancho de um outro homem, ou de outro violeiro mais competente. Caso seja homem, como Jorginho, monta no cavalo e vai a outro bairro, quem sabe abrir um outro roçado, construir um novo rancho, e, provavelmente, viver um outro amor. Em *Os canários estão cantando*, Zico Dias e Ferrinho entoam a seguinte quadrinha:

Que morena tão bonita do cabelo cacho-cacho
Se quiser fugir comigo na garupa do meu macho
Se quiser fugir, aproveite que o caboclo está no mato
Pois ela virou e disse: "Mas é coisa que eu não faço[111]

Em *Quero ser um desertor*, a mesma dupla inicia a primeira estrofe da seguinte forma:

Convidei a moreninha
Pra fazer uma fugida
Pois ela virou e me disse

---

109 *Jorginho do sertão*. Moda de viola gravada pelo Cornélio Pires, disco Columbia nº 20006-B, sem indicação de autoria, lançada em outubro de 1929.

110 E também, de forma ainda mais intensa, na prosa dialetal de Valdomiro Silveira.

111 *Os canários estão cantando*. Moda de viola gravada pelo Zico Dias e pelo Ferrinho, disco Victor nº 33299-B, de autoria de Zico Dias e Ferrinho, lançada em fevereiro de 1931.

Eu, magina, a minha vida
Se não fosse imaginar eu já estava de saída[112]

Fruto da sua itinerância, poucas coisas na vida do caboclo eram permanentes. Por conta disso, ele se apegava à viola e à bestinha ou ao cavalo, que poderiam acompanhá-lo em qualquer trajeto. Além deles, a madrugada, o amanhecer, o sol, os animais e a paisagem, eram sempre seus companheiros. A bela letra de Laureano e Soares, acompanhada de delicada melodia, revela que, mesmo fazendo parte do dia a dia do violeiro, a paisagem da roça, a mula, a viola, todas elas mereciam sua atenção e reverência (*A madrugada*, ◀*Faixa 70*):

Levantei cedinho cum hora marcada
Inda tava escuro, num se via nada
Infiei a mula, garrei a estrada
Parei bem no arto na incruziada
Pra ver a beleza duma madrugada

A lua já tinha desaparecido
Eu oiei pra riba e fiquei vendido
Vi muitas estrela brilhano tremido
U'as muito longe e outras bem unido
E a estrela da guia já tinha saído

No sítio pertinho da incruziada
O premero galo cantô sua toada
Otros respondero nu'a misturada
Que coisa tão linda essa baruiada
De galo cantando bem de madrugada

Eu nem percebi os minuto correr
Logo foi crareano e amanhecer
Vinha vino o dia sem eu perceber
O céu foi limpano, daí por dever
Os arto do morro garrô a aparecer

Cada vez mais longe eu fui enxergano
De pouco em pouco o céu foi limpando

112   *Quero ser um desertor*. Moda de viola gravada pelo Zico Dias e pelo Ferrinho, disco Victor nº 33933-B, de autoria de Zico Dias e Ferrinho, lançada em maio de 1935.

De escuro que era já foi azulando
Também as estrela foro se apagando
Pra mor de que o sor tava se aproximando

E os passarinho todinho saía
De gaio em gaio fazeno folia
Arguns que cantava otros que gemia
I um baruião no mato eu ouvia
Fugiu a tristeza chegou ah! o dia

Quano o sor lá no morro garrô apontar
Eu fiz minha moda peguei maginar
Quem mora no sítio se pode afirmar
Que é só no mato pra gente apreciá
O quanto é bonito o sor levantá.[113]

Talvez por conta dessa imensa diversidade que as modas apresentavam em sua forma, pela sua delicadeza melódica ainda "intocada" pela "influência funesta" da cidade, Mário de Andrade tenha dado tanta atenção às gravações caipiras. Em um esboço para um estudo da "Música dos Paulistas", ele rabiscou um breve esquema, no qual as manifestações caipiras – paulistas, para ele – teriam papel de destaque no item "música popular". O rascunho dividia a história da música paulista em três partes, que deveriam dar conta (I) do período colonial, (II) imperial e (III) das primeiras décadas do século XX. Este último seria uma espécie de "terceiro capítulo" ou "terceira parte", ao qual ele deu o nome de "O presente". Quanto a esta última parte, Mário inseriu notas a respeito do Conservatório Musical e de sua função didática no estado, lembrou-se de nomes como o de Guiomar Novaes, Magdalena Tagliaferro, Francisco Mignone, Camargo Guarnieri e, ao fim do esboço, no item III.e., arquitetou o que provavelmente seria um meticuloso estudo sobre a "música popular" paulista: a moda caipira, cururus, cateretês, toadas de mutirão, moçambiques e congados, além das folias,

---

113 *A madrugada*. Moda de viola gravada pelo Laureano e pelo Soares, disco Artefone nº 4079-A, de autoria de Laureano e Soares, lançada entre 1931 e fins de 1932.

especialmente a Folia do Divino.[114] Infelizmente, o manuscrito não se transformou em texto corrente e organizado, mas, como vimos, é possível encontrar muitas notas sobre cada um dos temas selecionados, espalhadas em diversos outros manuscritos e em seus textos publicados em jornais e editados em livros.

Coerente com suas posições, Mário considerava a moda de viola como um dos gêneros populares "infensos à influência universalista das cidades"[115] e justificava que somente nas zonas rurais é que se poderia fazer "uma colheita mais real, mais científica dos monumentos artísticos populares".[116] Tinha as suas razões para adotar tal metodologia, já que entendia que as "modinhas" de viola eram representantes de uma sonoridade toda especial do folclore brasileiro: "o folclore é demasiadamente delicado e tímido para conservar nos grandes centros populares sua pureza e sua originalidade nativas".[117] Suas análises recaíam sobre as formas peculiares que aquele gênero possuía, como as alterações rítmicas que ele poderia apresentar, no esquema das rimas, nas alterações melódicas, mas ele atestou, como principal característica das modas, o conteúdo narrativo que elas apresentavam.

> [A moda] se distingue por ser o reconto dum caso qualquer mais ou menos sensacional, ou dum fenômeno importante da vida quotidiana, historiado. (...) A moda no geral é de fundo dramático, conta casos. Poder-se-á chamar a moda como canção extra-urbana de fundo descritivo. (...) Há por assim dizer uma preguiça de melodizar nelas. Por mais fixas que sejam suas linhas melódicas, repetindo-se exatamente de estrofe a estrofe, a indecisão da linha, da evolução harmônica, a moleza de movimento, tornam eminentíssimamente

114   Andrade, Mário de. *Manuscritos*. Caixa "Música dos Paulistas".

115   *Idem, ibidem*. Caixa "O disco popular no Brasil".

116   *Idem, ibidem*. Caixa "Discoteca Folclorística Nacional Brasileira".

117   *Idem, ibidem*.

vaga, improvisatória, quase oratória. É no sentido mais legítimo do termo, um recitativo.[118]

Sem dúvida, esse conteúdo narrativo, ainda que seja dito através de frases musicais, é comunicado verbalmente ao ouvinte. Tal "conteúdo narrativo", que, principalmente, as modas de viola apresentavam, talvez seja a única constatação mais segura que o estudo preliminar das primeiras gravações das duplas caipiras pode indicar.

As diversas "modinhas" de viola, que sempre contam casos, são todas muito descritivas, e o desenrolar dos fatos, sempre muito lineares. O que ocorreu antes é apresentado primeiro, e assim sucessivamente. Daí a importância do alto da moda ou dos recontos: as alterações melódicas são também alterações na temporalidade da narrativa, quebrando, por instantes, a monotonia da melodia e do acompanhamento. Os recontos eram menos usuais e, normalmente, serviam para "suspender" essa temporalidade, extrair a narrativa do tempo linear da "toada". O alto da moda, mais variável, funcionava como "apresentação" do violeiro, como em *Jorginho...*, e remetia o ouvinte ao momento em que entoavam o canto, como em *Adeus Campinas das flor*:

Ai, ajudai meu companhêro ai, ai
Ai, companhêro de harmonia ai, ai
Ai, nós viemo gravar um disco ai, ai
Ai, Ferrinho com Zico Dia, ai ai[119]

Outras vezes, o alto da moda era utilizado para que o violeiro se colocasse de maneira mais sentimental na canção, como em *O cravo*, já que, como vimos, a narrativa do episódio impedia que eles entoassem

118   Idem. *Dicionário Musical Brasileiro*. Rio de Janeiro/Belo Horizonte, Itatiaia, 1999, Verbete: *Moda*, p. 342-343.

119   *Adeus Campinas das flor*. Moda de viola gravada pelo Zico Dias e pelo Ferrinho, disco Victor nº 33299-A, de autoria de Zico Dias e Ferrinho, lançada em fevereiro de 1931.

esse lirismo ao longo do conteúdo real da moda. Outras vezes, ainda, servia como apresentação ao conteúdo da narrativa que seria, em seguida, apresentada ao ouvinte:

(Alto da moda)
Pois o povo do Brasil deve agora estar contente
O dr. Getúlio Vargas é o nosso presidente

(conteúdo real)
Pois eu fiquei muito triste, deu vontade de chorar
Mas logo eu vi anunciado nas coluna do jorná
Getúlio vinha no Rio ai pro Brasil indireitá
Ai, ele disse ele cumpriu, mais adiante eu vô explicá[120]

Os episódios narrados solicitam que o ouvinte imagine as cenas, sempre reais e concretas, e o desenrolar linear da narrativa, dá vida e movimento às cenas imaginadas. As "toadas", quase sempre desprovidas de lirismo, são complementadas pela entonação chorosa das vozes em terças, e pela melodia, com sua "quase irrespirável melancolia", às vezes enfatizada pelos "ai, ni, narai", como em *O cravo*, ou os "ai ai", em *Jorginho do sertão*.

A incorporação das modas de viola, nesse formato narrativo, mas com melodia e acompanhamento tristonhos, foi feita na série de discos da Columbia, depois das primeiras gravações de anedotas por Cornélio Pires. A esse respeito, a *Phono-Arte* registrou:

> Cornélio Pires, além de suas séries verdadeiramente humorísticas, começa a explorar agora a moda de viola, gênero que parece estar em voga desde aquelas primeiras gravações da Victor com a Turma Caipira de Piracicaba.[121]

---

120 *A revolução Getúlio Vargas*. Moda de viola gravada pelo Zico Dias e pelo Ferrinho, disco Victor 33395-A, de autoria de Zico Dias e Ferrinho, lançada em dezembro de 1930.

121 "Discos brasileiros – gravação nacional". *Revista Phono-Arte*, nº 45, 30.07.1930, p. 24.

Conforme relata a revista, as gravações da Turma da Victor che-
garam antes ao Rio de Janeiro, e foi através dela que os jornalistas da
Phono-Arte travaram conhecimento com o gênero. O pioneirismo da
Turma Caipira Cornélio Pires, entretanto, foi admitido pelo próprio
Mandi, que realizou a primeira gravação com a Turma Caipira Victor e
com Sorocabinha, sob o nome de Lourenço e Olegário:

> Reconheço que Jorginho do Sertão foi a primeira moda de viola
> gravada, mas minha moda pela Victor é do mesmo mês de outubro
> de 1929.[122]

A partir das constatações da *Phono-Arte* e de Mandi, é possível
admitir que existe alguma verdade naquele conhecido episódio em
que Cornélio saía da capital paulista em seu carro, abarrotado de
discos com suas gravações, em direção às cidades do interior para
vender os discos de porta em porta. Sorocabinha, na sua "simplicidade de caipira", afirma que a "turma dizia, mas eu mesmo nunca vi,
não, o Cornélio fazendo isso". Mesmo assim, foi somente depois que
as gravações obtiveram relativo êxito, que a Columbia interessou-se
pelo negócio. Daí, provavelmente, as gravações de Cornélio terem
chegado ao Rio um pouco depois das gravações da Turma da Victor
que, melhor organizada, lançou as gravações ao mercado carioca e
paulistano quase que simultaneamente.

A dificuldade da *Revista Phono-Arte* em compreender as gravações dos novos gêneros em voga, assinalada no início do capítulo, pode ser melhor percebida nesse momento, em que o leitor,

---

122 Citado por Abel Cardoso Jr., *Op. cit.*, p. 13. Mandi (Manuel Rodrigues
Lourenço) nasceu em 25 de janeiro de 1901 e faleceu em 12 de março de
1987. Segundo Sorocabinha, em seu depoimento ao MIS-SP, Mandi
"exercia o magistério; era diretor da escola rural de ensino (...). (...)
era muito apreciador do folclore e até solava uma viola muito bem (...)
E ponteava a as viola com todo o seu estudo. Conhecia muito bem os
costumes dos caboclo."

que ainda não ouvira as "modinhas" de viola, familiarizou-se com as "sonoridades caipiras". Em uma resenha dos primeiros discos de Zico Dias e Ferrinho, um *Cururu* gravado pela dupla, transformou--se, para a revista, em "um misto de batuque e moda de viola". Essa estranha mistura constituiu do ponto de vista dos jornalistas, curiosamente, em "um dos atrativos do disco". A revista ainda alertou aos seus leitores, talvez interessados na compra dos discos, que o selo não trazia a informação sobre o autor, e, provavelmente, não lhe passou pela cabeça que o cururu caipira era feito "no calor" da festa, em conjunto com os demais cantadores ali presentes, sem autoria definida, portanto.[123] No entanto, o que atraía os jornalistas era aquilo que lhes soava mais familiar, ou, pelo menos, mais apreensível, nas modas de viola:

> Duas vozes cantando ou entoando de forma mui especial versos e rimas que focalizam assuntos sertanejos ou mesmo fatos de atualidades, e alguns comentários rítmicos feitos por dois violões ou violas, eis em que consiste essa forma do nosso folclore musical.[124]

Por mais incompreensíveis ou estranhas que parecessem aos ouvidos dos jornalistas, ou, por mais que escapassem aos conceitos criados por Mário de Andrade, o fato é que as modas de viola comunicavam alguma coisa; algo era dito por aquele sotaque acaipirado, utilizando uma linguagem descritiva e narrativa, e entoada de maneira tristonha e chorosa.

---

123   Resenha da *Revista Phono-Arte* ao disco Victor 33295, contendo as modas de viola *Vou fazer um barquinho* e *Cururu*, de autoria de Zico Dias e Ferrinho, nº 45, 30.07.1930, p. 33.

124   Resenha da *Revista Phono-Arte* aos discos Odeon 10677 (*São Fiel* e *A moda do namoro*), 10676, (*Eu nasci de madrugada* e *A quebra dos fazendeiros*), 10667, (*Concurso de beleza* e *Súplicas do barqueiro*), nº 47, 30.07.1930, p. 23.

Fixação da fala caipira em fonogramas

As modas de viola, com sua melodia e acompanhamentos melan-cólicos, incorporaram um conteúdo lírico à fala caipira, já familiar ao ouvinte urbano, como se pode notar nas imitações de caipiras das gra-vações mecânicas, ou no relativo sucesso das apresentações de Cornélio Pires e dos violeiros de Piracicaba. Havia ainda, nas ruas paulistanas, canções ou paródias que deveriam ser interpretadas em "dialeto caipi-ra", que circularam precariamente através das liras paulistanas no fim dos anos 1920. Presas à tradição oral e aos modinheiros, essas canções, paródias, ou anedotas, provavelmente se inseriam timidamente nas in-cipientes rádios paulistanas, e seguramente arrancaram risos e suspiros das plateias nas ruas, nas apresentações de teatro de revista, ou nos in-tervalos das seções de cinema. As canções existentes nas liras, que se remetiam, aleatoriamente, ao universo "caipira", "caboclo" ou "sertane-jo", traziam, logo abaixo do título, uma série de gêneros, impossíveis de serem identificados ou classificados: "batuque sertanejo", "maxixe sam-ba", "canção sertaneja", "toada sertaneja", e até mesmo uma toada caipira cantada por um "caboco" alagoano.[125]

Em *Violeiro do sertão*, um "maxixe samba", cuja letra e músi-ca foram feitas por Ponzio Sobrinho, iniciava sua primeira par-te com um alerta: "Imitando o caipira", e inseria um "t" antes de Chicoturumbamba, para não deixar dúvida, para quem fosse cantar, quanto ao sotaque acaipirado:

---

125   Letras de *Caboco Mau*, Toada Caipira; *Coisas do Sertão*, Toada Sertaneja; e *Vem cá, Nhô-nhô*, Batuque sertanejo extraídas de *As mais lindas modinhas*. Rio de Janeiro: Almeida & Torres, 1928, respectivamente p. 35, 74, 39; Letras de *Caipira apaixonado*, Canção sertaneja; e *A boiada*, Toada Sertaneja, extraídas da lira *A Cigarra*. São Paulo: Tipografia Souza, 1931, respectivamente p. 7 e 18. Letra de *Violeiro do Sertão*, maxixe samba, extraída de *Lyra da Serenata*. 1928, p. 76-77.

I
(Imitando o caipira)
O nho t'Chicoturumbamba
lá dos Campos do Jordão
veio vê o nosso samba
numa noite de S. João!

Acendêmo as foguêra
(Como sempre se acostuma)
espaiêmo os pé na poera
sem cerimônia nenhuma

Coro
Os caboclo dança samba
c'as mulata no sertão
mas, não dança em corda bamba
por andar de pé no chão

Oh! caboclo decidido
violeiro do sertão;
num maxixe decidido
nunca vi nenhum tão bão!

II
Enquanto a cabôclo canta
logo se aprepara a dança,
todo o mundo já se encanta
vendo a sua rude usança!

Inté c'o chapéu de banda
i o cigarro intrais da oreia
entra seco no seu samba
p'ra ele não há pareia

Coro
Os caboclo dança samba etc.

III
O nhô t'chico entrô na dança
(pois não pode se aconte!)
e foi tanto a sua ganança
que sambô inté amanhecê!

O cabôclo ficô manso,
quando o sol apareceu
e o violeiro no descanso,
a viola imudeceu...

Coro
Os caboclo dança samba etc.

A descrição detalhada do caboclo, de "pé no chão", "c'o chapéu de banda/i o cigarro intrais da oreia", revela que o observador da cena de dança via tudo de fora, mas não de muito longe, animando-se com a festa. Mesmo que a segunda estrofe esteja em primeira pessoa do plural, o "acontecimento" da festa era a chegada e a participação de um outro personagem, o t'Chicoturumbamba, que sambou "inté amanhecê!". O "maxixe samba" de Ponzio Sobrinho mostra algum conhecimento das festas caipiras, como a fogueira de São João, a animação, a dança, a comemoração até de madrugada, mas enganou-se quanto ao gênero do maxixe e à dança "c'as mulata". O caboclo apresentado através das primeiras gravações de duplas caipiras, e mesmo das anedotas de Cornélio

Pires, era muito respeitoso, era "bão" no desafio, não no maxixe, e dificilmente dançaria um samba enlaçado com uma mulata no sertão.

Por outro lado, as canções líricas encontradas nas liras, também registradas em "dialeto caipira", não contêm a narrativa, a descrição da história, tão características das modas de viola. Na "canção sertaneja" *Caipira apaixonado*, com letra de Ariowaldo Pires e música de Amadeu Russo, vemos uma letra sofrida, que coloca o caipira na defensiva posição de tentar conquistar o amor de alguém, que não o corresponde ao longo de todos os versos da canção:

Lá na baxada
na bêra do riu,
bis   — preparei bem caprichada
tuda cuberta i barriada,
de pau-a-pique
minha paioça
bis   — que vai sê nossa morada

Estribilho
P'ra mór d'ocê gostá de mim, minha querida
tenho pidido cum fé p'ra São Bão Jezúis,

bis   — puis sem vancê num tenho gosto im
minha vida
Tenho sofrido!...
Vassuncê num crê
bis   — quanto tenho padecido
porque num sabe
quanto o amô é duido
quâno arguém gósta
bis   — i num é correspondido

Estribilho
P'ra mór etc...

Penso... mais quá!

Já num tem mais nada

bis   — qu'inda possa me curá

Só hai no mundo

uma que pode me sarvá

i essa é vancê

bis   — ora bamo... bamo p'ra lá!

Por outro lado, as paródias criavam uma nova letra às canções co-nhecidas e populares da época, como *Pra você gostar de mim (Taí)*, can-tada com êxito na voz de Carmem Miranda no carnaval de 1930, ou *Não quero saber mais dela*, música de Sinhô, gravada em 1928 pela Odeon, na voz de Francisco Alves e Rosa Negra.[126]

A paródia *Pruquê ucê não compra isquêro*, criada por Octávio Macri (Catumby), devia ser cantada com a melodia de *Não quero saber mais dela* (◀*Faixa 71*).[127]

---

126 Paródia *Canção do Turco Ambulante*, com a música da modinha *Rasga Coração*, extraída de *Novo cancioneiro paulistano*, São Paulo: Livraria Paulicéa, 1930, p. 19-20; Paródias *Jura, cantada bra Jurge*, com a letra de *Jura e Mari*, com a música do *TA-HI-Pra você gostar de mim* extraídas de *Coleção toda de novidades*. São Paulo: Tipografia Souza, 1931. Paródia *Pru que ucê não compra isquêro* com a música *Não quero saber mais dela* extraída de *Zequinha de Abreu*. São Paulo: Tipografia Souza, s/d., p. 22. Paródia *Pasqualino u Nicola i u Pipino* com a música *No rancho fundo* extraída de *Patinando*. São Paulo: Tipografia Souza, s/d., p. 19.

127 *Não quero saber mais dela*. Samba gravado pelo Francisco Alves e pela Rosa Negra, disco Odeon n. 10100-A, de autoria de Sinhô, lançado em janeiro de 1928.

Não quero saber mais dela

Colônia Por que foi que tu deixaste
Nossa casa na favela

Mulata Num quero sabê mais dela
Num quero sabê mais dela

Colônia A casa que eu te dei
Tem uma porta e jinela

Mulata Num quero saber mais dela
Num quero saber mais dela

Mulata Português, tu não me invoca
Me arrespeita, eu sou donzela
Não vô na sua potoca
Nem vô morar na favela

Colônia Eu bem sei que tu és donzela
Mas isto é uma coisa à toa
Mulata, lá na favela
Mora muita gente boa

Mulata Aquela crioulinha
Que tu dava tanto nela

Colônia Num quero saber mais dela
Num quero saber mais dela

Mulata E aquela portuguesa
Que tu te casou com ela

Colônia Também não quero saber
mais dela
Também não quero saber
mais dela

Mulata Português, tu não me invoca
Me arrespeita, eu sou donzela
Não vô na sua potoca
Nem vô morar na favela

Colônia Eu bem sei que tu és donzela
Mas isto é uma coisa à toa
Mulata, lá na fivela
Mora muita gente boa

1ª
Ele {Nhá marica mecê gasta
{Muito forfi o dia entero

Ela {Pru quê ucê não compra isquero
{Pru quê ucê não compra isquero

Ele {Vancê gasta duas caxa
{Vancê gasta duas caxa

Ela {Pru quê ucê não compra isquero
{Pru quê ucê não compra isquero

2º
Ela Se o forfi já subiu
Mecê gosta de pitá
Pruquê ucê num compra isquêro
Quié pra nóis comnumizá.

3º
Ele Nhá Marica mecê deve
Botá fogo no coquêro
E assim nóis temo brasa
Pra cendê o ano intêro

4º
Ela {Se o fórfi já subiu
{O isquêro também sobre

Ele {Pois eu vou comprá um revórve
{Pois eu vou comprá um revórve

Ela {Não faça isso Juca
{Mecê estraga tudo o jogo

Ele {Eu mato quem
pede fogo
{Eu mato quem
pede fogo

5º
Ela Faiz treis dia que a comadre
Não acende o fogarêro
P'ro mor que mandou o marido
Campiá o tar de isquêro

6º
Ele Pois ninguém compra mais fórfi
Todo o mundo está cansado
De sabê que os tais palitos
São feitos parafinados

Pru que ucê não compra isquêro

De acordo com Edigar de Alencar, a gravação da Odeon, lançada em janeiro de 1928, aproveitava o sucesso da canção de Sinhô nas revistas *Paulista de Macaé*, estreada em maio de 1927, e *Não quero saber mais dela*, de Marques Porto e Luís Peixoto, estreada no Teatro João Caetano, no Rio de Janeiro, em 19 de agosto de 1927. Os versos e o título do maxixe foram modificados pelos revistógrafos, já que a canção original não tinha a forma dialogal e foi batizada por Sinhô com o nome *Samba na favela*.[128] Otávio Macri tirou proveito do tom divertido, da métrica e, ao que tudo indica, também da melodia da canção da revista. Aparentemente, Macri era especialista em criar paródias em linguagem macarrônica, já que nas liras paulistanas afiguram várias paródias de sua autoria sobre outras canções de "sucesso", na voz de italianos e turcos. Macri fez uma paródia em linguagem macarrônica para a conhecida canção de Ary Barroso e Lamartine Babo, *No rancho fundo* (◀*Faixa* 72), que, na época, ganhou uma versão cantada por Elisa Coelho e uma outra, em solo de piano pelo próprio Ary.

---

128   Alencar, Edigar de. *Op. cit.*, p. 108-110.

No rancho fundo
Bem pra lá do fim do mundo
Onde a dor e a saudade
Contam coisas da cidade...

No rancho fundo
De olhar triste e profundo
Um moreno conta as mágoas
Tendo os olhos rasos d'água

Pobre moreno
Que de noite no sereno
Espera a lua no terreiro
Tendo um cigarro por companheiro

Sem um aceno
Ele pega da viola
E a lua por esmola
Vem pro quintal desse moreno

No rancho fundo
Bem pra lá do fim do mundo
Nunca mais houve alegria
Nem de noite nem de dia

Os arvoredos
Já não contam mais segredos
E a última palmeira
Já morreu na cordilheira

Os passarinhos
Internaram-se nos ninhos
De tão triste esta tristeza
Enche de treva a natureza

Tudo por que?
Só por causa do moreno
Que era grande, hoje é pequeno
Para uma casa de sapê

Se Deus soubesse
Da tristeza lá da serra
Mandaria lá pra cima
Todo o amor que há na terra

Nu rangiu fundo
Bé pra lá du fino du mundu
onde té muita ligria
Tuta a nôite tutu u dia

U Pasqualinu
U Nicola i u Pipinu
Fizero cumbinaçó
Prá fazê uma cavaçó

i a Pipinella
Fica ingopa da janella
Esperando u seu piquéno
U tal sujétu du murénu

i u Pasqualinu,
Elo pega da sanfona
Vai tocando di carôna
im tutu quando é butiquinu

Nu rangiu fundo
Bé pra lá du finu du mundu
té nu baile da puntinha
A dónde vai as criulinha

A Pipinella
Vai nu baile di chinela
U murenu tutu inchadu
Vai dançá um machixadu

i u Nicola
iscachó tuta a viola
i u baile sê acabô
purque u frege acumeçó

Tutu acumeçó
Tutu purquê
Só purcausa du Nicola
Que iscachó tuta viola

Déu nu murenu um punta-pé,
e déu subesse
tutu us frege lá da serra
mandaria pra diligado

No rancho fundo (cont.)

Porque o moreno
Vive tonto de saudade
Só por causa do veneno
Das mulheres da cidade

Ele que era
O cantor da primavera
E até fez do rancho fundo
O céu melhor que há no mundo

E o sol queimando
Se uma flor lá desabrocha
A montanha vai gelando
Lembrando o aroma da cabrocha[128]

U Lampião qui é bó na terra
Só désse jetu
É que us frege se acabava
U Lampião que é homi sério

A cabeça ele curtava
Iu rangio fundo
que é milhó di tutu u mundu
nunca mais terá disordi

Purquê u Lampião mantêm
a orde ia Pimpinella
que é mesmo um pancadão
Dá u fóra nu moreno
Pra casá co tal Lampião

Pasqualino, u Nicola i u Pipino (cont.)

É inegável que a delicadeza da letra e da interpretação de Elisa Coelho, e o lânguido acompanhamento do violão, tornam ainda mais descabida a paródia, especialmente quando o Nicola arranja uma imensa confusão "nu baile da puntinha", já que a força da canção "original" está na situação ordeira do Rancho Fundo, na distância que ele guarda de qualquer tumulto. A chegada de Lampião, "homi sério", coloca ordem na "cavaçó", mandando os "frege" para o "diligado". Mesmo assim, a linguagem macarrônica não permite ordenação, ela é anárquica por princípio,[130] e mesmo quando o narrador afirma que no "ragio fundo/ que é milhó di tutu u mundu/nunca mais terá disordi", a ordem não é estabelecida. Especialmente porque a "Pimpinella/que é mesmo um pancadão/Dá u fora nu morenu". Por fim, o único verso em descompasso com a letra "original" ("Pra casá co tal Lampião"), provavelmente era entoado com muita desenvoltura e graça pelo intérprete.

---

129   *No rancho fundo.* Samba-canção gravado pela Elisa Coelho, disco Victor nº 33444-A, de autoria de Ary Barroso e Lamartine Babo, lançado em agosto de 1931.

130   Saliba, Elias Thomé. *Op. cit.*, 2002, especialmente p. 154-215 e *idem*, "Bananéres, briguelas e brodos: fragmentos do humor paulista na 1ª República", São Paulo: *Cadernos de História de São Paulo*, nº 5, p. 31-40, set./nov. 1996.

Diferentemente das "modinhas chorosas" citadas no capítulo anterior, que recriavam as letras de canções da era da gravação mecânica, mais vinculadas às formas tradicionais de difusão da música, as paródias dos registros elétricos, em sotaque acaipirado ou mesmo em "ítalo-caipira", não apenas mantinham a estrutura de estrofes e versos, como também se remetiam ao conteúdo dos versos da canção "original". Em *Pasqualino...* além da melodia e dos versos iniciais de algumas estrofes, que repetem, em linguagem macarrônica, as mesmas linhas da canção "original", "u murenu" do Rancho Fundo é mantido como personagem principal, mas, obviamente, com outros atributos. Em *Pru que ocê num compra isquêro*, embora não exista um conteúdo que ligue as duas canções, o esquema de versos foi mantido e a própria estrutura dialogal original permaneceu. É evidente que esse fato está diretamente relacionado à fixação das melodias e das letras em discos, que passaram a ser intensamente reproduzidas pelas rádios e vitrolas, e, também, escutadas diversas vezes.

Contudo, embora o sotaque acaipirado fosse conhecido, reconhecido, e utilizado em diversas canções e paródias, o "tipo" caipira foi criado, e a moda de viola, difundida, a partir das primeiras gravações elétricas. Nas gravações mecânicas e nas liras, os termos "caipira", "sertanejo", "caboclo" designam genericamente o homem que vive fora da cidade. O sotaque do caipira de Ararurama, no Rio de Janeiro, por exemplo, era semelhante ao do caipira paulista que visitava seu compadre gaúcho. Da mesma forma, a toada caipira, na lira *As mais lindas modinhas*, é entoada por um "caboco" alagoano, cujo dialeto é semelhante ao dos caipiras paulistas gravados em discos. A partir destas constatações, é possível afirmar que, pelo menos na tradição fonográfica nacional, o caipira "genérico" – qualquer homem que vivia fora da cidade –, tornou-se "caipira paulista" e ganhou sotaque e gênero musical próprios a partir das primeiras gravações da Columbia e da Victor. Com eles, vieram também, através das imitações de Cornélio Pires, pela Columbia, o italiano, o turco, o alemão, o espanhol, cuja expressão mais acabada, em textos escritos, foi o impertinente Juó Bananére, que os produziu até sua morte, em 1933.[131] Embora não seja possível, nesse momento, examinar mais detidamente o assunto, é bom lembrar que a criação desse "caipira paulista" está, obviamente, inserido em um movimento mais amplo na intelectualidade brasileira, seja no pensamento musical e no projeto nacionalista de Mário de Andrade, nas afirmações categóricas de Monteiro Lobato, ou no surgimento de uma literatura "regionalista", da qual Valdomiro Silveira foi o "fundador"; insere-se também nas disputas entre os partidos políticos paulistanos, no movimento de outubro de 1930, e na reação paulista de 1932. Todos esse movimentos políticos, aliás, foram temas cantados em modas de viola e desafios pelos "caipiras paulistas", e divertidamente narrados por Cornélio Pires em suas anedotas.

Através da escuta dessas gravações, percebe-se que não se tratava apenas de um sotaque bem captado pela voz ao microfone, nem somente a valorização do caipira, retratado "cheio de espertezas, simplicidade e finura, capaz de façanhas e de se sobrepor às injustiças e ao enfatuamento dos citadinos, com ricas peculiaridades de formação".[132] Tratava-se, também, da criação de um "tipo", cuja principal característica era sua "simplicidade e finura" na forma de apreender o mundo: concreta, narrativa, melancólica, e, por isso mesmo, carregava potencialmente, um "humor sadio",[133] explorado intensamente por Cornélio

---

131   Sobre Juó Bananére, pseudônimo de Alexandre Ribeiro Marcondes, ver Saliba, Elias Thomé. *Op. cit.*, 2002, p. 170-176.

132   Cardoso Jr., Abel. *Op. cit.*, p. 5.

133   Sobre o "bom" e o "mau" riso, ver Saliba, Elias Thomé. *Op. cit.*, 2002, especialmente, p. 112-124. Ver também, por exemplo, resenha da *Revista Phono-Arte* ao disco Victor nº 33307, com as anedotas *Escolas de Antigamente* e *Sessão da Câmara de Seribaté*, gravadas pelo Plínio Ferraz e seus companheiros, nº 46, 30.08.1930, p. 24.

Pires em discos e, posteriormente, por diversos outros imitadores nas rádios e em discos.

Em um trecho da conhecida *Rebatidas de caipira* (◀*Faixa 73*), Cornélio afirma que "quem se mete a mexer com o caipira, quase sempre sai perdendo. Pois ele com aquele jeitão de bobo, é fino como ele só, e traz sempre a resposta pronta na ponta da língua." Conta ele que um viajante com sotaque lusitano, querendo provocar o caipira, perguntou--lhe se sabia onde era o "grande hotele". Ouvindo a resposta afirmativa, o viajante lhe pergunta: "Tu queres ganhar cinco mil-réis?" Ao que o caipira responde: "Uai, eu sô fio do ganhar dinhêro." E o viajante lhe propõe: "Pois eu te pago cinco mil-réis." "Pra mór de o quê?", responde o caipira. "Pra veres se estou lá no hotel." E Cornélio, com sua postura habitual, interveio no diálogo, descrevendo: "O caipira coçou a cabeça. Pensou, pensou", e imitou: "Home. Intão é bão vossuncê me dá o cabresto, porque se tivé lá eu já aporveito trazê".[134]

Mesmo saindo "vitorioso" do diálogo, o caipira não mudou o rumo da conversa, permaneceu "fino como ele só", incorporando a provocação, e reverteu a situação sem detratar diretamente seu interlocutor. O caipira corneliano nunca vence se afirmando ou detratando; ele desconcerta, com suas respostas finas e elegantes, sempre "na ponta da língua".

Uma outra anedota, contada originalmente por Cornélio em livros, e que também permaneceu gravada, evidencia que Cornélio lapidou o "tipo" caipira quando levou seu personagem para os discos. Abaixo, o leitor encontrará o texto impresso e a transcrição da gravação de um "causo". Trata-se de um outro trecho da já citada gravação de *Qui-pro-quó* (◀*Faixa 74*), uma das últimas feitas pelo selo da Columbia. No texto ou na gravação, percebe-se bem a divisão em partes da anedota, como era o costume de Cornélio:

---

134 *Rebatidas de caipiras*. Anedota gravada pelo Cornélio Pires, disco Columbia n° 20001-A, sem indicação de autoria, lançada em maio de 1929.

"É DURO..." TRANSCRITO DE PATACOADAS

Introdução

No sertão há caipiras que sabem soletrar, porque um da família, um "mundão" de tempo antes, aprendeu a ler e, tendo se afundado no mato com a família, lá deixou a geração com o hábito de transmitir o alfabeto de pais a filhos.

Quando o Noroeste rasgou o sertão, surgiram verdadeiras cidades de um ano para outro, à beira da linha.

Igual fato se deu na "Araraquarense" e na "Alta Sorocabana".

Casas de tijolos, cobertas de telhas, bem arruadas, surgiam diariamente.

Os novos Bandeirantes procuravam as zonas novas, abrindo lavouras e montando casas comerciais.

Situação

Numa esquina, estabeleceu-se um negociante, instalando um café ao lado de um bilhar e mandou escrever na parede, bem caiada, em letras garrafais:

CAFÉ-BILHAR

"Causo"

Num domingo um caipira, dos cafundós, apareceu no "comércio", boquiaberto.

— ô, lugázinho este que vae legêro... O'i! Já ponharo ua casa nova ali na isquina!

Olhou e soletrou:

— C...a: cá... éfe...é: fer. – Cafér! – B...i: bi... éle... agá... ar: Bilhar! – CAFÉ-BILHAR!

Uái! Puis eu conheço cafér borbão, cafér tchato, cafér moca e cafér maragogipe, mais cafér **bilhar** eu num conheço...

Sentou-se, de chapéu na mão, na beiradinha da cadeira, e pediu:

— Moço! Me dae um cafér-bilhar...

O rapaz, querendo divertir-se à custa do caipira, trouxe-lhe uma 'média' e as três bolas de bilhar, num prato.

O roceiro tomou um gole e, pegando uma das bolas, finou-lhe uma dentada...

Vendo que nada conseguia, molhou-a bem molhada o café e pôs-se a roê-la...

Desconfiado, largou a bola, tomou o café e chamou o empregado:

— Quanto é?

— Duzentos réis...

— Intãoce eu pago só um tostão: —o cafér é bão, mas o biscoito é duro cumo diabo.[135]

GRAVAÇÃO[136]

Introdução

Com o avançamento das estradas de ferro, foram surgindo, nos ex-sertões paulistas, verdadeiras cidades, no prazo de um ano, com o assombro dos caipiras da zona.

Situação

Dentre eles, havia um que sabia soletrar mal e mal.

"Causo"

E o caipira comentando:

— Ô lugarzinho pra porguedir ligêro, gente!, quando viu na esquina um novo estabelecimento, na cal muito alva da parede, destacavam-se letras garrafais.

O caipira, com grande dificuldade, pôs-se a soletrar à sua moda:

— Cê a – cá. Fi é-fér. Cafér. Di bi, lagá-lar. Bilhar. Cafér-bilhar. Uai. Que negócio é esse de cafér-bilhar? Eu conheço café borbão, café maragogipe, café chato, café moca. Mai café bilhar num conheço.

Sentou e disse:

— Ô moço! Bota um café-bilhar aí pra mim.

Rapaz moleque, trouxe uma xícara grande de café e as três bolas de bilhar. O caipira pegou, deu uma dentada na bola, viu que não ia. Molhou, molhou. Roeu, roeu. Bebeu o café. Disse:

— Ô moço, quanté que lhe devo?

— 200 réis.

— Ói, o cafér é bão, ma o biscoito é duro cumo o diabo...

---

135   Pires, Cornélio. "É duro...". In: *op. cit.*, p. 37.

136   *Qui-pro-quó*. Anedota gravada pelo Cornélio Pires, disco Columbia nº 20047-B, sem indicação de autoria, lançada, provavelmente, em 1930.

A agilidade da palavra falada e a necessidade de encurtar as explicações, que poderiam se tornar enfadonhas ou não caber nos três minutos do disco, não foram as únicas transformações operadas por Cornélio na gravação. Ele desprezou, obviamente, todas as informações visuais do texto escrito: "CAFÉ-BILHAR" em letras garrafais, e o negrito em "**bilhar**". Abriu mão dos pouco engraçados "pôs-se" e "roê-la". Mas ele desprezou também três elementos que, à primeira vista, poderiam passar despercebidos: o rapaz, no texto, queria "divertir-se à custa do caipira", trouxe-lhe as bolas de bilhar "num prato", e o caipira, reclamando do biscoito duro, disse-lhe que só pagaria "um tostão". Na anedota gravada, as mudanças alteram significativamente o "tipo" do caipira. Nela, o "rapaz moleque" trouxe simplesmente a xícara de café e as "bolas de bilhar", deixando a forma de entrega do "biscoito duro" a cargo da imaginação do ouvinte. Na gravação, o caipira não se recusa a pagar, já que ele raramente discordava abertamente dos seus interlocutores. Nessa anedota, ele "leva a pior", mas em diversas outras, como vimos, ele contorna a situação "elegantemente", nunca se opondo àquele com quem conversa. No texto escrito, a ênfase no prato, onde, obviamente servem-se alimentos, cria um estranhamento exagerado do caipira diante da existência do "café-bilhar", fazendo com que o leitor perceba o caipira como um completo desconhecedor das "coisas da cidade". Na gravação, esse estranhamento é diminuído – não suprimido –, de maneira a pontuar o deslocamento do caipira, sem, no entanto, transformá-lo em um "tolo" rústico da roça.

A comparação entre uma gravação e o texto escrito pode também ser deslocada para uma aproximação entre duas gravações, igualmente ágeis, circunscritas ao tempo máximo de gravação dos 78rpm, e apegadas à oralidade e às imitações. Como exemplo, selecionamos uma *Salada Internacional*, gravada em duas faces pelos estúdios da pequena Arte-fone, no distante bairro da Mooca, em São Paulo. Esta *Salada*, interpretada por

Nabor Pires Camargo e Cherubim, pode ser tomada como "gravação--síntese" por envolver as principais características das "gravações paulistanas": humor, recorrência à cultura caipira e imigrante, e qualidade técnica dos instrumentistas. Como o leitor vai perceber, no entanto, as imitações e o "tipo" caipira são diferentes das gravações de Cornélio Pires.[137]

Na primeira face de *Salada Internacional*, um "sírio" e um "italiano" discutem a respeito da qualidade da música de seus países de origem. Como não poderia deixar de ser, ao ouvir a música executada pelo sírio, o italiano afirma que aquilo "non é música, turco". Na segunda face, o italiano canta uma canção dedicada à sua amada Pimpinela. Nesse momento, surge um caipira, que há "um dilúvio de tempão" ouvia tudo pela janela. O caipira pede desculpas por "meter a cuié na prosa", afirma que "mecêis num cunhece o que é bonito", pega a viola e toca uma moda caipira, em cujo início há um curto solo de clarinete, provavelmente executado pelo próprio Nabor Pires Camargo. (*Salada Internacional, I e II,* ◀*Faixa 76*)

Lado I

Sírio: Num bercisa falar bobagem. Eu num precisa de balavra de ocê.

Italiano: Ô turco! Não seja tão ignorante. Em cuesta questão de música você não bango (???) de mim. O italiano quando nasce giá é musicante per natureza.

Sírio: Bronto, italiano. Num brecisa ficar nurvoso. Bra que fazer discutimento? Eu só quer falar bra ocê como está a especialidade música de Síria.

Italiano: Ma que Síria, Síria... ? Você é próprio da Turquia...

Sírio: Fala tudo bra mim, ituliano. Mas faz o favor, respeita, ao menos, bátria. Num fala Salomão achar turco. Jura bra ocê: nasceu no Síria, lá no Berute.

Italiano: Ah, você então é do Bairuta, donde está agora o Toscanini, aquilo colosso italiano. Aquele que foi alá pra enzinar pra vocês como se toca ópera.

---

137   Caso o leitor ainda não conheça as imitações de Cornélio, sugere-se que tome contato com sua versatilidade através da audição da X*Faixa 75, Puxando a brasa*, em que ele introduz o caso com seu "português perfeito", e imita um inglês, um italiano, um turco, um alemão, um espanhol e, como não poderia deixar de ser, também o caipira. *Puxando a brasa*. Anedota gravada pelo Cornélio Pires, disco Columbia n⁰ 20001-A, sem indicação de autoria, lançada em maio de 1929.

Sírio: Bronto! Outro besteira. Esse que você fala está no Lumanha. Eu fala
            Berute, no Síria. Mas, esse não tem imbortância. Eu quero falar bra ocê
            do música que eu escreveu.

Italiano: Puxa! Você compunhou uma música. Me parece impossible. Então
            você tene que contar pra mim tuta a história.

Sírio: Ascuta. Bresta ben atenção. Vai falar direitinho como foi na (???).
            Primeiro, begou um bruto baxão pra Chaquinha. Chaquinha,
            mailher (???), não ligava bra bobre de Salomão. Bediu pra Deus, bra
            babaizinho do céu tirar a baxão de coraçon; Não podia asquecer. Cada
            vez mais baxonado. Um dia, muito tristinho... Bensou, bensou... bunió
            no cumbersa: "Vai ascrever um música bra malvada da Chaquinha."
            Ascreveu, bronto. Foi o conta! Mailher ficou baxonada, baxonada. Ô,
            italiano, quando lembra esse bassagem, sente dor na coraçon e não
            guenta mais...

Italiano: Mas, vai, bruto. (???)

Sírio: Deva de chorar borque Chaquinha nunca mais largou Salomão e
            morreu de baixão bor causa de música.

Italiano: Bó, intó. Vamos aiscutar a música. Não chora turco, você me faize
            chorar també pra mim. Faize favor, não chora. Vamo escutar a música
            pra io poder dar a minha balicata opinió.

Sírio: Ei! Salim. Toca um bouco meu música. Aquele que matou mailher.
            Esbera um bouco ituliano. Você vai ver um lheza de música.

Italiano: (???) Num chora.

Sírio: Num guenta...

Italiano: Ma, como num guenta. É maluco!

Sírio: Olha o música mais bonita do mundo.

Italiano: (???) Deixa mi parar a música aqui...

Sírio: Agora tem certeza. Matou ocê no cumbersa.

Italiano: (???) Parola de onor. Isso pra mim non é música nem aqui e nem (???)

Sírio: Despeitado, sem borgonha.

Italiano: (???) Você agora vai escutar uma música do país de mi. Era uma cançó
            que eu cantava quando estava contrariato com a minha namorata, a
            Pipinella. Escuita, turco.

Sírio: Por que falou turco outra vez? Sírio! Não asquece!

Italiano: Ah, vai, escuta bem, sírio, que tu vai achorar, vai achorar como chorava
            a Pimpinella.

Sírio: Vai, pra lá. (???) jogador de golfinho!

Lado II

(Canção para Pimpinella)

Caipira: Bas tade, Nhô Salomão!

Sírio: O lheza, ocê bor aqui, Bastião. Basseando um bouco?

Caipira: Ui é verdade. Eu vi mecêis, parei aqui. Fai um dilúvio de tempão que eu tava aqui na ginela, ascuntando a cunversa de mecê aí c'o taliano. Mecês já desculpe de eu ponhá a cuié torta no meio da prosa. Mas, mecêis dois tão tudo errado.

Italiano: Oi, caipira. Por que você parla assi?

Capira: Proque eu vi vancêis falando em música de turco, música de intaliano... Certo. Isso tudo num é nada, moço. Isso pra mim é umas bobage muito grande.

Italiano: Eh, caipira, faiz (???) Num iscracha.

Sírio: Italiano, bor favor. Num fica bravo com Bastião. (???), é freguês do casa.

Caipira: O que eu tô descunfiado é que mecêis nunca entraram no fundo desses grotão da minha terra e não cunhece o que é bonito. Mas, num é nada. Mecêis dê licença que o caboco brasileiro cante um pouco pra mecêis vê o que é bão que dói.

Eu sou caboco bão
Eu tenho coração
Pra dar só mecê pedir
Pra dar só mecê pedir

Ai, ai, ai, ai

Quando meu bem vai embora
O meu coração chora
E chora de ver partir
E chora de ver partir

Ai, ai, ai, ai

Na hora da partida que a gente sabe o que é dor
O coração sangrando que sabe quem tem amor...[138]

---

138 *Salada Internacional I e II*. Humorismo, gravado pelo Nabor Pires Camargo e Cherubim, disco Arte-fone 4038, sem indicação de autoria, lançado provavelmente entre 1931 e fins de 1932.

Caso os resenhistas da *Phono-Arte* analisassem o registro da pequena gravadora, provavelmente teriam dito que ela fora "mal-realizada". As
imitações, especialmente a do italiano, não são tão bem feitas quanto as
de Cornélio Pires; a "modinha" não é de viola, mas de violão; e a fala cai-
pirada do matuto escorrega em "nunca entraram no fundo desses grotão
da minha terra e não cunhece o que é bonito", artificial e sem sotaque. A
antecipação da crítica do caipira, em "mecêis dois tão tudo errado", cria
certa expectativa no italiano, no sírio e no ouvinte. Essa expectativa criada
pela fala do caipira não é comum nas demais gravações, já que a prosa
caipira é mais arrastada, mais narrada e sem surpresas, fluindo por entre
as falas dos demais personagens, inclusive sendo determinada por elas.
Diferentemente do que ocorreu em *Salada*, como já foi assinalado, o caipira corneliano é sempre vítima da situação, e dificilmente provocaria sem
ser provocado. Na sequência, o riso caipira que caçoa do italiano ou do
sírio enfatiza a provocação do caipira, e a consciência da existência "dos
grotão da minha terra", demonstra que ele fugia à narrativa do que lhe era
concreto, remetendo-se a um lugar abstrato, impreciso, e que se contra-
põe à familiaridade que ele próprio atesta: "Mecêis (...) num cunhece o
que é bunito". Acima de tudo, a canção entoada ao final da gravação refor-
ça esse desconhecimento do caboclo: ele canta ao som de um violão, com
versos sem sotaque, como em "pedir", "embora", "chora" e "partir". Apenas
no primeiro verso ("Eu sou caboco bão") há uma tentativa de incorporar
a fala caipira, mas o intérprete só é bem sucedido em "bão", que, no conjunto do verso, soa com certa artificialidade.

A fala acaipirada, desprovida do lirismo das melodias chorosas das
modas de viola, encontrou, nos deslocamentos de sentido das anedotas, um lugar fértil para produzir o "humor sadio" ao qual a *Revista
Phono-Arte* se referiu. Mas, para criar o "tipo" caipira com todas as suas
particularidades, foi preciso esperar a chegada de "caipiras de verdade",
diretamente do interior paulista, para divulgar as modinhas de viola,
que tão bem captavam a forma "simples" dos caipiras enxergarem os

acontecimentos ao seu redor. Conhecedor dos costumes dos matutos e versado nessas suas peculiaridades, Cornélio Pires lançou em discos algumas anedotas, que poderiam ser ouvidas quantas vezes se desejasse. Algumas delas haviam sido registradas em seus livros, outras nas suas conferências, outras, ainda, certamente foram criadas diretamente para o formato do disco. Talvez sem a intenção, ele deu o pontapé inicial para que a fala acaipirada ganhasse outros intérpretes, talvez não tão talentosos quanto ele, mas que passaram a utilizar as emissoras de rádio como difusoras primordiais dos "causos" e anedotas. Muito mais do que discos e livros, a efemeridade das irradiações radiofônicas era mais afeita ao formato da piada e da narrativa despreocupada. Mesmo assim, seja na literatura, em prosa ou verso, ou em discos, contendo "causos" ou modinhas de viola, ou ainda nas rádios, a força da tradição oral caipira, que permaneceu em voga ao longo de todo o século XX, é surpreendente, e, infelizmente, ainda mal-compreendida.

Ironicamente, foi justo ele, o caboclo paulista, casmurro, itinerante e solitário, que ficou em evidência, durante os anos 1930, através de sua voz e sua viola. Vez por outra, no entanto, é possível que ele, cansado de falar, simplesmente fizesse o que era seu costume:

> Enrolo meus tilangues, vou fazer o meu empreito lá na outra banda do rio, lá da outra banda do morro, afundo no mato velho, derreto no sertão, fico morto p'ra quem fica e vivo só p'ra mim mesmo.[139]

Finalmente, pra deleite do leitor que percorreu pacientemente os olhos sobre estas linhas, seguem algumas *"simplicidades caipiras"* (◀*Faixa 76*), cuja diversidade, como pretende-se indicar com os trechos das gravações abaixo, seguramente não coube nas dimensões deste estudo, ainda preliminar e inevitavelmente cheio de lacunas.

---

139   Silveira, Valdomiro. *Op. cit.*, 1945, p. 167.

Simplicidades de caipiras

Uai, compadre. Agora que tô vendo que vacê tá de luto.

É verdade.

Puis, sinto muito.

Gardecido.

Ma quem foi que morreu?

Foi o Dito, meu fio.

O Dito morreu?

Morreu.

Este mundo num vale nada. Quem havér dizê que um moço que tava vivo ia morrer?

É verdade.

E vancê, chamou o dotor?

Num foi perciso. Ele morreu por si mêmo.[140]

Numa escola sertaneja

Meninos. Um grão de milho e mais um grão de milho. Quantos são?

Dois!

Muito bem. (...)

Perfeitamente. Agora, três grãos de milho, mais dois.

Sete!

Não! Pensem bem. Tenho fechados na palma da mão três grãos de milho e mais dois. Quanto são?

Um punhadim.

Como o senhor vê. Isto até me faz rir sozinha algumas vezes. Vai o senhor ouvir, o mais atrasadinho da classe.

Seu Salvador, (...) quem de cinco dedos, tira três dedos. Que é que fica?

Fica ajeidjado.[141]

---

140 *Simplicidades.* Anedota gravada pelo Cornélio Pires, disco Columbia nº 20002-A, sem indicação de autoria, lançada em maio de 1929.

141 *Numa escola sertaneja.* Anedota gravada pelo Cornélio Pires, disco Columbia nº 20002-B, sem indicação de autoria, lançada em maio de 1929.

Uma lição complicada

Bas tarder Jão Maluco.

Faz favor nã fala Maluco bra mi. Iau chama João Maluf.

Maluf im turco. Ma em brasilero falano é Maluco. Pra que qui vancê mandô chamá eu?

Essa tarde tem festa no casa de mariquinha Ia brecisa aprende bocadinho boesia brasilero bra fala bras pequena.

Tô às ordi. Ma, quant'é que vancê me paga?

Que? Bercisa paga també?

Uai. Se ocê fosse papagaio eu ensinava de graça. Mai turco? Há. Dá panca pra ensiná;

Eu ba dá bra ocê aum colarinho bra bescoço.

É meio poco. Inda se vancê me desse de choro um par de meia pos pé.

Esse bocadinho caro, mas si ia baga pra ocê.

Então bamo vê:

(...)

Eu fui indo por um caminho

O capim cortou meu pé

Amarrei com fita verde

Cabelinho de José.

Ia va indo bra caminho

Corta a bé no capim

Amarrou um bedaço de fita

De cabelo de mulher de Serafim.

Xiii. Quá. Nunca vi tanta farta de jumência, meu Deus[142]

Prantaforma do prefeito

O que mecê tá pensando que é Biscoito Duro? Biscoito duro é... um lugarzinho bem desadiantado. Tem estrada, tem igreja, tem padre, tem cambalhão, tem gramoforne, tem raio falante. No tempo da Monarquia, em mil oitocentos espingarda de pedra, o raio num tinha inducação. Num

---

142 *Uma lição complicada.* Anedota gravada pelo Genésio Arruda e Cornélio Pires, disco Columbia nº 20011-B, sem indicação de autoria, lançada em outubro de 1929.

podia ouvi trovão. Aquilo e .... pom-pá! Vinha partino na gente. Agora, ca Repúrbica, o raio ficô estabilizado. Canta modinha, dá cotação de algodão, até quano os bolonhêis, da Bolonha da Itália, perdeu no futebor, ele contô pa nóis tudo.[143]

Passeio aéreo

Onde é que eu amunto? Aqui? Oééér! Eu vô na boleia e ocê na rabera, Abibi.

Tá tudo pronto?

Pronto, tá pronto.

Atenção.

Contact!

Ôta gostosura. Eta ferro véio.Ó lá Abibi, ó lá um tomóve lá embaixo. Que galantura, não? Eu inda hei de arranjá um jogo de eroprano só pra tirá uma ninhada c'uma pata choca lá de casa.

Atenção. Vou fazer uma acrobacia.

Eta! Inventiva gotuba. Num hai nada mió... Hããã! Pel'amor de deus... Ele está de cabeça pra baixo! Acuda!

Eu falo bra ocê bra que vôo de aeroplano?

Desça, desça pro mór de Deus!

Ai, eu no acredito que tô o chão. Por favor, ajude o Abibi. Diga pr'ele que apeei. Ai, Virge Santa. O pobre gumitô tud'o armoço.

Então, gostar do passeio?

Ai, muito. Demais.

É a primeira vez que voam?

Eu? Não sior. É a úrtima![144]

As três lágrimas

Cumpadre, eu tinha escuitado lerem tantas coisarada que tinha escrevido de nói caipira, mai da nossa lágrima num ovi nada ainda.

Então escuit'essa que me ensinaro que é bem boa memo.

---

143 *Prantaforma do prefeito*. Anedota gravada pelo Cornélio Pires e Genésio Arruda, disco Columbia nº 20027-B, sem indicação de autoria, lançada em junho de 1930.

144 *Passeio aéreo*. Humorismo, gravado pelo Plínio Ferraz e João Michalany, disco Victor nº 33422-A, de autoria de Plínio Ferraz, lançada provavelmente em 1931.

Se eu pudesse isquecê
Aquela noite de São João
Era bem bom
Mai quá!
Num vê?

Era a moça mai bonita
C'o seu vestido de chita
Todo enfeitado de fita
Dessa noite do sertão.
(...)

Um ano mais se passô.
Quano foi n'outro São João
Era a noiva mais bonita
C'o seu vestido de chita
Todo enfeitado de fita
Que pisô na povoação

Quano foi no outro São João
Quatro vela ainda acesa
Lá na mesa
Alumiava o seu caixão

Ainda tava mai bonita
C'o seu vestido de chita
Todo enfeitado de fita
E um ramo de frô na mão
(...)

Quando ela partiu
Eu já num sabia chorá
O resto das minhas lágrima
Eu dei pra ela levá
(...) [145]

Cururu paulista

Eu tenho meu pé de rosa, oai
Que uma roseira me deu, oai
Lá no bairro adonde eu moro, oai
Eu me vou só de passeo

---

[145] *As três lágrimas.* Sem indicação de gênero, interpretada por Genésio Arruda, disco Columbia nº 20012-B, de autoria de Campos Negreiro, lançada em outubro de 1929.

Eu enfio o meu cavalo
Em qualquer to eu
De casa eu saio montado, oai
Chego na portera apeo, oai

Um dia desses passado, oai
Num sabe o que aconteceu, oai
Tava passando na rua, oai
E a polícia me prendeu, oai

O delegado me disse, oai
Meu Moço, que emprego é o seu, oai
Eu ando atrás de amor, oai
E amor percuro eu, oai

Nós estava nesse assunto, oai
Meu benzinho apareceu, oai
Vocês larguem desse moço, oai
Quem manda nele sou eu, oai

Eu disse pro meu benzinho, oai
Foi vancê quem me valeu, oai
Se não eu ia sofrendo, oai
Na garra desse ?

O lá lá lá lá lá, oai.[146]

---

146 *Cururu paulista.* Cururu gravado pelo Zico Dias e pelo Ferrinho, disco Victor
nº 33796-B, de autoria de Zico Dias e Ferrinho, lançado em julho de 1934.

Fonófilos, fonômanos, discômanos...

As músicas que acompanham o trabalho e que, esperamos, foram ouvidas ao longo da leitura do texto foram obviamente apresentadas fora das páginas, e poderiam ter sido usadas apenas como um "anexo". Para quem só tem a linguagem escrita em mãos para tratar a respeito da música, inserir os acordes e as vozes no texto não foi apenas um grande esforço – talvez enfadonho –, mas, especialmente, uma tentativa de afirmar que a gravação sonora só tem sentido se for ouvida, se provocar estranhamento, rejeição, riso, ou mesmo conquistar a simpatia do leitor.

Foram essas sensações que levaram muitos dos críticos musicais ou intelectuais brasileiros a escrever sobre a música que ouviam nas vitrolas e, embora um trabalho acadêmico tenha pressupostos e objetivos diferentes, a pré-disposição em escutar, cuidadosamente, os registros fonográficos, pode ser considerada como ponto de partida para qualquer tipo de pesquisa que envolva a música do século XX. Por outro lado, esses registros sonoros não se limitavam a gravar a voz ou os instrumentos de alguns artistas, da mesma forma que a vitrola (ou o CD), não se limitava a reproduzir o que fora gravado.

Para além dos objetivos de lucratividade da indústria fonográfica e do salto tecnológico que elas promoveram a partir da gravação elétrica, o disco também estava inserido em uma "tradição musical" pré-existente, com a qual ele foi obrigado a dialogar, interagir, apropriar-se, ou mesmo, recriar. Na época dos registros mecânicos, o disco incorporou intensamente a música difundida pelo teatro de revista, pelos modinheiros e bandas, e também capturou a sonoridade de muitos instrumentistas, que praticavam sua virtuosidade nas ruas, nos bares, ou inclusive dentro de suas casas. Foi somente a partir da gravação elétrica que as empresas fonográficas conseguiram criar uma tradição musical baseada no registro fonográfico, sempre incorporando as sonoridades das ruas, mas conseguindo ditar os rumos do repertório que passou a ser ouvido nas áreas mais urbanizadas do país. Com o tempo, esta relação entre o disco e as formas tradicionais de produção de música vai ficando cada vez mais tênue, a ponto de suprimir a performance do artista da imaginação do ouvinte, levando-o a saborear, única e exclusivamente, a música que ele ouvia.

Esse longo processo, de apagamento do "gesto invisível" do disco, está intimamente ligado à recriação da música executada no estúdio, e nas intervenções operadas posteriormente pelos "técnicos competentes" das gravadoras. É a partir dessa modificação que as empresas conseguem criar uma sonoridade que agrade "todo mundo", que universalize a audição de seus fonogramas, e que unifique o mercado musical de uma determinada área. É nesse sentido que podemos admitir que a indústria homogeneíza a produção musical, submetendo-a a um formato específico, que vai muito além dos três minutos-padrão do disco de 78 rotações. É preciso lembrar, contudo, que, por mais que houvesse um padrão, os usos da vitrola e do disco escapavam às intenções das gravadoras, do poder público e das recomendações da imprensa da época. Através de caminhos incertos, os transeuntes paulistanos inventavam maneiras surpreendentes para fruir a "música em conserva", aprendendo a tocar e a cantar, ou a parodiar uma canção, deslocando alguns dos sentidos originalmente depositados na gravação. E mesmo os que dispunham de dinheiro para comprar uma "máquina falante", seguramente não se limitavam a ouvir a música dos "grandes mestres", nem mesmo utilizavam-se do fonógrafo apenas como forma de "educação musical".

Em parte, a crítica que Mário de Andrade fazia às gravações que ouviu, especialmente na primeira metade dos anos 1930, era a essa tendência à homogeneização das gravações e, talvez, de alguns usos equivocados que se fazia da vitrola e do disco. Mesmo levando em consideração a sua postura nacionalista e excludente, disseminada entre os demais intelectuais paulistas, é possível afirmar que ele buscava uma solução para aquela sonoridade "popularesca" dentro da própria organização da fonografia no país, seja através das empresas fonográficas, seja através da Discoteca Pública Municipal. Seus comentários, especialmente nos manuscritos, revelam que ele não via a fonografia apenas com o interesse de "compilador" do "folclore nacional", muito menos enxergava nos discos uma forma de "educar" o "povo" brasileiro a ouvir "melhor". Ele admitia algumas gravações comerciais como "representantes" desse "folclore", desde que não levassem as pessoas àqueles movimentos de "entusiasmos coletivos" pelas ruas das maiores cidades brasileiras. Seu pensamento musical, se ampliado com as análises que ele deixou quanto à fonografia e com escuta dos discos que ele ouviu, pode suscitar inúmeras discussões a respeito da musicalidade brasileira, especialmente no Rio de Janeiro e em São Paulo, desde que sejam enfocadas, primordialmente, como um trabalho de pesquisador, como inquietações de um homem de seu tempo. Acima de tudo, ele foi um observador dedicado, um "pesquisador em tempo integral", que media pouco suas palavras ao escrever, tornando a apreciação de seus comentários uma lente privilegiada para enfocar alguns aspectos da sonoridade brasileira durante os anos 1930.

Mário de Andrade certamente ouviu algumas gravações daqueles bons instrumentistas paulistanos, que registraram suas próprias composições pelo selo Arte-fone ou Ouvidor, e que acabaram se inserindo nas orquestras das rádios ou das grandes gravadoras, carregando uma sonoridade própria do lugar em que se haviam formado músicos. Nestas pequenas gravadoras, talvez por conta da sua efemeridade ou da informalidade com que recrutavam músicos e elaboravam repertório, a semelhança entre as músicas gravadas e a musicalidade da cidade estava muito menos vinculada à necessidade de vender discos, e muito mais ligada à própria sonoridade peculiar de seus instrumentistas.

Como contraponto, se é possível perceber, através da das gravações das grandes empresas fonográficas, que existe uma tendência à homogeneização – o que não impede que os artistas criem e recriem sobre o formato prévio definido pela gravadora – é mais difícil afirmar o mesmo a respeito do rádio. Efêmera, a linguagem radiofônica era certamente mais receptiva à diversidade e à "impertinência" dos instrumentos e das vozes dos artistas. No entanto, o descompasso temporal existente entre a ampliação da radiofonia e a consolidação da fonografia, levou não apenas ao surgimento de pequenas empresas fonográficas nacionais em São Paulo, à pouca discrição das companhias fonográficas estrangeiras ao atuar no mercado brasileiro, mas também deu fôlego para que as grandes gravadoras coordenassem, desde o princípio, o "projeto radiofônico" nacional. Mais uma vez, é preciso enfatizar que a precariedade dos programas e da profissionalização dos artistas do rádio funcionou como um dos elementos de controle da radiofonia pelo Estado brasileiro e, posteriormente, da racionalidade das gravadoras, que vieram ao Brasil cientes da importância do rádio como instrumento de padronização – e, portanto, de ampliação – do mercado musical local.

Nesse contexto de consolidação da radiofonia, as modas de viola e o sotaque acaipirado foram considerados, ao longo dos anos 1930, como um "gênero paulista", talvez o único a se inserir na radiofonia e na fonografia como "peculiaridade" paulistana. A sua melancolia e simplicidade também se constituíram como uma das "soluções" ao problema dos "barulhos" ecoados pelas vitrolas, no momento em que a gravação elétrica passou a ser considerada como responsável pela "degradação do gosto musical". Trata-se de um gênero diferenciado dos batuques africanos e das canções "regionais" em geral, por ser, aparentemente, "intocado" pelo disco e pela gravadora, cuja força, seguramente, residia na possibilidade da gravação elétrica de captar todas as sutilezas de sotaque (ou imitação), das palavras que narravam acontecimentos da vida do caboclo e o tímido acompanhamento das violas.

Por outro lado, é preciso lembrar que o disco – produto cultural elaborado por uma empresa racionalmente organizada – é apenas um mediador entre o historiador e aqueles que produziram gravações em um determinado período. Por conta disso, é preciso criar maneiras de analisá-lo a partir de suas peculiaridades, e tentar apreender seu conteúdo a partir da audição dos discos, e cruzar dados e informações obtidos em outras fontes escritas. Trabalho árduo, como já foi dito, dada a precariedade dos acervos e a dificuldade do historiador em relatar a experiência auditiva dos que estavam lá para ouvir, rejeitar, se divertir ou dançar, ao som das gravações.

Mesmo assim, a variedade e a riqueza da música brasileira foi percebida pelos críticos musicais, pelos intelectuais, incluindo os da academia, pelo pioneiro da fonografia no Brasil, e também pelas empresas fonográficas que escolheram o país para ser a sede do primeiro estúdio e da primeira fábrica de discos da América do Sul. A "tangomania" paulistana, os "basbaques da vitrola", as langorosas valsas, os chorões que gravaram no bairro do Brás, e as "simplicidades caipiras", são apenas alguns aspectos das quase esquecidas "sonoridades paulistanas", que, se não fazem parte do que foi definido como "música popular brasileira", tiveram, ao menos, um lugar assegurado no repertório fonografia nacional. Essa "discoteca paulistana" revela o quanto a memória musical, elaborada a partir do disco, do rádio e dos livros, é sempre criada, inventada, deslocada. Cabe ao historiador afastar as cortinas e visualizar, por dentro do estúdio de gravação, os artistas, "à fresca", diante do microfone; ou escutar, de dentro das casas de música ou caminhando pela calçada, o burburinho causado pela audição da vitrola.

Fossem tangos, choros, valsas, modas de viola… Quem, afinal, não desejaria participar daquela "multidão de basbaques", "cuja maior aspiração se resum[ia] num 'dolce far niente' de quem falam as Escrituras antes da queda do homem…"? Eram eles, simples basbaques, tão fonômanos e discômanos quanto os que ouviam o disco em sua confortável sala de estar diante da gravação de um artista conhecido. E ficavam ali, aglomerados

> em frente às casas de música, num desejo intenso de sofrer as tristezas da música, desejo ilógico para esta vida já de si tão cheia de coisas tristes.[1]

---

1   "Os basbaques da vitrola". *Diário Nacional*, 12.04.1929, p. 1.

Referências

Fontes

Periódicos

Revista Phono-Arte (1928-1931)
Diário Nacional (1927-1931)
Correio Paulistano (1934-1936)
O Estado de S. Paulo (1932)

Gravações

Acervo Roberto Gambardella
Acervo Instituto Moreira Salles
Acervo do Centro Cultural São Paulo
Acervo de Mário de Andrade (IEB/USP)

Fontes oficiais

Estatística Industrial do Estado de São Paulo (1928-1932).
Junta Comercial do Estado de São Paulo (NIRE 35300312341 – Victor Talking Machine Company of Brazil; NIRE 35300307887 – Columbia Brazil Phonograph Company; NIRE 35104378581 – Ângelo Gagliardi).

Liras

A cigarra. São Paulo: Tipografia Souza, 1931.
As mais lindas modinhas. Rio de Janeiro: Almeida & Torres, 1928.

Canções e fados luzitanos. São Paulo: Livraria Paulicéa, 1927.

Coleção toda de novidades. São Paulo: Tipografia Souza, 1931.

Isalinda Seramota. O rouxinol do Tuá. São Paulo: Tipografia Souza, 1932.

Letras para São João. São Paulo: Tipografia Souza, 1935.

Lyra da Serenata. São Paulo: Livraria Zenith, 1928.

Novo cancioneiro paulistano. São Paulo: Livraria Editora Paulicéa, janeiro de 1930.

O Cancioneiro do Brasil. s/d.

Patinando. São Paulo: Tipografia Souza, s/d.

Trovador da juventude. Livraria Editora Paulicéa, julho de 1927.

Trovador da Juventude. São Paulo: Livraria Editora Paulicéa, janeiro de 1930.

Zequinha de Abreu. São Paulo: Tipografia Souza, s/d.

Depoimentos

Alberto Marino Jr., filho de Alberto Marino, concedido em 30.06.2004.

Antônio D'Áurea, MIS-SP, fitas n° 75.5 – 75.12.

Sorocabinha, MIS-SP, fita n° 113.2-4.

Paraguassu, MIS-SP, fita 113.19.20.20-a.

Bibliografia

ADORNO, Theodor W. "O fetichismo na música e a regressão da audição", Coleção *Os Pensadores*, vol. XLVIII, São Paulo. Abril Cultural, 1975, p. 173-199.

ALENCAR, Edigar de. *Nosso Sinhô do samba.* Rio de Janeiro: Civilização Brasileira, 1968.

ALMEIDA, Renato. *História da Música Brasileira.* Rio de Janeiro: F. Briguiet & Comp., 1942.

ALMIRANTE. *No tempo de Noel Rosa.* Rio de Janeiro: Francisco Alves, 1977.

ALVARENGA, Oneyda. *Registro sonoro de folclore musical brasileiro*. São Paulo: Depto. de Cultura, 1948.

_____. *Música popular brasileira*. São Paulo: Duas Cidades, 1982.

AMARAL, Amadeu. *Tradições populares*. São Paulo: Hicitec/Instituto Nacional do Livro, 1982.

ANDRADE, Margarida Maria. *Bairros além-Tamanduateí: o imigrante e a fábrica no Brás, Mooca e Belenzinho*. Tese de doutorado, Depto. de Geografia, FFLCH-USP, 1991.

ANDRADE, Mário de. *Ensaio sobre a música brasileira*. São Paulo: Martins, s/d.

_____. *Série discos. Arquivo Mário de Andrade*. Org. Flavia Camargo Toni, São Paulo, 1986, mimeo.

_____. *Música, doce música*. São Paulo: Martins, 1963.

_____. *Série Manuscritos*. Acervo Instituto de Estudos Brasileiros da Universidade de São Paulo.

_____. *Dicionário Musical Brasileiro*. Rio de Janeiro/Belo Horizonte: Itatiaia, 1999.

_____. Toni, Flávia C. (org.) *A música popular brasileira na vitrola de Mário de Andrade*. São Paulo: Senac, 2004.

_____. *Aspectos da música brasileira*. Rio de Janeiro/Belo Horizonte: Villa Rica, 1991.

APROBATO FILHO, Nelson. *Sons da metrópole: entre ritmos, ruídos, harmonias e dissonâncias – as novas camadas sonoras da cidade de São Paulo (final do século XIX – início do XX)*. Dissertação de mestrado apresentada ao Departamento de História da FFLCH-USP, 2001.

ARANTES, Otília B. F. e Arantes, P. E. "Moda caipira". In: *Discurso*, São Paulo, n° 26, 1996, p. 33-68.

ARTIGAS, R. C. e Bayeux, G. *Brás. Espaço e uso*. São Paulo: Idart, 1980.

AZEVEDO, Luiz Heitor Correa de. *150 anos de música no Brasil. 1800-1950*. Rio de Janeiro: José Olympio, 1956.

_____. *Música e músicos do Brasil*. Rio de Janeiro: Casa do Estudante, 1950.

BENJAMIN, Walter. "Obra de arte na época de suas técnicas de reprodução", Coleção *Os Pensadores*, vol. XLVIII, São Paulo: Abril Cultural, 1975, p. 11-34.

BERNARDO, Marco Antonio. *Nabor Pires Camargo. Uma biografia musical*. São Paulo: Irmãos Vitale, 2002.

BESSA, Virgínia. *"Um bocadinho de cada coisa": trajetória e obra de Pixinguinha. História e Música popular nos anos 20 e 30*. Dissertação de mestrado apresentada ao Depto. de História da FFLCH-USP, 2006.

BLOCH, Marc. *Apologia da História ou O ofício de historiador*. Rio de Janeiro: Zahar, 2001.

BOSI, Alfredo. "Plural, mas não caótico". In: _____ (org.). *Cultura Brasileira. Temas e situações*. São Paulo: Ática, 1992, p. 7-15.

BRANDÃO, Carlos Rodrigues. *Os caipiras de São Paulo*. São Paulo: Brasiliense, 1983.

BRECHT, Bertold. "Théorie de la radio". Paris: L'Arche, 1970.

BRIGGS, Asa & Burke, Peter. *Uma história social da mídia. De Guttenberg à Internet*. Rio de Janeiro: Zahar, 2004.

BRUNO, Ernani Silva. *História e tradições da cidade de São Paulo*. 3 vols., São Paulo: Hucitec/Prefeitura do Município de São Paulo, 1984.

CABRAL, Sérgio. *A MPB na era do rádio*. São Paulo: Moderna, 1996.

_____. *No tempo de Almirante*. Rio de Janeiro: Francisco Alves, 1990.

_____. *No tempo de Ari Barroso*. Rio de Janeiro: Lumiar, 1993.

CALDAS, Valdenyr. *Acorde na aurora. Música sertaneja e indústria cultural*. São Paulo: Companhia Editora Nacional, 1977.

CANCLINI, Néstor Garcia. *Consumidores e Cidadãos. Conflitos multiculturais da globalização*. Rio de Janeiro, UFRJ, 2001.

_____. *Culturas Híbridas. Estratégias para entrar e sair da modernidade*, São Paulo: Edusp, 2003.

CANDIDO, Antonio. "Prefácio". In: Dantas, Macedo. *Cornélio Pires. Criação e riso*. São Paulo: Duas Cidades/Secretaria de Ciência e Tecnologia, 1976.

_____. *Os parceiros do Rio Bonito*. São Paulo: Duas Cidades, 1977.

_____. *Literatura e sociedade. Estudos de teoria e história literária*. São Paulo: Companhia Editora Nacional, 1965.

_____. "A vida familiar do caipira." In: *Sociologia*, vol. XVI, nº 4, out/1954, p. 341-367.

CARDOSO JR., Abel. "Cornélio Pires. O primeiro produtor de discos independente do Brasil", Sorocaba, Delegacia Regional da Cultura, Fundação Ubaldino do Amaral, 1986.

CASÉ, Rafael. *Programa Casé. O rádio começou aqui*. Rio de Janeiro: Mauad, 1995.

CHANAN, Michael. *Repeated Takes. A short history of recording and its effects on music*. Londres, Verso, 1995.

COHN, Gabriel (org.). *Comunicação e indústria cultural*. São Paulo: Companhia Editora Nacional, 1971.

_____. *Sociologia da comunicação. Teoria e Ideologia*. São Paulo: Pioneira, 1973.

CONTIER, Arnaldo Daraya. *Brasil novo, música, nação e modernidade: os anos 20 e 30*. Tese de Livre-docência Depto. de História da FFLCH-USP, 2 vols., 1988.

_____. "Memória, história e poder: a sacralização do nacional e do popular na música". In: *Revista Música*, maio de 1991.

_____. "Música e história". In: *Revista de História*, n° 119. São Paulo: Departamento de História USP/Humanitas, jul-dez, 1985-1988.

DANTAS, Macedo. *Cornélio Pires. Criação e riso*. São Paulo: Duas Cidades/Secretaria de Ciência e Tecnologia, 1976.

DE CERTEAU, Michel. *A Escrita da História*. Rio de Janeiro: Paz e Terra, 2000.

_____. *A invenção do cotidiano. Vol. 1 – As artes de fazer*. Petrópolis: Vozes, 1994.

DIAS, Márcia Tosta. *Os donos da voz*. São Paulo: Boitempo, 2000.

DUARTE, Geni, Rosa. *Múltiplas vozes no ar: o rádio em São Paulo nos anos 30 e 40*. Tese de doutorado, Depto. História, PUC-SP, 2000.

ECO, Umberto. *Apocalípticos e integrados*. São Paulo: Perspectiva, 2001.

EMPLASA. *Memória Urbana*. São Paulo: Imprensa Oficial, 2001.

FEBVRE, Lucien. *Combates pela história*. Lisboa, Presença, 1989.

FEDERICO, Enid Yassuda. *Capira à sombra do café. Um estudo sobre o regionalismo paulista*. Tese de doutorado, Depto. Literatura Brasileira, FFLCH-USP, 1991.

FERRAZ, Nivaldo. *Humor no rádio brasileiro: significado psicossocial, formulação humorística e representação do cômico*. Dissertação de mestrado, ECA-USP, 2001.

FERRETE, J. L. *Capitão Furtado. Viola caipira ou sertaneja?* Rio de Janeiro: Funarte/INM, 1985.

FISCHERMAN, Diego. *Efecto Beethoven. Complejidad y valor en la música de tradición popular.* Buenos Aires, Padiós, 2004.

FLICHY, Patrice. *Las multinacionales del audiovisual,* Barcelona, 1982.

FRANCESCHI, Humberto M. *A Casa Edison e seu tempo.* Rio de Janeiro: Sarapuí, 2002.

_____. *Registro Sonoro por meios mecânicos no Brasil.* Rio de Janeiro: Estúdio HMF, 1984.

FRANCO, Maria Silvia de Carvalho. *Homens Livres na Ordem Escravocrata.* São Paulo: Ática, 1974.

FREIRE, Paulo de Oliveira. *Eu nasci naquela serra. A história de Angelino Oliveira, Raul Torres e Serrinha.* São Paulo: Paulicéia, 1996.

FRITH, Simon. *Sound Effects: youth, leisure and the politics of rock'n'roll.* Nova York: Pantheon Books, 1981.

_____. "The making of the British record industry, 1920-64". In: Curran, J., Smith, A. & Wingate, P. (eds.). *Impacts and Influences.,* Londres, 1987, p. 278-290.

_____. "Music industry research: where now? Where next? Notes from Britain." In: *Popular Music,* vol. 19, n° 3, p. 387-393.

_____; ROBINSON, Deanna C.; BUCK, Elizabeth & CUTBERT, Marlene (orgs.). *Music at the margins. Popular music and Global Cultural Diversity.* Califórnia: Sage Prublications, 1991.

_____. "The industrialization of popular music". In: LULL, James (org.). *Popular Music and Communication.* Cambridge: Sage, 1992, p. 49-74.

GINZBURG, Carlo. "Sinais: raízes de um paradigma indiciário". In: *Mitos, emblemas, sinais. Morfologia e História*. São Paulo: Companhia das Letras, 2003.

GONÇALVES, Camila Koshiba. Resenha ao livro A Casa Edison e seu tempo. Franceschi, Humberto M. Rio de Janeiro: Sarapuí, 2002. *Revista de História*. São Paulo, USP, nº 149, jan-jun/2004, p. 255-262.

GRONOW, Pekka. "The Record industry in Filand. 1945-1960". In: *idem*, vol. 14, nº 1, p. 33-53.

GONZÁLEZ, Juan Pablo & ROLLE, Claudio. *História Social de la Música Popular en Chile, 1890-1950*. Santiago: Ed. Universidad Católica de Chile, 2003.

GURGUEIRA, Fernando. *Integração nacional pelas ondas: o rádio no Estado Novo*. Dissertação de mestrado apresentada ao Departamento de História da FFLCH-USP, 1995.

HARNONCOURT, Nikolaus. *O discurso dos sons. Caminhos para uma nova compreensão musical*. Rio de Janeiro: Zahar, 1998.

HAUSSEN, Doris Fagundes. *Rádio e política: tempos de Vargas e Perón*. Tese de doutorado, ECA-USP, 1992.

HERZHAFT, Gérard. *Blues*. Campinas: Papirus, 1989.

HOBSBAWM, Eric. *História Social do Jazz*. Rio de Janeiro: Paz e Terra, 1990.

HOLANDA, Sérgio Buarque de. *Raízes do Brasil*. São Paulo: Companhia das Letras, 1998.

_____. *Caminhos e fronteiras*. São Paulo: Companhia das Letras, 2005.

_____. *Monções*. São Paulo: Brasiliense, 2000.

IKEDA, Alberto Tsuyoshi. *Música na cidade em tempo de transformação: São Paulo, 1900-1930*. Dissertação de mestrado, ECA-USP, 1988.

JOTA EFEGÊ. *Figuras e coisas do Carnaval carioca.* Rio de Janeiro: Funarte, 1982.

_____. *Figuras e coisas da música popular brasileira.* Rio de Janeiro: Funarte, Vols. I e II, 1978.

LADEIRA, César. *Acabaram de ouvir... Reportagem numa estação de rádio.* São Paulo: Companhia Editora Nacional, 1933.

LAGO, Mário. *Na rolança do tempo.* São Paulo: Círculo do Livro, s/d.

LAING, Dave. *The sound of our time.* Nova York, 1970.

_____ e Hardy, Phil. *Encyclopedia of rock and Roll.*, vols. 1 a 3, Londres, 1976.

LIMA, Luiz Costa. *Teoria da cultura de massas.* Rio de Janeiro: Paz e Terra, 1978.

LOBATO, Monteiro. *Ideias de Jeca Tatu.* São Paulo: Brasiliense, 1946.

LUZZI, Roque. *Rapsódia Caipira. Cornélio Pires, seu mundo, seus seguidores.* São Paulo: Pannartz, 1984.

MARIANO, Neusa de Fátima. *Fogão de lenha, chapéu de palha. Jauenses herdeiros da rusticidade no processo da modernização.* Dissertação de mestrado, Depto. Geografia, FFLCH-USP, 2001.

MARIZ, Vasco. *Três musicólogos brasileiros: Mário de Andrade, Renato Almeida, Luiz Heitor Correa de Azevedo.* Rio de Janeiro: Civilização Brasileira/Instituto Nacional do Livro, 1983.

MATOS, Claudia. *Acertei no Milhar. Samba e malandragem no tempo de Getúlio.* Rio de Janeiro: Paz e Terra, 1982.

MÁXIMO, João e Didier, Carlos. *Noel Rosa, uma biografia.* Brasília: UnB, 1990.

MIDDLETON, Richard. *Studying Popular Music.* Filadélfia: Philadelphia University Press, 1990.

MORAES, José Geraldo Vinci de. *As Sonoridades Paulistanas. Final do século XIX ao início do século XX*. Rio de Janeiro: Funarte, 1997.

_____. *Metrópole em Sinfonia. História, cultura e música popular na São Paulo dos anos 30*. São Paulo: Estação Liberdade, 2000a.

_____. "História e Música: canção popular e conhecimento histórico". In: *Revista Brasileira de História*, n° 39, vol. 20, 2000b, p. 203-221.

_____. "Rádio e música popular nos anos 30". In: *Revista de História*, n° 140, jan-jul/1999, p. 75-93.

_____. "Música popular na cidade de São Paulo no início do século XX". In: *São Paulo. Uma longa história*. Coord. Ana Maria de Almeida Camargo. São Paulo: CIEE, 2004, p. 167-182.

MORELLI, Rita. *Indústria fonográfica. Uma abordagem antropológica*. Campinas: Editora da Unicamp, 1991.

MORSE, Richard M. *Formação Histórica de São Paulo (De comunidade à metrópole)*. São Paulo Difel, 1970.

MURCE, Renato. *Bastidores do Rádio. Fragmentos de Ontem e de Hoje*. Rio de Janeiro: Imago, 1976.

MUSEU DA IMAGEM E DO SOM DE SÃO PAULO. *Odisseia do Som*. São Paulo, 1987.

NAPOLITANO, Marcos. *Seguindo a canção: engajamento político e indústria cultural na MPB, 1959-1969*. São Paulo: AnnaBlume/Fapesp, 2001.

_____. *História e Música*. Belo Horizonte: Autêntica, 2002.

NAVES, Santuza Cambraia. *Violão Azul. Modernismo e Música Popular*. Rio de Janeiro: Editora Fundação Getulio Vargas, 1998.

NEPONUCEMO, Rosa. *Música caipira. Da roça ao rodeio*. São Paulo: Ed. 34, 2005.

ORTIZ, Renato. *A Moderna Tradição Brasileira*. São Paulo: Brasiliense, 1994.

_____. "Prefácio". In: Dias, Marcia T. *Os Donos da Voz. Indústria Fonográfica Brasileira e Mundialização da Cultura*. São Paulo: Boitempo Editorial, 2000.

PAIANO, Enor. *Berimbau e o som universal: lutas culturais e indústria fonográfica nos anos 60*. Dissertação de mestrado, ECA-USP, 1994.

PEDRO, Antonio. *Samba da Legitimidade*. Dissertação de mestrado, Depto. de História da FFLCH-USP, 1982.

_____. *Locomotiva no Ar. Rádio na cidade de São Paulo: 1924/1934*. Tese de doutorado, Depto. de História da FFLCH-USP, 1987.

PENTEADO, Jacob. *Belenzinho, 1910*. São Paulo: Carrenho Editorial, 2003.

PEREIRA, João Baptista Borges, *Cor, profissão e mobilidade. O negro e o rádio em São Paulo*. São Paulo: Edusp, 2001.

PIRES, Cornélio. *Patacoadas*. Itu: Ottoni, 2002.

_____. *Quem conta um conto...* Itu: Ottoni, 2002.

_____. *Conversas ao pé do fogo*. Itu: Ottoni, 2002.

_____. *Sambas e cateretês: folclore paulista, modas de viola, recortados, quadrinhas, abecês etc*. São Paulo: Unitas, 19??.

_____. *Scenas e paisagens da minha terra (Musa Caipira)*. São Paulo: Monteiro Lobato, 1921.

RAGO, Antonio. *A longa caminhada de um violão*. São Paulo: Iracema, 1986.

RAMOS, José Mário Ortiz. *Televisão, Publicidade e Cultura de Massa*. Petrópolis: Vozes, 1995.

RANGEL, Lucio. *Sambistas e chorões*. São Paulo: Francisco Alves, 1964.

REALE, Ebe. *Brás, Pinheiros, Jardins. Três bairros, três mundos*, São Paulo: Pioneira/Edusp, 1982.

REVISTA USP. *Dossiê Sociedade de Massa e Identidade*. São Paulo, USP/ CCS, nº 32, dez-fev/1996-97.

_____. Dossiê 80 anos de Rádio. São Paulo, USP/CCS, nº 56, dez-fev/2002-03.

ROCHA, Vera Lucia. *Cronologia do Rádio Paulistano. Anos 20 e 30*. São Paulo: CCSP, 1993.

SALIBA, Elias Thomé. *Raízes do Riso. A representação humorística na história brasileira: da Belle Époque aos primeiros tempos do rádio*, São Paulo: Companhia das Letras, 2002.

_____. "Prefácio". In: Moraes, José Geraldo Vinci de. *Metrópole em Sinfonia. História, cultura e música popular na São Paulo dos anos 30*. São Paulo: Estação Liberdade, 2000a, p. 11-15.

_____. "Bananéres, briguelas e brodos: fragmentos do humor paulista na 1ª República", São Paulo, Cadernos de História de São Paulo São Paulo, nº 5, p. 31-40, set./nov. 1996, p. 31-40.

_____. "A dimensão cômica da vida privada na República." In: *História da vida privada no Brasil. Da Belle Époque à era do Rádio*. Org. Nicolau Sevcenko, São Paulo: Companhia das Letras, 1999, p. 289-365.

_____. "Juó Bananére, o Raté do modernismo paulista?" In: *Revista de História*, nº 137. São Paulo: Depto. de História da USP/Humanitas, 1997.

_____. "Cronistas de uma São Paulo fora dos trilhos" In: *São Paulo. Uma longa história*. Coord. Ana Maria de Almeida Camargo, São Paulo: CIEE, 2004, p. 193-196.

SAMPAIO, Mário Ferraz. *História do rádio e da TV no Brasil e no mundo.* Rio de Janeiro: Achiamé, 1984.

SANDRONI, Carlos. *Feitiço Decente. Transformações do samba no Rio de Janeiro (1917-1933).* Rio de Janeiro: Zahar/UFRJ, 2001.

SCANNEL, Paddy. "Music, radio and the Record business in Zimbabwa today" In: *idem*, vol. 20, nº 1, p. 13-27.

SCHWARZ, Roberto. "Nacional por Subtração". In: *Que horas são?* Companhia das Letras, 1997, p. 29-48.

SEVCENKO, Nicolau. *Literatura como missão. Tensões sociais e criação cultural na Primeira República.* São Paulo: Brasiliense, 1995.

_____. "A capital irradiante: técnica, ritos e ritmos do Rio" In: *História da vida privada no Brasil. Da Belle Époque à era do Rádio.* Org. Nicolau Sevcenko, São Paulo: Companhia das Letras, 1999, p. 513-619.

_____. *Orfeu extático na metrópole.* São Paulo: Companhia das Letras, 2000.

SEVERIANO, Jairo e MELLO, Zuza Homem de. *A Canção no Tempo.* Rio de Janeiro: Funarte, 2002.

SILVEIRA, Valdomiro. *Os caboclos.* Rio de Janeiro: Civilização Brasileira, 1975.

_____. *Leréias.* São Paulo: Martins, 1945.

TATIT, Luiz. *Por uma semiótica da canção popular.* Dissertação de mestrado, Depto. de Linguística da FFLCH-USP.

_____. *O Século da Canção.* Cotia: Ateliê, 2004.

_____. *Musicando a semiótica.* São Paulo: Annablume/Fapesp,1997.

_____. *Semiótica da canção. Melodia e letra.* São Paulo: Escuta, 1999.

_____. "Abordagem do texto" In: Fiorin, José Luiz (org.). *Introdução à linguística*. São Paulo: Contexto, 2002.

TINHORÃO, José Ramos. *Música popular: do Gramofone ao rádio e TV*. São Paulo: Ática, 1982

_____. *Pequena História da Música Popular Brasileira*. São Paulo: Círculo do Livro, s/d.

_____. *Os sons que vêm da rua*. São Paulo: Ed. 34, 2005

TONI, Flávia C. "Eu victrolo, tu victrolas, ele victrola". In: *A música popular brasileira na vitrola de Mário de Andrade*. São Paulo: Senac, 2004.

_____. "Introdução". In: Toni, Flávia C. (org.) *A música popular brasileira na vitrola de Mário de Andrade*. São Paulo: Senac, 2004, p. 16.

TORRES, Maria Celestina T. M., *O Bairro do Brás. História dos bairros de São Paulo*. São Paulo: Prefeitura Municipal, Secretaria de Educação e Cultura, Depto. de Cultura, 1969.

VEIGA, Joffre Martins. *A vida pitoresca de Cornélio Pires*. São Paulo: Edições O Livreiro, 1961.

VELLOSO, Mônica P. *Tradições Populares da Belle Époque Carioca*. Rio de Janeiro: Funarte, 1988.

VIANNA, Hermano. *O Mistério do Samba*. Rio de Janeiro: Zahar/UFRJ, 1999.

VICENTE, Eduardo. *A música popular e as novas tecnologias de produção musical*. Dissertação de mestrado IFCH-Unicamp, 1996.

VILLAÇA, Flávio. *A estrutura territorial da metrópole sul-brasileira*. Tese de doutorado, Depto. de Geografia, FFLCH-USP, 1978.

WELCH & BURT. *From tinfoil to stereo. The acoustic years of the recording industry. 1877-1929*. Flórida: Florida University Press, 1999.

WILLIAMS, Raymond. *O campo e a cidade, na história e na literatura.* São Paulo: Companhia das Letras, 2000.

WISNIK, José Miguel. "Getúlio da Paixão Cearense (Villa-Lobos e o Estado Novo)". In: *O Nacional e o Popular na Cultura Brasileira. Música.* Squeff, Enio e Wisnik, José Miguel. São Paulo: Brasiliense, 1982, p. 129-191.

_____. *O coro dos contrários. A música em torno da semana de 22.* São Paulo: Duas Cidades, 1983.

_____. "Cajuína transcendental". In: Bosi, Alfredo (org.) *Leitura de poesia.* São Paulo: Ática, 1996.

_____. *O som e o sentido. Uma outra história das músicas.* São Paulo: Companhia das Letras, 2001.

WHITE, Hayden. "O texto histórico como artefato literário". In: *Trópicos do discurso. Ensaios sobre a crítica da cultura.* São Paulo: Edusp, 2001.

Obras de referência

Discografia Brasileira 78 rpm. 1902-1964. 5 vols. Rio de Janeiro: Funarte, 1982.

Enciclopédia da Música Brasileira. Popular, erudita, folclórica. São Paulo: Publifolha, 2000.

Dicionário Cravo Albin de Música Popular Brasileira. disponível no site: *http://www.dicionariompb.com.br*

Agradecimentos

Ao querido professor Elias, agradeço a orientação precisa e estimulante, sua franqueza intelectual ímpar, sua verdade e coerência profissionais e, sobretudo, seu admirável bom-humor e o carinho com que sempre me acolheu.

Ao professor José Geraldo Vinci de Moraes, que abriu o caminho para esta e outras pesquisas sobre a música paulistana, agradeço pela leitura atenta do Relatório de Qualificação, pelos comentários e indicações bibliográficas, e pelo interesse e apoio ao longo de toda a pesquisa. Os comentários da professora M^a· Helena Rolim Capelato durante o Exame de Qualificação foram valiosos para a reelaboração do capítulo sobre a cidade de São Paulo. Suas palavras de incentivo, ditas rapidamente pelos corredores da Faculdade, deram-me mais confiança para a redação do texto final.

Ao meu querido amigo João Vilhena, historiador, professor e pesquisador, agradeço pela leitura cuidadosa do Relatório de Qualificação e da Dissertação. A ele devo muitas das ideias aqui desenvolvidas; espero que reconheça nossas conversas em muitos trechos do texto final. Foi ele também quem ajudou a quebrar a solidão torturante da pesquisa nos acervos e dos dias inteiros martelando as teclas do computador. Nossas conversas fizeram a pesquisa valer a pena.

Ao talentoso saxofonista e amigo Rafael Velloso, agradeço imensamente a paciência para ouvir os registros dos choros paulistanos e a ajuda com as três provas do *Babaô Miloquê*. Ele sempre esteve de prontidão para conversar sobre minhas angústias diante das músicas que ouvia, e não compreendia; ele lá no Rio, eu cá em São Paulo.

Ao amigo Theophilo Augusto Pinto, professor, pianista, mestre pela Escola de Comunicações e Artes, agradeço o apoio e o conhecimento técnicos. Foi ele quem digitalizou e limpou os originais dos precários discos de 78rpm. Sem a sua boa vontade em me ajudar, boa parte das gravações não estariam audíveis e os capítulos sobre a cidade de São Paulo e sobre a música caipira provavelmente não seriam redigidos. Agradeço também pelas conversas estimulantes e indicações bibliográficas, especialmente sobre a gravação elétrica. Gostaria que ficasse registrada a necessidade de discussões sistemáticas entre especialistas de diversas áreas para uma compreensão mais profunda do "gesto invisível" da música em sua totalidade.

Nem é preciso dizer que a responsabilidade pelo texto final é totalmente minha. No entanto, se há alguma boa ideia no texto, ela seguramente surgiu das nossas conversas informais, ou dos debates e discussões mais sistemáticos, com outros colegas mais distantes, em Congressos, Seminários ou Cursos da Pós-graduação.

Agradeço também à família Gerbassi Ramos, carioca da gema, pelo "abrigo" durante todas as minhas estadas no Rio, quando pude pesquisar o valioso acervo de Liras na Divisão de Música da Biblioteca Nacional e a coleção completa da *Revista Phono-Arte* no Museu da Imagem e do Som.

Ao CNPq, agradeço pela bolsa concedida.

Sou grata também à Carol e à Karina, amigas de longa data, que tornaram a reta final da pesquisa muito mais divertida, e que aceitaram discutir trechos do texto em dias e horários sempre impertinentes. À Camila Rocha, que transformou minhas precárias fotografias de jornais, liras e revistas dos anos 1920-1930 nas imagens que foram para o texto. Ao Glauber, que conhece como ninguém o conteúdo da pesquisa, segue um agradecimento à distância. Espero que ele goste do resultado, e que possa comentar o texto final, como fez com o Relatório de Qualificação.

Um agradecimento especial à querida amiga Paula (e família), que sempre esteve do outro lado da cidade, pronta para aguentar os dramas e angústias da pesquisa. E os da vida também.

Ao "mano" Nando, farmacêutico e "peixe fora d'água" lá de casa, pelo apoio à distância, mas sempre barulhento.

À minha mãe, Clara, historiadora e educadora, que me ensinou a amar os livros e a música, e que suportou não apenas um, mas dois membros da família redigindo textos acadêmicos na mesma época. Este trabalho, dedicado a ela, é, em grande parte, resultado da sua paciência e do seu amor pelas artes.

Um agradecimento especial a meu pai, José Carlos, sociólogo, professor, mestre em educação e apaixonado pela música brasileira, que desde a minha graduação teve a árdua tarefa de ser o primeiro leitor dos textos que saíam da cabeça e iam para o papel. Com este não foi diferente. A ele, que me concedeu o privilégio de ser meu primeiro e mais importante interlocutor, também vai dedicado este trabalho.

Esta obra foi impressa em Santa Catarina no outono de 2013 pela Nova Letra Gráfica & Editora. No texto foi utilizada a fonte Arno Pro, em corpo 11 e entrelinha de 15 pontos.